Turkmenistan

Versunkene Wüstenstädte an der Seidenstraße

Beate Luckow

Trescher Verlag

2., erweiterte und aktualisierte Auflage 2012

Trescher Verlag
Reinhardtstr. 9
10117 Berlin
www.trescher-verlag.de

ISBN 978-3-89794-210-3

Herausgegeben von Bernd Schwenkros und
Detlev von Oppeln

Reihenentwurf und Gesamtgestaltung:
Bernd Chill
Gestaltung, Satz und Bildbearbeitung:
Ulla Nickl
Lektorat: Sabine Fach, Anna Zimmermann
Stadtpläne und Karten: Johann Maria Just,
Martin Kapp, Bernd Schwenkros

Gedruckt auf chlorfrei gebleichtem Papier

Printed in Germany

Essays

PIPI

Vorwort

Turkmenistans Berge sind nicht so hoch wie die Kasachstans oder Kirgistans, die Wüste Karakum ist nicht so groß und geheimnisumwittert wie die Wüste Gobi, und seine mittelalterlichen islamischen Bauwerke wirken auf den ersten Blick etwas unscheinbar neben den spektakulären Architekturdenkmälern im Nachbarland Usbekistan. Tatsache ist, dass Turkmenistan zu den am wenigsten erkundeten und bereisten Ländern der südlichen Seidenstraße gehört – dies allerdings zu Unrecht. Das Gebiet des heutigen Turkmenistan war mehr als zweitausend Jahre Durchzugs- und auch Herrschaftsgebiet großer Eroberer. Die Perserkönige Kyros II. und Darius I., Alexander der Große, Dschingis Khan und Timur Leng haben Spuren hinterlassen, die bis zum heutigen Tag die Kultur des Landes prägen.

Das Land der ›Tausend Städte‹, der Name geht auf den russischen Archäologen Vadim Masson zurück, war bereits weit vor Beginn der modernen Zeitrechnung besiedelt. Am Fuße der Kopet-Dag-Berge und in der Karakum-Wüste entwickelten sich ab 3000 vor Christus erste Siedlungen. Russischen und italienischen Forschern um den berühmten russischen Archäologen Viktor Sarianidi gelangen in den vergangenen Jahren im antiken Land Margiane spektakuläre Funde.

Erst vor wenigen Jahren wurde das mittelasiatische Land von einigen Reiseveranstaltern entdeckt, und seit einigen Jahren versucht die internationale Reiseindustrie, die alte Seidenstraße touristisch wiederzubeleben. Auch durch das heutige Turkmenistan führte eine Hauptroute dieser legendären Handelsstraße, und die Oase Merw gehörte zu den bedeutendsten Knotenpunkten. Von der neben Bagdad größten Stadt der islamischen Welt sind die Zeugen von einstiger Macht, Reichtum und Schönheit heute nur noch als Ruinen erhalten. Zu Recht wurden Merw und Konya Urgench von der UNESCO als Weltkulturerbe anerkannt.

Aber auch für Reisende, die weniger an antiken Schätzen interessiert sind, ist Turkmenistan durchaus eine Reise wert. Die Gipfel und Schluchten der Gebirge sind von wilder Schönheit, und die Wüste Karakum mit ihren hohen Sanddünen, ausgedehnten Salz- und Lehmsenken und Saxaulwäldern lässt Abenteuerlustige von verwegenen Wüstensafaris träumen. Wie eine Zeitreise können Touristen das bunte Treiben auf dem Tolkuchka-Basar in Ashgabat, einem der größten in Mittelasien, erleben. Vor allem am Sonntag werden hunderte von Schafen, Ziegen, Kamelen und diverse Kleintiere nach lautstarken Verhandlungen verkauft und von ihren neuen Besitzern auf oft abenteuerliche Weise abtransportiert. Buntgekleidete Frauen und Männer in der traditionellen Kleidung der Nomaden bieten alte und neue turkmenische Teppiche, Amulette, Silberschmuck, Kleidung und alle erdenklichen Waren vom Kohlkopf bis zur Radkappe an.

Für Reisende, die gern abseits der touristischen Pfade unterwegs sind und Neues entdecken möchten, ist Turkmenistan ein ideales Reiseziel. Noch steckt die touristische Infrastruktur in den Kinderschuhen, aber mancher Mangel in dieser Hinsicht wird durch die sprichwörtliche Gastfreundschaft der Turkmenen wettgemacht.

Mädchen in einer Wüstensiedlung

Hinweise zur Benutzung

Der erste Teil dieses Buches beschäftigt sich mit der **Geschichte, Geographie und Kultur** Turkmenistans.
Im zweiten Teil werden die **Reiseziele** ausgehend von den Hauptstädten der jeweiligen Regierungsbezirke (Welayate) vorgestellt. **Übersichtskarten** und **Stadtpläne** sollen einer ersten Orientierung dienen. Leider ist gutes und aktuelles Kartenmaterial auch im Land selbst nicht zu bekommen, so dass man vor Ort auf die Hilfe Einheimischer oder eines kundigen Reisebegleiters angewiesen ist. Am Ende der jeweiligen Stadtkapitel gibt es Hinweise zu Übernachtungsmöglichkeiten, Restaurants und Verkehrsverbindungen sowie Angaben zu örtlichen Reiseveranstaltern, die Touren und Ausflüge organisieren.

Brunnen in der Wüste: Boulevard in Ashgabat

Die **Reisetipps von A bis Z** am Ende des Buches sollen bei der Vorbereitung einer Turkmenistan-Reise helfen. Literaturhinweise und Informationen über Internetseiten schließen sich daran an.
Wir haben im Text die international üblichen, in der Regel englischen Schreibweisen gewählt, da so die Wiedererkennbarkeit von Eigennamen am ehesten gewährleistet ist und einheimische Tourismusveranstalter in Broschüren und Übersichtsplänen diese Schreibweisen bevorzugt verwenden. Wer verschiedene Landkarten und Stadtpläne zur Hand nimmt, wird feststellen, dass es eine große Zahl von Varianten in der Schreibweise gibt, außerdem werden Orte in relativ schneller Folge umbenannt, etwaige Unstimmigkeiten bitten wir deshalb zu entschuldigen.

Zeichenlegende

- Allgemeine Informationen, Vorwahlen, Reiseagenturen
- Flughäfen und Ticketbüros
- Bahnhöfe und Bahnverbindungen
- Busbahnhöfe und Bahnverbindungen
- Fährverkehr
- Hotels und Gästehäuser
- Restaurants und Cafés
- Bars und Diskotheken
- Museen
- Theater, Konzerthallen
- Einkaufsmöglichkeiten

Entfernungstabelle

	Ashgabat	Balkanabat	Bairam Ali	Buchara (Usb.)	Chiwa (Usbek.)	Dashogus	Kerki	Konya Urgench	Mary (Merw)	Mashhad (Iran)	Seraghs	Tedzhen	Turkmena-bat	Turkmen-bashi
Ashgabat		429	392	749	680	566	805	562	362	569	400	195	613	582
Balkanabat	429		721	1187	1109	995	1234	991	791	998	829	624	1042	579
Bairam Ali	392	721		358	828	728	316	954	32	544	353	170	221	974
Buchara (Usbek.)	749	1187	358		470	540	332	710	376	790	610	490	137	1332
Chiwa (Usb.)	680	1109	828	470		70	680	240	660	1260	860	800	410	1262
Dashogus	566	995	728	540	70		710	92	740	1302	930	870	528	1192
Kerki	805	1234	316	332	680	710		920	434	860	669	839	195	1390
Konya Urgench	562	991	954	710	240	92	920		832	1262	1069	976	620	1100
Mary (Merw)	362	791	32	376	660	740	434	832		430	190	130	239	944
Mashhad (Iran)	569	998	544	790	1260	1302	860	1262	430		193	374	669	1151
Seraghs	400	829	353	610	860	930	669	1069	190	193		183	429	982
Tedzhen	195	624	170	490	800	839	839	976	130	374	183		390	777
Turkmenabat	613	1042	221	137	410	528	195	620	239	669	429	390		1195
Turkmenbashi	582	579	974	1332	1262	1192	1390	1100	944	1151	982	777	1195	

Das Wichtigste in Kürze

Einreise

Für Reisen nach Turkmenistan wird ein **Visum** benötigt. Für die Beantragung braucht man eine Einladung aus Turkmenistan, die man bei Buchung touristischer Leistungen über die zugelassenen turkmenischen Reiseveranstalter oder über deren deutsche Partneragenturen erhält. Dazu gehören in der Regel die Buchung von Übernachtungen, lokalen Reiseleitern, Transfers und Transporten im Land.

Das Visum wird von der Turkmenischen Botschaft in Berlin ausgestellt. Die Antragsformulare können über die Webseite der Botschaft oder bei Visaagenturen heruntergeladen werden.

Bei der Einreise wird eine **Registrierungsgebühr** von 12 **Dollar** erhoben, die in keiner anderen Währung bezahlt werden kann. Achtung! Am Flughafen gibt es keine Möglichkeit, Euro zu wechseln. Die Quittung muss unbedingt bis zur Ausreise aufbewahrt werden.

Besonders wichtig ist bei einem mehr als dreitägigem Aufenthalt die unverzügliche **Anmeldung bei der Ausländerbehörde OVIR**. Dies übernehmen in der Regel die Reiseveranstalter, bei denen Leistungen gebucht wurden.

Sicherheit

Turkmenistan ist ein sehr sicheres Reiseland. Allgemeine Sicherheitsvorkehrungen sind allerdings wie überall zu beachten. Bargeld und Dokumente sollten immer sicher verwahrt werden, auch in Turkmenistan gibt es Taschendiebe.

Kleidung

Es gibt keine besonderen Kleidungsvorschriften in Turkmenistan. Da es sich aber um ein Land mit überwiegend islamischer Bevölkerung handelt, sollten Reisende **dezente Kleidung** tragen. Für Frauen empfiehlt sich ein leichtes Kopftuch, um bei Besuch einer Moschee, falls nötig, das Haar bedecken zu können.

Verhalten

Obwohl die Mehrheit der Bevölkerung muslimischen Glaubens ist, ist das Verhalten der Geschlechter untereinander recht zwanglos. Allerdings sollten Männer turkmenischen Frauen bei der Begrüßung nicht die Hand schütteln und auch andere Berührungen vermeiden. Bei Kontakten zur russisch-stämmigen Bevölkerung gelten westliche Verhaltensregeln.

Geld

Die offizielle Landeswährung ist der Manat. Anfang 2012 erhielt man für **einen Euro etwa vier Manat**. Der US-Dollar ist die inoffizielle Zweitwährung, die eigentlich nicht – außer in internationalen Hotels und am Flughafen – akzeptiert werden darf. Kreditkarten werden nur in einigen Hotels in Ashgabat angenommen, außerhalb der Hauptstadt kann nur mit Bargeld bezahlt werden. Auf Kreditkartenbezahlung wird eine Bankkommission in Höhe von fünf Prozent erhoben. Daher sollte man genügend Euro oder Dollar mitnehmen.

Strafrechtliche Vorschriften

Für einige grenznahe Gebiete sowie Naturschutzreservate benötigen Touristen eine spezielle Aufenthaltserlaubnis.

Homosexuelle Handlungen und Prostitution sind strafbar.

Turkmenische **Teppiche** dürfen nur mit Zertifikat oder einer Ausfuhrgenehmigung des Teppichmuseums außer Landes gebracht werden.

Auf öffentlichen Plätzen, auf den Straßen oder in Parkanlagen, besonders aber am Flughafen Ashgabat, herrscht **absolutes Rauchverbot**.

Gesundheit

Alle benötigten Medikamente sollten von zu Hause mitgebracht werden. Durchfallerkrankungen sind aufgrund der schlechten Leitungswasserqualität sehr verbreitet. Da die medizinische Versorgung im Land eher mangelhaft ist, ist der Abschluss einer Reisekrankenversicherung mit Rückholklausel sinnvoll.

Reisen im Land

Das Reisen mit öffentlichen Verkehrsmitteln ist recht preiswert. Turkmenistan Airlines fliegt in alle größeren Städte. Auch gute Reisebusse verkehren regelmäßig in allen Teilen des Landes. Allerdings sind die meisten Straßen in schlechtem Zustand. Es gibt nur wenige und zudem langsame Zugverbindungen in Turkmenistan. Für Reisen in entlegene Gegenden ist ein Geländewagen unerlässlich. Bei allen örtlichen Reiseveranstaltern kann man Wagen mit Fahrern mieten.

Fotografieren

Das Fotografieren einiger öffentlicher, besonders militärischer Einrichtungen ist verboten, Foto- und Filmmaterial kann beschlagnahmt werden.

Telefonieren

Das öffentliche Telefonnetz ist gut ausgebaut. Ortsgespräche sind kostenlos, Gespräche innerhalb des Landes relativ preiswert. Größere Hotels verfügen über IDD-Telefone, mit denen direkt ins Ausland, allerdings zu horrenden Preisen, telefoniert werden kann (10 Dollar pro Minute).

Der turkmenische Mobilfunkanbieter Altyn Asyr hat **keine Roaming-Verträge** mit anderen Ländern. Ausländische Handys funktionieren nicht. Gegen Vorlage des Reisepasses kann man einen Vertrag abschließen und bekommt dafür eine SIM-Karte. Die Mindestgebühr beträgt 50 Dollar. Die Karten sind zum Beispiel im Kaufhaus Yimpas erhältlich.

Die Polizei ist landesweit über 02, der Notarzt über 03 zu erreichen.

Landesvorwahl für Turkmenistan: 00993, für Deutschland 0049.

Zentrale Notrufnummer zum Sperren von EC-, Kredit- und Handykarten: 0049/116116.

Unterkunft

In Ashgabat gibt es eine breite Palette an modernen Hotels verschiedener Kategorien. Außerhalb der Hauptstadt ist das Angebot nicht mehr sehr vielfältig. In Turkmenbashi, Balkanabat, Dashogus und Mary gibt es mittlerweile Hotels, die durchaus westlichen Ansprüchen genügen. In abgelegenen Orten ist es immer noch schwierig, geeignete Unterkünfte zu finden. Hotels in Turkmenistan sind nicht über die internationalen Buchungsportale buchbar.

Verständigung

Die Mitarbeiter touristischer Firmen, die ausländische Gäste betreuen, sprechen Englisch und manchmal auch Deutsch. Dies gilt auch für größere Hotels, vor allem in Ashgabat. Außerhalb der Hauptstadt wird es schwierig, ohne Grundkenntnisse der türkischen oder russischen Sprache zu kommunizieren. Nur wenige Turkmenen verfügen über Englischkenntnisse, jüngere sprechen noch nicht einmal mehr Russisch.

Die turkmenische Sprache wird in lateinischen Buchstaben geschrieben, so dass Straßennamen und Beschriftungen gut lesbar sind.

Ausführliche Hinweise in den Reisetipps von A bis Z → S. 206

Turkmenistan ist eines der am wenigsten erkundeten Länder der südlichen Seidenstraße. Unter den harten Lebensbedingungen in der Karakum-Wüste hat sich das Land bis heute einen Großteil seiner nomadischen Traditionen bewahrt

Land und Leute

Das Land im Überblick

Fläche: 488 100 qkm.
Einwohner: offiziell über 6 Mio.
Hauptstadt: Ashgabat, ca. 860 000 Einwohner.
Weitere große Städte: (über 50 000) Turkmenbashi, Dashogus, Turkmenabat, Balkanabat, Mary.
Staatsgrenzen: Kasachstan, Usbekistan, Afghanistan, Iran.

Die Flagge Turkmenistans zeigt Teppichmuster der Stämme

Höchste Erhebung: Ayribaba im Kugitang-Gebirge, 3139 Meter.
Tiefste Stelle: Akchanaya-Senke, 81 m u. d. Meerespiegel.
Große Flüsse: Amu Darja 2540 Kilometer, Tedjen 1124 Kilometer, Murgab 852 Kilometer.
Größter See: Sarykamish.
Küstenlänge: 1768 Kilometer Küste am Kaspischen Meer.
Gebirge: Kugitang, Kopet Dag, Großer und Kleiner Balkan.
Bevölkerung: 10,2 Einwohner je qkm; 85 % Turkmenen, 5 % Usbeken, 4 % Russen, 6 % andere (2003).
Religion: 89 % Moslems, 9 % Russisch-orthodoxe.
Lebenserwartung: 68,5 Jahre.
Analphabetenrate: 2 % nach offiziellen turkmenischen Angaben.
Säuglingssterblichkeit: 40,89 auf 1000 Geburten.

Staatsform: Präsidialrepublik.
Staatsoberhaupt: Gurbanguly Berdymuchamedow.
Parlament: Medschlis, 125 Abgeordnete, für fünf Jahre gewählt, letzte Wahlen im Dezember 2008.
Administrative Gliederung: fünf Provinzen (Welayate) – Ahal, Balkan, Dashoguz, Lebap, Mary.
Sprachen: Turkmenisch 72 % (Amtssprache), Russisch 12 %, Usbekisch 9 %.
Währung: 1 Manat = 100 Tenge.
BIP: 24,1 Milliarden US-Dollar (2011, CIA World Factbook).
Inflationsrate: 15 % (2011 CIA World Factbook).
Pro-Kopf-Einkommen: 7500 US-Dollar (nach Angaben des IWF 2011).
Arbeitslosenrate: 4 % nach offiziellen turkmenischen Angaben, 60 % laut CIA World Factbook.
Zeit: Winter MEZ + 3 Stunden, Sommer MEZ + 4 Stunden.
Nationalfeiertag: 27. Oktober – Tag der Unabhängigkeit.
Autokennzeichen: TM.
Vorwahl: 0993.
Internetkennung: tm.

Kamele– auch heute ein Transportmittel

Geographie

Turkmenistan ist die südlichste der ehemaligen Sowjetrepubliken. Die Fläche beträgt 488 100 Quadratkilometer. Die längste Grenze verläuft im Westen entlang des Kaspischen Meeres (1786 Kilometer). Im Norden grenzt Turkmenistan an Kasachstan (379 Kilometer), im Norden und Osten an Usbekistan (1621 Kilometer) und im Süden an Afghanistan (744 Kilometer) und den Iran (992 Kilometer).

Im Süden wird Turkmenistan durch das Gebirge Kopet Dag (›Viele Berge‹) begrenzt. Das seismisch aktive Gebirge bildet gleichzeitig die natürliche Grenze zum Iran. Im Nordosten des Landes erhebt sich das Kugitang-Gebirge mit dem höchsten Berg Turkmenistans, dem Airybaba, der eine Höhe von 3139 Metern erreicht. Im Norden des Landes liegt die Akchanaya-Senke, mit 81 Metern unter dem Meeresspiegel der tiefste Punkt. Die größte West-Ost-Ausdehnung beträgt etwa 1100 Kilometer, von Norden nach Süden 650 Kilometer.

Die Gewässer

Neben den Flüssen Tedjen (1124 Kilometer), Murgab (852 Kilometer) und Atrek (660 Kilometer) ist der Amu Darja die Hauptlebensader Turkmenistans. Der Amu Darja war im Altertum als Oxus und im Westen gemeinhin als das Ende der Welt bekannt. Er gab dem Landstrich Transoxanien seinen Namen. Der Amu Darja entspringt im Pamir und entsteht aus dem Zusammenfluss von Pjandsch und Wachsch. Sein Einzugsgebiet umfasst etwa 39 000 Quadratkilometer, wobei der Hauptteil der Wassermengen aus der Schneeschmelze und den Gletschern des Hochgebirges stammt. Über eine Länge von 2540 Kilometern fließt er bzw. das, was noch von ihm übrig ist, heute in den Aralsee. Dies war nicht immer so, denn der Amu Darja ist nach dem Gelben Fluss (Huang He) in China der schwebstoffreichste Fluss der Erde. Die gewaltigen Mengen an mitgeführten Sedimenten führten immer wieder zu einer Veränderung seines Verlaufes. Vermutlich bis zum 16. Jahrhundert endete der Amu Darja im Kaspischen Meer.

Bewässerungskanal in der Wüste Karakum

Heute ist der Amu Darja die wichtigste Wasserquelle Turkmenistans. In der Nähe der Stadt Kerki beginnt der Karakumkanal, die längste künstliche Wasserader der Welt. Der Kanal entzieht dem Fluss riesige Mengen an Wasser, die den größten Teil des Wasserbedarfs des Landes decken. Sicherlich ist dieser Umstand mitverantwortlich für die ökologische Katastrophe, die sich seit Jahren am Aralsee abspielt (→ S. 62).

Der größte See Turkmenistans ist der Sarykamisch-See. Er liegt im Nordwesten Turkmenistans an der Grenze zu Usbekistan. Der See in seiner heutigen Form ist künstlich entstanden. Die östlich des Ustjurt-Plateaus gelegene Sarykamisch-Senke (tiefste Stelle etwa 40 Meter unter Meeresspiegel) war in früheren Zeiten immer mal wieder mit Wasser gefüllt. Verantwortlich für die Veränderungen war und ist der Amu Darja, der zu verschiedenen Zeit die Senke mit Wasser füllte. Ende des 19. Jahrhunderts erreichte der Amu Darja letztmalig die Senke auf natürliche Weise, danach begann die Austrocknung, und kleine, salzige Seen blieben übrig. Im Zuge baulicher Maßnahmen im Zusammenhang mit der Intensivierung des Baumwollanbaus kam es 1971 wieder zur Einspeisung von Amu-Darja-Wasser in die Senke, die seitdem anhält. Heute hat der See eine Fläche von 5000 qkm und ist durchschnittlich 40 Meter tief.

Die Wüste Karakum

80 Prozent der Fläche Turkmenistans werden von der größten Wüste Mittelasiens, der Karakum (Schwarzer Sand), bedeckt. Gemeinsam mit der Kyzylkum (Roter Sand), die sich nördlich des Amu Darja in Usbekistan erstreckt, bildet sie die viertgrößte Wüste der Welt. Die Karakum, auf turkmenisch Garagum, bedeckt etwa 350 000 Quadratkilometer. Von Ost nach West erstreckt sie sich über 800, von Nord nach Süd über 500 Kilometer. Im Norden grenzt sie an das Sarykamisch-Becken und das Ustjurt-Plateau, im Nordosten und Osten an das Amu-Darja-Tal, im Südosten an die Garabil-Hochebene und die Region der

Wüstensiedlung

An der Transkarakum-Route bei Darwaza

Badkhyz-Steppe. Im Süden und Südwesten bilden die Ausläufer der Kopet-Dag-Berge die natürliche Grenze der Wüste. Das antike Tal des Uzboy-Flusses begrenzt die Karakum im Westen und Nordwesten.

Bei der Wüste Karakum handelt es sich um eine sogenannte Kontinentalwüste. Aufgrund der geographischen Lage sind weite Teile Mittelasiens von größeren Wettersystemen abgeschnitten. Wegen der enormen Entfernung zum Meer hat die ankommende Luft bereits alle Feuchtigkeit abgegeben. So gilt, je größer die Entfernung zum Meer, umso trockener die Wüste. Als Wüste gilt eine Landschaft dann, wenn deutlich weniger Niederschlag auf sie niedergeht als Feuchtigkeit aufgrund der Hitze verdunsten könnte.

Die Wüste gliedert sich in drei Gebiete: die nördliche, leicht erhöhte Trans-Unguz-Karakum, die sehr tief liegende Zentralkarakum und die südöstliche Karakum, die von einer Kette von Salzmarschen durchzogen wird. Entlang der Grenze der Zentral- und der Trans-Unguz-Karakum liegt die Unguz-Kette, bestehend aus vielen salzhaltigen, isolierten und vom Wind geformten Senken. Das Relief der Karakum ist klar und scharf umrissen und spiegelt ihren geologischen Entstehungsprozess wider. Die Oberfläche der Trans-Unguz-Karakum entstand überwiegend durch starke Winderosion. Die Ebene der Zentralkarakum verläuft vom Amu Darja hin zum Kaspischen Meer entlang dem Flusslauf.

Vom Wind angehäufte, halb überwachsene Sandhügel können 75 bis 90 Meter hoch werden, abhängig vom Alter und der Windgeschwindigkeit. Etwa zehn Prozent des Gebietes bilden Barchane, halbmondförmige Dünen, die eine Höhe von zehn Metern oder mehr erreichen. Zwischen den Dünen finden sich zahlreiche Takyre, Senken, die mit mehr als zehn Meter starken Lehmschichten bedeckt sind. Diese Lehmschichten sind natürliche Wasserreservoire, die den in dieser trockenen Region nur sehr spärlichen Niederschlag speichern und landwirtschaftliche Nutzung, zum Beispiel den Anbau von Melonen und Trauben, ermöglichen. Durch die Verdunstung von Grundwasser entstanden zahllose

Obst und Gemüse aus heimischer Produktion auf einem Markt

große und kleine Pfannen (russ. Solonchak), Areale, die mit Salz überkrustet sind. Die im Grundwasser gelösten Salze und Mineralien werden wegen der großen Hitze mit an die Oberfläche transportiert und lagern sich dort ab.

Vor 30 Millionen Jahren war das Gebiet der heutigen Wüste vom Meer bedeckt. Im Süden der Turan-Ebene setzten sogenannte orogene (gebirgsbildende) Prozesse ein, die zu einer langsamen Verminderung der Meeresfläche und schließlich zum gänzlichen Verschwinden des Meeres führten. Später floss der Amu Darja durch die Karakum. Im Laufe der Jahrtausende änderte der Fluss immer wieder seinen Lauf und hinterließ riesige Mengen angeschwemmter Sedimente, überwiegend Sand und Lehm. Heute enthält der Sand der Karakum etwa 40 verschiedene Minerale, die aus den angrenzenden Bergen angespült wurden. Seit der Amu Darja vor mehreren hundert Jahren seinen Verlauf vom Kaspischen Meer hin zum Aralsee geändert hat, wird die Oberfläche der Wüste zum größten Teil durch Winderosion geformt.

Das Klima der Karakum ist kontinental, mit langen heißen Sommern und sehr unterschiedlichen, aber relativ warmen Wintern. Die Durchschnittstemperaturen liegen im Sommer zwischen 26 und 34 Grad Celsius, im Winter zwischen plus 4 und minus 4 Grad Celsius. Die Temperaturen können aber auch bis auf minus 20 Grad Celsius fallen. Im Januar kann es innerhalb von 24 Stunden zu Temperaturunterschieden von bis zu 30 Grad kommen. Die meisten Niederschläge fallen im Winter und Frühling. Die durchschnittliche jährliche Menge reicht von 70 Millimetern pro Monat im Norden und 150 Millimetern im Süden.

Flora

Die Vegetation der Karakum ist aufgrund der klimatischen Bedingungen steppenartig. Es wachsen überwiegend Gräser, Sträucher, Büsche und kleine Bäume. Die Niederschläge im Winter und Frühjahr ermöglichen das Wachstum kurzlebiger Pflanzen, die als Tierfutter verwendet werden. Am weitesten verbreitet sind Tamarisken, Kameldorn, Sandakazien, Selingras und Saxaul. Die Pflanzen sind an die extremen Verhältnisse hervorragend angepasst. Um eine hohe Verdunstung zu vermeiden, sind die Blätter der meisten Wüstenpflanzen sehr klein. Die zwei bis drei Meter hohe Sandakazie wächst auf Sandboden. Ihre Wurzeln reichen mehrere Meter tief in den Boden, um an das Grundwasser zu gelangen. Das Selingras, kleine Büsche von etwa einem Meter Höhe, entwickelt ein Wurzelsystem, das sich dicht unter der Oberfläche in einem Radius von bis zu zehn Metern ausbreitet und so auf großer Fläche die Niederschläge sammeln kann. Ein von den Wurzeln ausgeschiedenes Sekret festigt den umgebenden Boden und verhindert auf diese Weise zu starke Verdunstung und Bodenerosion durch Wind.

In der Karakum kommen Weißer und Schwarzer Saxaul am häufigsten vor, es gibt ganze Saxaulwälder. Saxaul wächst in Form von Sträuchern oder bis zu zehn Meter hohen Bäumen. Die Wurzeln können bis zu 20 Meter in den Boden reichen. Die Rinde des Saxaul ist rauh und schwammartig. In der dicken Borke wird Wasser gespeichert. Presst man größere Mengen der Rinde aus, erhält man trinkbares Wasser. In den Oasen und ländlichen Gebieten Turkmenistans wird Saxaul neben Viehdung häufig als Brennstoff verwendet. Die Abholzung führte zu einer verstärkten Winderosion und zu Sandverwehungen, die wertvolle Anbauflächen bedrohen. Große Gebiete stehen daher heute unter Schutz, und Saxaul wird bewusst wieder aufgeforstet, um den Verlust von Ackerflächen zu vermeiden.

Neben der Abholzung ist auch die Weidewirtschaft ein Problem. Im Gegensatz zu den Wüsten Afrikas und des Nahen Ostens ist in der Karakum ausreichend Vegetation für Viehhaltung vorhanden. Mit zunehmender Sesshaftigkeit ehema-

Saxaulwald

liger Nomaden spielt die Haltung von Rindern eine immer größere Rolle. Anders als Kamele, Schafe und Ziegen suchen Rinder nur in unmittelbarer Nähe der Dörfer oder der Siedlungen nach Nahrung – beharrlich an einer Stelle. Sobald die Oberfläche abgegrast ist, verlieren die Wurzeln ihren Halt. In der Folge sind sie dem Wind schutzlos ausgeliefert, der Boden gerät in Bewegung, und es entstehen Sandverwehungen. Sie sind in der Karakum sind ein sichtbares Zeichen fortschreitender Desertifikation. Etwa 90 Quadratkilometer neue Wüste entstehen jedes Jahr in Mittelasien. Um dem zu begegnen, haben turkmenische Wissenschaftler mit Unterstützung der Gesellschaft für Technische Zusammenarbeit (GTZ, seit 2011 GIZ, Gesellschaft für Internationale Zusammenarbeit) und des Bundesministeriums für wirtschaftliche Zusammenarbeit und Entwicklung ein Pilotprojekt entwickelt. Den Bauern wird gezeigt, wie die zunehmende Versandung von Siedlungen und Anbauflächen mit Hilfe einfacher Mittel aufgehalten werden kann. In vielen Orten stehen mittlerweile Saxaulbäume in gestaffelter Anordnung als Schutz vor Sand und Wind. Riedgras schützt Setzlinge davor, dass der Sand sie zuweht. Zäune schützen die Pflanzen vor grasenden Tieren. Das Pilotprojekt hat mittlerweile wegen seines Erfolgs landesweit viele Nachahmer gefunden.

Fauna

In der Karakum leben trotz der extremen Bedingungen erstaunlich viele Tierarten. Unter den in der Wüste vorkommenden Insekten gibt es Ameisen, Termiten, Zecken, viele Käferarten, Skorpione und Spinnen, darunter auch die sehr giftige Schwarze Witwe. Auch Reptilien – Schlangen, Schildkröten und Eidechsen – sowie zahlreiche Vogelarten sind in der Karakum zu Hause. Aber auch Säugetiere wie Schakale, Karakale (große Wüstenkatzen) Springmäuse, Hasen, Igel, Sandkatzen, Sandluchse, Dachse, verschiedene Fuchsarten und Gazellen können unter den Wüstenbedingungen überleben.

Kamelfohlen

Eine Wüstenagame

In den geschützten Tälern des Kopet-Dag-Gebirges gedeihen wilde Trauben, Mandeln, Feigen und Walnüsse. Wacholder und Pistazien wachsen an den offenen Hängen. In den Bergen leben Ziegen, Luchse, Stachelschweine sowie die äußerst seltenen, vom Aussterben bedrohten Persischen Leoparden.

Die Ufer und die Inseln des Amu Darja sind mit dichten Schwemmlandwäldern, sogenannten Tugais, aus Schwarzen Pappeln, Weiden, Reedgras und Schilfrohr bewachsen. Diese Wälder sind die Heimat von Schakalen, Wildschweinen sowie vielen Vogel- und Hirscharten.

Die Ostküste des Kaspischen Meeres ist ein Winterquartier für viele Zugvögel wie Enten, Gänse, Schwäne und ein Brutgebiet für Flamingos. Das Kaspische Meer ist sehr fischreich. Hauptsächlich Sprotten und Rotaugen werden von den Fischern aus dem Meer geholt. Der kaspische Stör, Lieferant des bei Feinschmeckern berühmten echten Kaviars, steht unter strengem Schutz. Trotz drastischer Strafen locken die enormen Gewinne immer wieder Wilderer an. Der Bestand ist in den letzten Jahren dramatisch gesunken. Vor allem der Iran unternimmt große Anstrengungen, dem entgegenzuwirken. Alljährlich werden Millionen Jungfische ins Meer ausgesetzt, um die Population zu erhalten.

Geschichte

Die Siedlungsgeschichte des Gebietes, auf dem das heutige Turkmenistan liegt, reicht bis weit in die Steinzeit zurück. Bereits 6000 Jahre vor Christus gab es erste sesshafte Ackerbau und Viehzucht betreibende Stämme, wie Funde aus der mittleren Steinzeit aus Dscheitun, einem nahe Ashgabat ausgegrabenen Dorf, belegen. Hier wurden Töpferwaren und Werkzeuge gefunden, und der Anbau einer primitiven Weizensorte konnte nachgewiesen werden.

Hinweise auf größere landwirtschaftliche Siedlungen aus dem dritten Jahrtausend vor Christus wurden auch am Fuße des Gebirges Kopet Dag an der Grenze zum Iran entdeckt. Größere Siedlungen wie Altyn Depe oder Namazga Depe werden als Protostädte bezeichnet, da hier bereits mehrere tausend Menschen lebten und die Gesellschaft schon klare Strukturen aufwies. Bedeutende Funde gelangen dem russischen Archäologen Viktor Sarianidi in der Gegend um das ehemalige Delta des Flusses Murgab (heute nahe Mary) in der Karakum-Wüste. Das antike Land wird als Margiana (→ S. 167) bezeichnet. Hier wurden und werden in einem großen Gebiet, mehrere bronzezeitliche Siedlungen ausgegraben. Die Funde zeugen von einer so hohen Entwicklungsstufe, dass die Wissenschaft heute von der ›Margiana-Baktrischen Zivilisation‹ oder auch ›Oasenkultur‹ als fünfter Hochkultur neben Ägypten, Mesopotamien, China und Indien spricht.

Die Achämeniden

Die ersten genaueren Berichte über Mittelasien und seine Völker finden sich beim griechischen Geschichtsschreiber Herodot. Wissenschaftler schätzen seine Informationen, die er aus schriftlichen Quellen und auf mehreren Reisen durch Westasien gesammelt hat, als zuverlässig ein. Seine Aufzeichnungen beziehen sich im wesentlichen auf das 5. Jahrhundert vor Christus. Eine weitere wichtige Quelle, die unser Wissen über diese Zeit bereichert, ist die Awesta, das heilige Buch der Zoroastrier. Die wichtigsten Quellen jedoch sind die verschiedenen Inschriften der Achämenidenkönige auf Felsflächen und Gebäuden, allen voran die berühmte Behistun-Inschrift (520 vor Christus), die auf dem Gebiet des heutigen Iran gefunden wurde.

Der Begründer des Achämenidenreiches war Kyros II. (559–530 vor Christus). Er entstammte der altpersischen Achämenidendynastie, die nach ihrem Gründer Achaimenes benannt wurde. Kyros unternahm Mitte des 6. Jahrhunderts vor Christus eine Reihe von Feldzügen in Mittelasien, wobei er auf erbitterten Widerstand der dort siedelnden Völker traf. Er soll bis zum Fluss Jaxartes, dem heutigen Syr Darja, vorgestoßen sein und dort Grenzbefestigungen errichtet haben. Herodot berichtet, dass Kyros während eines Feldzuges gegen die Massageten, deren Siedlungsgebiet um den Aralsee lag, den Jaxartes überschritt. Nach anfänglichen Erfolgen wurden seine Truppen von dem Reitervolk unter Führung der Königin Tomirys aufgerieben. Sein abgeschlagenes Haupt wurde der Königin als Trophäe

dargebracht. Erst seinem Nachfolger Darius I. (550–486 vor Christus) gelang die Unterwerfung und Eingliederung Mittelasiens in das persische Reich, das in seiner größten Ausdehnung von Ägypten und der Ägäis bis nach Afghanistan und in das Indus-Tal reichte.

Auch die Herrschaft seines Sohnes Darius I. verlief nicht friedlich. Detaillierte Informationen über einen großen Aufstand im Jahre 552 vor Christus in Margiana, der Gegend um das heutige Mary, finden sich in der Behistun-Inschrift. Berichtet wird von 55 243 Getöteten und 6572 Gefangenen.

Die Achämenidenherrschaft veränderte das Leben der unterworfenen Völker. Verwaltungsstrukturen der Perser wurden auf Mittelasien übertragen, das eroberte Land wurde in Satrapien (Verwaltungsbezirke) aufgeteilt, denen ein Satrap genannter lokaler Statthalter vorstand, und die lokale Elite wurde mit Verwaltungsaufgaben betraut. Jährlich mussten hohe Tributzahlungen an die Achämenidenherrscher abgeführt werden. Aus Mittelasien kamen unter anderem Gold, Lapislazuli und Türkise, die zur Ausschmückung der Paläste in den Hauptstädten des Reiches, Persepolis und Susa, verwendet wurden.

Aus den besetzten Gebieten rekrutierten die Achämenidenkönige Männer für ihre Heerestruppen, die an Feldzügen nach Ägypten und Griechenland teilnahmen. Auf diese Weise entwickelte sich ein reger Kulturaustausch zwischen den Teilen des Reiches, vor allem in den herrschenden Klassen, und in einem gewissen Grade auch eine Angleichung der verschiedenen Kulturen.

Die Achämenidenherrschaft trieb den Städtebau in Mittelasien voran. Auf dem Gebiet des heutigen Turkmenistan finden sich einige beeindruckende Beispiele. Die Stadtmauern der alten Stadt Giaur-Kala (dem späteren Merw, nahe Mary) erreichten einen Umfang von sieben Kilometern. Der Bau eines Straßennetzes sowie künstlicher Bewässerungssysteme, Dämme und Kanäle trug wesentlich zur wirtschaftlichen und landwirtschaftlichen Entwicklung und damit zur Ausweitung des Handels bei. Dass es bereits Handelsbeziehungen zu China gab, lässt die Tatsache vermuten, dass die Achämeniden ein Wort für Seide hatten.

Ein Zeugnis für die ausgezeichneten Fähigkeiten der Handwerker und Künstler jener Zeit gibt der berühmte Oxus-Schatz, das sogenannte ›Baktrische Gold‹, der heute im Britischen Museum zu bewundern ist. Seine hervorragenden Gold- und Silberarbeiten datieren zum großen Teil aus dem 6. und 5. Jahrhundert vor Christus und vereinen sakische, baktrische und parthische Elemente.

Die Achämenidenherrschaft prägte die Region für 200 Jahre. Der Niedergang der einstigen Weltmacht wurde mit dem Auftauchen Alexanders des Großen besiegelt.

Das gräko-baktrische Reich

Im Jahre 330 vor Christus drang Alexanders Heer nach Mittelasien vor. In den besetzten Gebieten stießen seine Truppen auf erbitterten Widerstand, der nicht als Unterstützung für die besiegten Achämeniden gedacht war. Er richtete sich gegen die neuen Eroberer in der Hoffnung auf Wiedergewinnung der früheren Unabhängigkeit. Die Versuche des letzten Achämeniden Darius III., neue Kräfte im Osten des Reiches zu sammeln und gegen die Makedonier zu führen, endete

Figuren aus der turkmenischen Mythologie im Ashgabater Unabhängigkeitspark

tragisch. Bessos, der Satrap von Baktrien, jenem Reich, das vom Hindukusch bis nach Fergana und von der Murgab-Oase bis zum Pamir reichte, ließ Darius III. ermorden und erklärte sich zum Erben der Achämenidendynastie. Bessos erlitt jedoch seinerseits das gleiche Schicksal.

Alexander eroberte Baktrien und stieß weiter nach Sogdien und bis zum Jaxartes vor. 329 vor Christus besiegte er die Sogdier unter ihrem Führer Spitamenes und nahm die Hauptstadt Marakanda, das heutige Samarkand, ein. Erst nach drei Jahren zähen Widerstandes und unter großen Verlusten gelang es ihm, seine Macht zu festigen. In ganz Mittelasien wurden Festungen und griechische Garnisonsstädte errichtet. Besonders bemühte sich Alexander, die einheimische Bevölkerung und vor allem die lokale Aristokratie für sich zu gewinnen. Wahrscheinlich um diese Beziehungen zu festigen, nahm er Roxane, die Tochter des gefangengenommenen baktrischen Fürsten Oxyartes, zur Frau. Schließlich herrschte der Makedone über ein Weltreich, das vom Mittelmeer bis zum Indischen Ozean und vom Nil bis zum Jaxartes reichte.

Das Reich Alexanders des Großen nach 330 v. Chr.

Die parthische Residenz Nisa

Mit nur 32 Jahren starb Alexander 323 vor Christus in Babylon. Im Kampf um seine Nachfolge zerbrach das griechische Weltreich. Die nordöstlichen Satrapien fielen ab. Seleukos, einer von Alexanders Generälen und verheiratet mit Apamea, der Tochter des Spitamenes, gründete das Seleukidenreich, das noch weitere 70 Jahre die griechische Vorherrschaft in Mittelasien aufrechterhalten konnte. Doch mit dem Vordringen der Parther nach Transoxanien verloren die Seleukiden nach und nach alle griechischen Satrapien, allein Baktrien konnte unter griechischer Vorherrschaft für die Dauer von weiteren hundert Jahren seine Unabhängigkeit behalten. Im Jahre 130 vor Christus endete die griechische Vormachtstellung in Mittelasien.

Das Partherreich

Unter ihrem Anführer Arsakes (auch Arshak) drangen die Parner, ein skythisches Reitervolk vom östlichen Ufer des Kaspischen Meeres, im 3. Jahrhundert vor Christus in die persische Satrapie Parthien ein und gründeten die Arsakidendynastie. In der Folge nannten sie sich Parther. Zwischen 250 und 238 vor Christus eroberten die Parther große Teile des zerfallenden Seleukidenreiches. Unter König Mithridates I. gelang es 141 vor Christus, auch Mesopotamien ihrem Reich einzugliedern. Bald herrschten die Parther über ein riesiges Weltreich, das sich im Osten bis zum Indus, im Norden bis zum Oxus (heute Amu Darja) und im Westen bis nach Mesopotamien erstreckte. Mithridates I. nahm als erster Herrscher nach den Achämeniden den Titel ›Shah in Shah‹ – ›König der Könige‹ oder Großkönig an.

Unter Mithridates II. erreichten die parthischen Truppen den Euphrat und stießen dort auf die Römer, wodurch sie in die Annalen der westlichen Geschichtsschreibung Einzug hielten. Eine erbittere Feindschaft begann, und zahlreiche Schlachten wurden geschlagen. Ihre bedeutendste Niederlage erlitten die Römer 53 vor Christus in der Schlacht bei Carrhae unter dem Feldherrn Crassus. Über 20 000 Soldaten wurden getötet und 10 000 gefangen genommen und nach Margiana deportiert. 20 vor Christus erkannten beide Reiche den Euphrat als Grenzfluss an. In der Folgezeit gab es zwischen Parthern und Römern immer wieder Auseinandersetzungen um die Vorherrschaft in Mesopotamien, Syrien und Armenien. Große römische Heerführer wie Trajan (116 nach Christus) und Hadrian (117 nach Christus) mussten sich den Parthern geschlagen geben. Erst Marc Aurel gelang der Sieg über die Parther, die daraufhin aus Syrien und Armenien abziehen mussten. Zu den ständigen Auseinandersetzungen mit dem äußeren Feind Rom kamen im 1. und 2. Jahrhundert schwere Bürgerkriege im Inneren des Reiches hinzu. Eine Revolte unter Führung des Fürsten Ardaschir I. führte 224 zum Tode des letzten parthischen Königs Artabanos IV. Ardaschir wurde zum König gekrönt und begründete die Dynastie der Sassaniden.

Die besondere Stärke der Parther im Kampf waren ihre berittenen Bogenschützen und der Einsatz einer für die damalige Zeit einzigartigen Kavallerie, die über eine schwere Panzerung der Reiter und der Pferde verfügte, die sogenannten Kataphrakten. Später übernahmen auch die Römer diese Form der Panzerung.

Im heutigen Turkmenistan finden sich zahlreiche Zeugnisse der parthischen Kultur. Vor allem in Merw und in Alt-Nisa konnten Archäologen bedeutende Funde bergen. In den Ruinen von Alt-Nisa in der Nähe der heutigen Hauptstadt Ashgabat wurden über 40 große Rhyta aus Elfenbein, zeremonielle Trinkhörner, weltweit die einzigen ihrer Art, gefunden. Leider wurde ein Teil des Fundes beim großen Erdbeben von 1948 zerstört. Die erhaltenen und restaurierten Rhyta können heute im Nationalmuseum von Ashgabat und in der Eremitage in St. Petersburg bewundert werden.

Das Kuschanreich

Unter ihrem Anführer Mao-dun eroberten im 2. Jahrhundert vor Christus die Hsiung-Nu, im Westen unter dem Namen Hunnen bekannt, große Steppengebiete westlich von China. Die hier siedelnden Stämme wurden vertrieben und mussten sich ihrerseits neue Lebensräume suchen. Unter dem Druck der Hunnen zog auch das Volk der Yüe-chi gen Westen, traf auf die am Issyk-Kul siedelnden Saken und besiegte diese. Bald wurde das Fergana-Tal von den Yüe-chi besetzt. Mit Hilfe der einheimischen Bevölkerung befreiten sie Mittelasien von der griechischen Herrschaft, besetzten Sogd und Baktrien und wurden am Amu-Darja heimisch.

Aus chinesischen Quellen ist bekannt, dass das Volk der Yüe-chi die eroberten Gebiete unter fünf Hauptstämmen aufteilte. Um die Zeitenwende kam es zu Auseinandersetzungen der Stämme. Der Stamm der Giushang ging siegreich aus den Kämpfen hervor, vereinte alle Stämme und gründete unter dem Namen Kuschan ein neues Großreich, dass neben dem Partherreich, China und Rom zu den bedeutendsten seiner Zeit gehörte.

Über Geschichte und Ausdehnung des Reiches ist wenig überliefert. Hauptsächlich Münzen geben der Wissenschaft bis heute Auskunft. In seiner Blütezeit unter König Kanischka umfasste das Kuschanreich das südliche Mittelasien, Afghanistan und große Teile Indiens. Kunst und Kultur wurden gefördert, indische und griechische Einflüsse vermischten sich.

Aus Nordindien kommend, verbreitete sich unter der Herrschaft der Kuschan der Buddhismus in Mittelasien. Zahlreiche Relikte, vor allem Ruinen von Klöstern und Tempeln, geben davon Auskunft. Neben der neuen Staatsreligion blieben aber auch alte Religionen wie der Zoroastrismus erhalten.

Eine bedeutende Rolle im Reich spielte der Handel. In allen Städten und Oasen entstanden Handelszentren, in denen Waren aus Ost und West getauscht wurden. Die Kuschan waren als Zwischenhändler auf der Seidenstraße bekannt.

Im 3. Jahrhundert nach Christus ging das Reich der Kuschan unter. Über die genauen Umstände ist kaum etwas bekannt. Neue Nomadenstämme drangen aus dem Osten ins Gebiet der Kuschan vor und lösten damit eine Völkerwanderung aus, die auch im Westen ihre Spuren hinterlassen sollte. Zeitgleich entstand mit dem Reich der persischen Sassaniden eine neue Macht, die nach dem zerfallenden Reich in Mittelasien griff.

Ritter der Wüste

Die Seidenstraße

»Karawanen zogen im Schneckentempo durch die unwirtlichsten Gebiete, wasserlose Wüsten oder schneebedeckte Gebirgszüge. Im heißen Sommer zogen die Karawanen nachts, um der sengenden Hitze der Sonne zu entgehen. Sie fürchteten die tödliche Hitze mehr als die nächtlichen Dämonen. Auftretende Sandstürme machten die Reisenden orientierungslos – so erstickte die Wüste viele Reisende in ihrem Sand. Aber auch das Überqueren der Gebirge (Karakorum, Tien Shan, Pamir etc.) stellte große Gefahren dar – man denke nur an die Gletscherspalten, die Schneeblindheit oder die Höhenkrankheit. Der Tod war allgegenwärtiger Begleiter der Karawanen«, so der Autor Wolfgang Bauer über die Strapazen, die Reisende auf dem 10 000 Kilometer langen Weg von China bis ans Mittelmeer ertragen mussten. Aber die Anstrengungen wurden auch reich belohnt. Die transportierten Güter, allen voran die Seide, versprachen hervorragende Gewinne.

Erste Belege für einen Handel zwischen Ost und West finden sich in Skythengräbern aus dem 6. Jahrhundert vor Christus. Offenbar unterhielten die Skythen bereits Beziehungen sowohl ins antike Griechenland als auch nach China, wie Grabbeigaben belegen. Aber erst mit dem Auftauchen der ersten Seide in Rom um die Jahrtausendwende kam der Handel richtig in Schwung. Schnell wurde die Seide ein Luxusartikel höchster Güte. Der Stoff war so teuer, dass er zuerst nur als Verzierung verwendet wurde. Erst später trug die privilegierte Oberschicht Gewänder ganz aus Seide. Ironie des Schicksals: Die Römer entdeckten den künftigen Stoff ihrer Begierde während der Schlacht von Carrhae 53 vor Christus gegen die Parther, die für sie mit einer bitteren Niederlage endete. Die Truppen der Parther trugen bunt schillernde, farbenprächtige Banner mit sich, die die Aufmerksamkeit der Römer erregten. Bald hatte die römische Fernaufklärung herausgefunden, dass es sich um Seide handelte.

Die Gier nach Seide musste das Römische Reich teuer bezahlen. Wie Plinius und Seneca beklagten, kostete die Einfuhr von Seide geschätzte 100 Millionen Sesterzen pro Jahr (für einen Sklaven mussten etwa 2000 Sesterzen bezahlt werden, der Tagesbedarf eines Arbeiters lag bei 4 Sesterzen). Der extrem hohe Preis lag nicht nur am langen Transportweg; auf der weiten Strecke von China bis nach Rom musste die Seide die Grenzen vieler Staaten passieren, die natürlich auch vom Handel profitieren wollten und hohe Zölle erhoben. Hauptgrund war aber die Tatsache, dass allein China über die notwendigen Kenntnisse zur Seidenproduktion verfügte und so die Preise beliebig gestalten konnte. Erst die Hochzeit einer chinesischen Prinzessin mit einem Türken-Khan machte im Jahr 420 das Geheimnis der Seidenherstellung außerhalb Chinas bekannt. Die Prinzessin soll Eier der Seidenraupe aus China geschmuggelt haben, um auch in ihrer neuen Heimat nicht auf den gewohnten Luxus verzichten zu müssen. Damit war das chinesische Monopol gebrochen, auch in anderen Ländern konnte nun Seide hergestellt werden.

Die Seidenstraße war weder eine Einbahnstraße, in der die Güter nur von Ost nach West gebracht wurden, noch war sie eine Straße nach unseren heutigen Vorstellungen; vielmehr wurden Waren aller Art in beiden Richtungen auf einem ganzen Netz von Karawanenwegen transportiert.

Die alte chinesische Hauptstadt Chang'an (heute Xi'an) war Ausgangspunkt der Karawanenwege im Osten. Kurz hinter Dunhuang in der Wüste Gobi, beim Jadetorpass (Yumen) teilte sich der Weg in eine nördliche und eine südliche Route, um die Taklamakan, die ›Wüste ohne Wiederkehr‹, zu umgehen. Die nördliche Route verlief über Turfan,

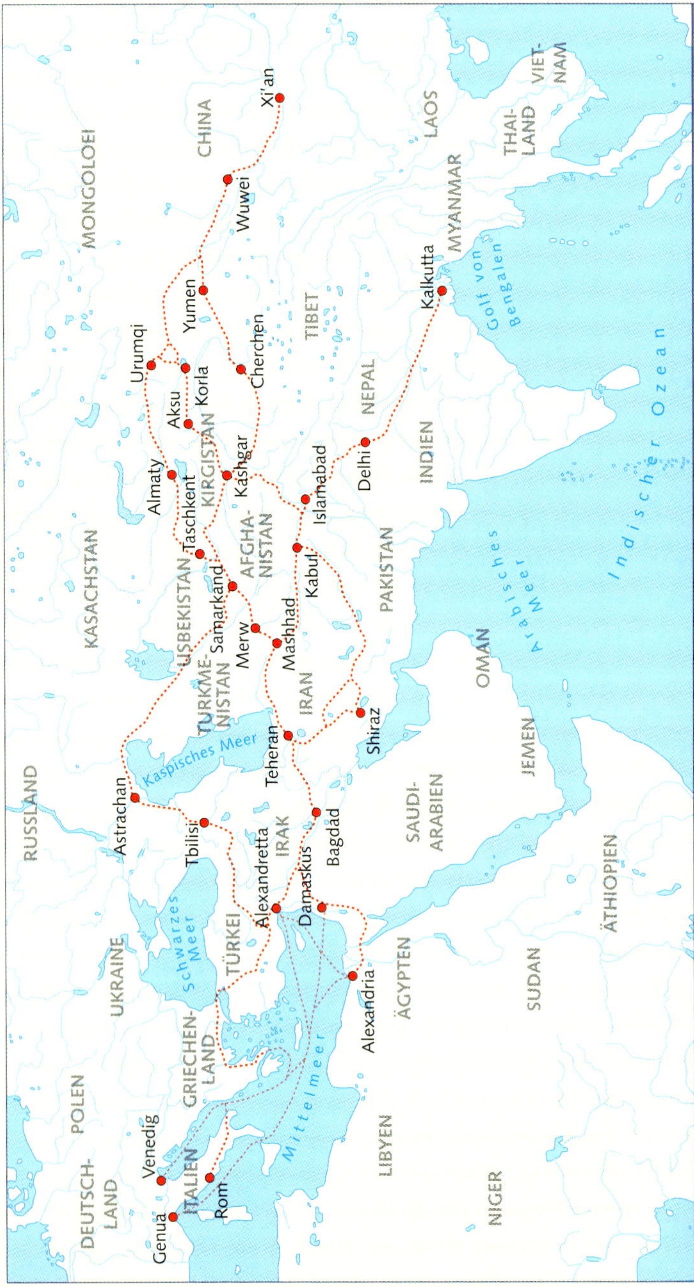

Alte Karawanenwege und heutige Staaten entlang der Seidenstraße

Kuqa und Aksu, die südliche Route über Hotan und Yarkand, bis sich beide Routen wieder in Kashgar trafen. Über den Pamir ging die Hauptroute westwärts über die Pässe des Tien Shan und weiter durch das Ferganatal über Samarkand, Buchara und Merw weiter durch Persien, den Irak und Syrien ans Mittelmeer. Eine Alternativroute führte etwas südlicher durch Balch in Afghanistan, um in Merw wieder auf die Hauptroute zu treffen.

Die Städte und Oasen entlang der Routen lagen nur wenige Tagesreisen voneinander entfernt. In den Basaren wurden Waren getauscht oder verkauft und zum Weitertransport umgeladen, denn kaum ein Händler hat je die gesamte Strecke von Ost nach West oder umgekehrt zurückgelegt. So wusste man in China nichts von Rom, und chinesische Kaufleute wurden im damaligen Rom nicht gesichtet. In den Karawansereien konnten sich die Kaufleute von den Strapazen ihrer Reise erholen und frische Transporttiere erhalten.

Die Seidenstraße war aber nicht nur ein Umschlagplatz für Waren, auch Ideen, Technologien, Kunst und Kultur fanden hier ihre Wege der Verbreitung. Missionare und Pilger begleiteten die Karawanen, um die Kunde von Religionen wie Buddhismus, Manichäismus, Zoroastrismus und dem Islam in andere Teile der Welt zu tragen. Im 13. und 14. Jahrhundert, während der Zeit der Pax Mongolica, kamen die frommen Reisenden hauptsächlich aus dem Abendland. Katholische Geistliche wie Johannes von Rubruk und Piano Carpini zogen gen Osten, um die mongolischen ›Heiden‹ zum Christentum zu bekehren. Der bekannteste Reisende des Abendlandes auf der Seidenstraße war Marco Polo, der einige Jahre am Hof Kublai Khans, dem Enkel Dschingis Kahns, in Dadu, dem heutigen Peking, gelebt und gearbeitet haben soll, bevor er nach Italien zurückkehrte. Einige Wissenschaftler haben Zweifel an der Behauptung Marco Polos, 17 Jahre in China gelebt zu haben. So werden in seinen Schriften außerordentliche Besonderheiten, wie zum Beispiel das Essen mit Stäbchen, die andersartige chinesische Schrift, das Binden der Füße bei höhergestellten Frauen und auch die Chinesische Mauer mit keinem Wort erwähnt. Auch in chinesischen Quellen findet sich kein Hinweis auf ihn, was aber auch daran liegen könnte, dass bis heute sein chinesischer Name unbekannt ist. Bei allen berechtigten Zweifeln sind seine Aufzeichnungen bis heute eine unschätzbare Quelle über das Leben auf und an der Seidenstraße in der damaligen Zeit.

Im 15. Jahrhundert begann der Niedergang der Seidenstraße. Mongolische Invasoren bedrohten die chinesische Mingdynastie, die mit einer Abschottung ihrer nördlichen Grenzen reagierte. Mit der Entdeckung des Seeweges von Europa nach Asien 1498 durch Vasco da Gama begann für Asien ein neues Kapitel des Fernhandels zwischen Ost und West. Zu Beginn des 16. Jahrhunderts landete erstmals ein portugiesisches Schiff in einem chinesischen Hafen. Der Seeweg versprach schnellere und größere Transportmöglichkeiten und war weniger gefährlich und strapaziös als die Karawanenwege durch die Wüsten und Hochgebirge Mittelasiens. Das Ausbleiben der Karawanen bedeutete das Ende für viele Umschlagplätze entlang der Routen, die vom Handel mit den begehrten Waren profitiert hatten. Nicht wenige wurden aufgegeben und vergessen.

Ab der Mitte des 19. Jahrhunderts wuchs mit der Romantik und auch im Zuge einer gewissen Mode insbesondere in England das Interesse an den alten Handelswegen. Europäische und russische Forscher und die spektakulären Expeditionen des Schweden Sven Hedin machten die Seidenstraße einer breiteren Öffentlichkeit bekannt.

Aktuelle Planungen sehen angelehnt an die antike Seidenstraße den Aus- und Neubau von Straßen- und Eisenbahnnetzen vor, um den europäisch-asiatischen Handelskorridor wieder zu beleben.

Das Sassanidenreich

Mit dem Sieg über die Parther im Jahre 224 entstand unter Ardaschir I. aus dem Hause Sassan eine neue Großmacht, das persische Sassanidenreich. In Anlehnung an die achämenidische Tradition schuf Ardaschir einen zentralistisch organisierten Staat und erklärte den Zoroastrismus zur Staatsreligion. Über einen Zeitraum von 400 Jahren gelang es den Sassaniden, ein Reich, größer als das der Parther, zu beherrschen. Wie die Parther waren auch die Sassaniden erbitterte Feinde Roms. Nach seinem Machtantritt sandte Ardarschir eine Botschaft nach Rom: ›Das, was ihr in Asien besetzt, ist mein Erbe.‹ Kaiser Severus ließ den Gesandten töten und gab somit den Anlass für eine Reihe blutiger Kriege. Ardarschirs Sohn Shapur I. gelang die Rückeroberung Armeniens und er marschierte in Syrien ein. Zehntausende römische Legionäre gingen im Jahre 244 in Gefangenschaft, und Rom musste die Waffenruhe mit 500 000 Dinaren teuer erkaufen. Weitere schwere Niederlagen folgten, auch Kaiser Valerian geriet in Gefangenschaft und musste sich zu hohen Reparationszahlungen verpflichten.

Unter Shahpur II. gelang es den sassanidischen Heeren, den im Jahre 350 von Osten her anstürmenden Hunnen standzuhalten und sie von den Grenzen ihres Reiches zu vertreiben. Die Hunnen zogen weiter nach Westen und lösten dort die bekannte Völkerwanderung aus. Ähnlich wie bei den Parthern lag die Stärke der sassanidischen Armee bei ihren schwer gepanzerten Reitern.

Merw erlebte unter den Sassaniden eine Blütezeit

Nach einer kurzen Friedensphase begann wieder eine Zeit der ständigen kriegerischen Auseinandersetzungen mit Rom. Die Kriege an den römischen Grenzen, die sich wieder um Armenien und das Ausbleiben von Reparationszahlungen entfachten, schwächten zunehmend beide Imperien und bereiteten mehr und mehr deren Untergang vor.

Noch einmal gelang es unter Chosrau II. (590–628), zu alter Stärke zurückzufinden. 615 wurde Byzanz belagert und Jerusalem erobert. Das Heilige Kreuz wurde nach Persien gebracht. Im Jahre 619 fiel das sassanidische Heer in Ägypten ein und zog nilaufwärts bis zu den Goldminen des Sudan.

Die Eroberung Jerusalems und der Raub der Reliquie des Heiligen Kreuzes riefen in Byzanz eine kreuzzugsähnliche Stimmung hervor. Schwere Niederlagen gegen die Byzantiner und innenpolitische Fehlleistungen führten schließlich zur Absetzung von Chosrau II. In den folgenden fünf Jahren bestiegen acht Könige und Königinnen kurz nacheinander den Sassaniden-Thron. Auch die Rückgabe des Heiligen Kreuzes konnte das ausgeblutete Sassaniden-Reich nicht mehr retten.

Die arabische Invasion

In den ersten Jahrzehnten des 7. Jahrhunderts entstand auf der arabischen Halbinsel der Islam, der sich in der Folgezeit auch über ganz Mittelasien ausbreitete.

Die Voraussetzungen für die ersten erfolgreichen Eroberungen muslimischer Gruppen außerhalb der arabischen Halbinsel waren sowohl in den Randgebieten des Byzantinischen Reiches als auch des Sassaniden-Reiches in den dreißiger Jahren des 7. Jahrhunderts ausgesprochen günstig. Beide Imperien bekämpften sich seit Jahren erbittert und waren innenpolitisch bereits außerordentlich geschwächt.

Die ersten Überfälle der Araber hatten ausschließlich den Charakter von Raubzügen. Ein politisch-religiöses Konzept war hinter den Übergriffen nicht zu erkennen. Diese Überfälle waren zwar lästig, stellten aber in den Augen der Machthaber keine wirkliche Bedrohung dar. Erst als die Gefahr in ihrem ganzen Ausmaße deutlich wurde, reagierten beide Großreiche mit massiver Abwehr, und es kam um 636 zu Schlachten bei Yarmuk und Qadisiyya. Aber für eine erfolgreiche Verteidigung war es bereits zu spät.

Nach dem Zusammenbruch des Sassaniden-Reiches im Jahre 642 brachten die Araber das persische Chorasan in ihre Gewalt. In den siebziger Jahren des 7. Jahrhunderts brachen sie von ihren Stützpunkten Merw und Balch auf, auch Transoxanien oder ›Mawarannarahr‹ wie die Araber das Land jenseits des Amu Darja nannten, zu erobern. Im Winter 681 schlugen sie erstmalig ihr Feldlager am westlichen Ufer des Amu Darja auf. Die arabischen Eroberer trafen auf erbitterten Widerstand der einheimischen Bevölkerung, und mehrere Feldzüge waren nötig, um ihre Macht in der Region zu festigen. Erst 709 nahmen sie Buchara ein, danach wurden Samarkand (712) und Kashgar (714) erobert.

Diese Erfolge sind eng mit dem Namen des arabischen Heerführers Kutaiba ben Muslim verbunden, der 705 zum Vizekönig von Chorasan ernannt worden war. Er verstand es, sich die Rivalitäten seiner Gegner untereinander geschickt zunutze zu machen und so seine Macht zu festigen. Die Feldzüge waren nicht nur Eroberungszüge, Kutaiba verfolgte auch grausam die Bekehrung der lokalen

Islamische Reiche im 7. und 8. Jahrhundert

Bevölkerung zum Islam. Zahlreiche Buddhisten und Anhänger des Zoroastrismus wurden niedergemetzelt. In Buchara, Samarkand und anderen Städten ließ er Moscheen errichten. Im Jahre 715 wurde Kutaiba beim Versuch, einen Aufstand gegen den Kalifen Suleiman anzuzetteln, von meuternden Soldaten umgebracht. Daraufhin brachen in vielen besetzten Provinzen Unruhen aus, die die Araber zum Rückzug in Gebiete südlich des Amu Darjas zwangen. In Transoxanien konnten sie nur noch wenige befestigte Städte halten.

Im Jahr 728 beschloss die Damaskus aus herrschende Omaijadendynastie, die Bevölkerung in den besetzten Gebieten zu islamisieren, indem den Bekehrten Steuerfreiheit gewährt wurde. Wieder kam es zu Aufständen, und es dauerte mehrere Jahre, die Macht zu festigen. Als 749 die Omaijadendynastie ihre Macht an die Abbasiden in Bagdad abgeben musste, wurde das Land erneut von Unruhen und Aufständen erschüttert. Die Chinesen versuchten, die unübersichtliche Lage für sich zu nutzen und marschierten in das Ferganatal ein. Im Jahre 751 kam es zu der entscheidenden Schlacht zwischen Arabern und Chinesen im Talastal im heutigen Kasachstan und Kirgistan. Dem arabischen Heerführer Sijad Ibn Salih gelang der entscheidende Sieg. Die Niederlage der Chinesen war die Grundlage für die Verankerung des Islam als vorherrschende Religion in Mittelasien. Die Chinesen verloren aber nicht nur die Schlacht bei Talas. Viele chinesische Gefangene waren hervorragende Handwerker und mit den Geheimnissen der Seiden- und Papierherstellung vertraut, was zum Verlust der chinesischen Monopolstellung auf diesen Gebieten führte. Mit der Errichtung neuer Standorte der Seiden- und Papierherstellung von Persien bis nach Europa verlor auch die berühmte Seidenstraße als Handelsweg für diese Güter an Bedeutung.

Der Islam

Der Islam ist mit geschätzten 1,5 Milliarden Anhängern heute die zweitgrößte Glaubensgemeinschaft nach dem Christentum. Islam bedeutet wörtlich ›Hingabe an Gott‹, der arabische Wortstamm ›s-l-m‹ steht für ›Frieden‹.

Hauptgrundlagen der Lehre sind der Glaube an den Einzigen Gott (Allah) und die Sharia, das ›Gesetz‹, welches das Leben der Gläubigen in allen religiösen, sozialen und politischen Belangen regelt. Mohammed ist der Prophet, dem Gottes Wort vom Erzengel Gabriel mündlich übermittelt wurde. Im Koran, wörtlich ›Wiedergabe‹ oder ›Vortrag‹, dem heiligen Buch der Muslime, wurden diese Überlieferungen nach Mohammeds Tod niedergeschrieben.

Abul-Kasim Mohammed wurde im Jahr 570 in Mekka im Stamm der Quraisch geboren. Nach dem frühen Tod seiner Eltern wuchs er erst bei seinem Großvater, danach bei seinem Onkel Abu Talib auf. Als angesehener Karawanenführer trat er in die Dienste der reichen, 15 Jahre älteren Witwe Chadidscha, die er im Jahr 595 heiratete. Auf seinen zahlreichen Karawanenreisen kam Mohammed, der im Umfeld der altarabischen polytheistischen Religion aufgewachsen war, mit monotheistischen Religionen wie Judentum und Christentum in Berührung. Er hatte die Angewohnheit entwickelt, sich regelmäßig in die nahe Mekka gelegenen Höhlen des Berges Hira zum Gebet zurückzuziehen. In der ›Nacht des Schicksals‹ im Jahr 610 erschien ihm der Erzengel Gabriel und grüßte ihn als Gottes Gesandten. Von jener Nacht an bis zum seinem Lebensende empfing Mohammed regelmäßig Offenbarungen alle Lebensbereiche betreffend. Verunsichert vertraute er sich anfangs nur seiner Frau Chadidscha und einigen engen Freunden an, begann aber bald, bestärkt durch seine Anhänger, auch öffentlich die Lehre vom Einzig Wahren Gott Allah zu predigen. In der polytheistischen Oberschicht Mekkas stieß die neue Lehre auf wenig Gegenliebe, und in Folge zunehmender Bedrohung verließ Mohammed mit seinen Anhängern Mekka Richtung Yathrib, dem späteren Medina. Der Auszug aus Mekka, die sogenannte Hidschra, ist der Beginn der islamischen Zeitrechnung.

Aus anfänglichen Raubzügen gegen Karawanen aus Mekka entwickelten sich kriegerische Auseinandersetzungen, aus denen Mohammed mit seiner angewachsenen Gefolgschaft schließlich als Sieger hervorging. 630 kehrte er zurück in seine Heimatstadt Mekka. Er ließ die Götzenbilder der altarabischen Religion in der Kaaba zerstören, nur der schwarze Meteorit, den Abraham in die Kaaba gebracht haben soll, verblieb im Heiligtum. Mohammed war nun unangefochtener religiöser sowie politischer Herrscher, der seinen Machtbereich schnell ausdehnen konnte.

Im Jahr 632 verstarb der Prophet nach kurzer Krankheit, ohne einen Nachfolger bestimmt zu haben. Die Gemeindeältesten wählten Abu Bakr, seinen Schwiegervater und guten Freund zum ersten Kalifen, was ›Stellvertreter‹ bedeutet. Ihm folgten die zweiten und dritten Kalifen Omar und Othman, die beide ermordet wurden. Bereits schwelende Konflikte in der Gemeinschaft der Gläubigen um die rechte Nachfolge des Propheten traten jetzt ganz offen zutage. Als Ali ibn Abu Tali, ein Vetter und Schwiegersohn Mohammeds, zum vierten Kalifen ausgerufen wurde, behaupteten einige, er hätte die Ermordung Othmans angeordnet. Sein bedeutendster Widersacher war der Gouverneur von Damaskus Muawiya aus der Sippe der Omayaden. Seine Weigerung, Ali anzuerkennen, führte mit der Schlacht von Siffin am Euphrat 657 zur Fitna, der Spaltung des Islam. Eine während eines Waffenstillstandes einberufene Ratsversammlung erkannte Alis Anspruch auf die Nachfolge nicht an, und in der Folge stellte sich die Mehrheit der Gläubigen hinter Muawiya. Aus dieser Gruppe entwickelten sich die Sunniten, deren Glaubensgrundlage die Sunna, die Überlieferungen des Propheten, sind. Muawjya wurde der neue Kalif und gründete in Damaskus die Dynastie der Ommayaden.

Die Getreuen Alis erkannten diese Nachfolgeregelung nicht an und hielten weiterhin zu ihm als einzig legitimen Nachfolger. Die ›Schi'at Ali‹, die Partei Alis, wurde zur Gruppe der Schiiten. Nach der Ermordung Alis kämpften seine Söhne Hassan und Hussein weiter und mussten sich mit ihren Anhängern immer wieder einer sunnitischen Übermacht geschlagen geben. Zermürbt durch die Kämpfe gab Hassan auf und zog sich nach Medina zurück. Seinem Bruder Hussein jedoch gelang es im Jahr 680, mit seinen Truppen bis Kerbala vorzustoßen; er wurde dort jedoch verraten und mitsamt seiner Familie ermordet. Mit seinem Tod wurde er für die Schiiten zum Märtyrer, dessen Tod jedes Jahr an Ashura, dem zehnten Tag des ersten islamischen Monats Muharram, gedacht wird.

Im schiitischen Glauben ist es nur den Nachkommen Alis, denen der Titel ›Imam‹ (Vorsteher oder Vorbild) zusteht, erlaubt, das geistige Erbe des Propheten zu bewahren. Das sogenannte Imamat beginnt mit dem ersten Imam Ali (dem vierten Kalifen) und wurde im Jahr 874 mit dem zwölften Imam Mohammed unterbrochen, der im Alter von zwölf Jahren verschwand und sich seitdem im Verborgenen hält. Daher wird er auch ›Mahdi‹, der Verborgene Imam genannt, der eines Tages als Messias wiederkehren wird. Die größte Gruppe der Schiiten sind die sogenannten Zwölferschiiten, die den Verborgenen Imam anerkennen; sie leben heute hauptsächlich im Iran, wo sie 90 Prozent der Bevölkerung stellen, im Irak (60 Prozent) und in den Emiraten (65 Prozent).

Seit dem 8. Jahrhundert gab es innerhalb der Schiiten immer wieder Abspaltungen. Die bekannteste Gruppe neben den Zwölferschiiten sind die Ismailiten, die nur die ersten sieben Imame anerkennen. Ihr geistiges Oberhaupt ist der Aga Khan.

Die Sunniten konnten das Kalifat über verschiedene Dynastien bewahren, mit dem Untergang des Osmanischen Reiches 1924 endete auch die Macht der Kalifen.

Zwischen 767 und 855 bildeten sich vier sunnitische Rechtsschulen, benannt nach ihren geistigen Vätern, heraus, die bis heute die Unterschiede in der sunnitischen Glaubensgemeinschaft markieren. Die Schule der Hanafiten gilt als die liberalste, sie ist heute Glaubensgrundlage unter anderem in der Türkei und in Mittelasien. Im Gegensatz zu dieser liberalen Strömung lehnt die extrem konservative hanbalitische Schule jegliche Interpretation des Koran ab und beharrt auf absoluter Texttreue. Diese Rechtsschule ist heute Staatsdoktrin in Saudi-Arabien.

Alle Muslime weltweit verbindet der Glaube an den Einzig Wahren Gott Allah, seinen Propheten Mohammed und die im Koran niedergeschriebenen Offenbarungen und vereint sie in der ›Umma‹, der Gemeinschaft aller Gläubigen, egal ob Sunniten oder Schiiten. Jeder Muslim unterliegt den fünf Hauptpflichten, den ›Säulen des Islam‹. Dies sind das Glaubensbekenntnis, das mehrmalige tägliche Gebet gen Mekka, die Einhaltung des Fastenmonats Ramadan, das Spenden für Bedürftige und die zumindest einmalige Pilgerfahrt nach Mekka, so es denn Gesundheitszustand und Geldbeutel zulassen. Unterschiede zwischen den Glaubensrichtungen bestehen vor allem in der Anerkennung der Nachfolge des Propheten und in der Auslegung der Scharia, dem islamischen Recht.

Die Samaniden

Im Jahre 874 gründete ein Adliger aus Balch (heute Afghanistan) namens Saman, ein Nachfahre der Sassaniden, eine neue Dynastie, die nach ihm benannt ist. Das Samaniden-Reich, das von 874 bis 999 existierte, war das erste ostiranische Reich des Mittelalters. Mit Hilfe seiner Söhne gelang es Saman, das Reich auch über Mittelasien und Nordafghanistan auszudehnen. Saman und seine Nachfolger betrieben eine Politik, die auf einen Ausgleich zwischen den Völkern ausgerichtet war. Besonderen Wert legten sie auf eine Verbindung der traditionellen iranischen und der islamischen Kultur.

Die Zeit der Samanidenherrschaft war friedvoll, und so konnten sich Kunst, Literatur, Architektur und die Wissenschaften entfalten. Die persische Sprache erlebte eine Blüte. Besondere Förderung genoss der Dichter Rudaki, der heute im Iran eine ähnliche Bedeutung hat wie Shakespeare in England. Auch der Handel blühte, wie Münzfunde in verschieden Teilen des heutigen Russland und an der Nordsee belegen. Einen zweifelhaften Höhepunkt erreichte der Sklavenhandel unter den Samaniden.

Nach etwas mehr als hundert Jahren zerbrach die Dynastie jedoch an internen Auseinandersetzungen und Erbstreitigkeiten. Beschleunigt wurde der Zerfallsprozess durch das Vordringen turkstämmiger Steppenvölker. Für kurze Zeit herrschten die Karakhaniden und Ghaznawiden. Von Nordosten rückten die Karakhaniden vor und besetzten das ganze Syr Darja-Becken, während die Ghaznawiden die Gebiete südlich des Oxus sowie Chorasan beherrschten.

Das Mausoleum Shir-Kabir in Dekhistan stammt aus dem 10. Jahrhundert

Die Seldschuken

Gegen Ende des 10. Jahrhunderts löste sich aus den Nomadenscharen zwischen Oxus (Amu Darja) und Jaxartes (Syr Darja) ein dem Türkenstamm der Oghusen angehöriger Stammeshäuptling namens Seldschuk mit seinem Gefolge ab. Vom Aralsee her drang er in Transoxanien ein und wurde mit einem Teil seines Stammes sesshaft. Die Seldschuken nahmen den sunnitisch-islamischen Glauben an. Sie besiegten die Karakhaniden und andere türkische Stämme und dehnten so ihren Machtbereich aus. Nach dem Tode Seldschuks ging die Macht an seine Enkel Tughril Beg und Mamud, die den Amu Darja überquerten und 1040 Chorasan eroberten. Bald war Merw in ihren Händen und schon 1055 zog Tughril Beg in Bagdad, der Stadt des Kalifen, ein. Die ganze Macht des Kalifates lag jetzt in den Händen der Seldschuken. Die persische Sprache wurde durch eine Turksprache als Umgangssprache abgelöst. 1063 starb Tughril Beg, und die Macht ging an seinen Neffen Alp Arslan, der den Machtbereich der Seldschuken noch erweitern konnte. In Armenien besiegte er 1071 den byzantinischen Kaiser Romanus Diogenes. Er marschierte weiter bis nach Syrien und Palästina und 1089 bis 1090 erstürmten seine Truppen Jerusalem. Nach der Ermordung Alp Arslans kam sein unmündiger Sohn Malik Schah an die Macht. Sein engster Berater war der Wesir Nisam al Mulk, der ›Ordner des Staates‹. Er war nicht nur ein bedeutender Staatsmann, sondern auch ein Förderer der Wissenschaften. Unter seinem Einfluss wurden zahlreiche Hochschulen gegründet. Noch einmal konnten die Grenzen des Reiches ausgedehnt werden, erst an der chinesischen Grenze kamen die seldschukischen Eroberer zum Stehen.

Das Reich hatte nun eine Größe, die nur mit einem starken Führer zu beherrschen war. Der Zerfall der Großmacht begann mit der Ermordung Malik Schahs und Nisam al Mulks 1092 durch schiitische Eiferer. Unter Maliks Nachfolgern brachen Thronstreitigkeiten aus, es kam zu völliger Anarchie. Doch Sultan Sanjar (1117–1157) gelang es noch einmal, das Reich zu kurzer Blüte zu führen. Neben Bagdad wurde Merw – auch die Perle des Islam genannt – eine der wichtigsten und größten Städte des Islam und ein Zentrum von Kultur, Kunst, Architektur und Handel. Mit der Gefangennahme Sultan Sanjars durch aufständische turkmenische Oghusen-Stämme begann der endgültige Untergang des Reiches. Kurz hintereinander lösten sich Choresm-Schahs und die mongolischen Kara-Kitai an der Macht über Mittelasien ab.

Die Mongolen

Im Jahre 1162 wurde Temudschin, der Name bedeutet ›scharfer Stahl‹, als Sohn des kleinen Mongolenfürsten Jesügeis, geboren. Bittere Erfahrungen in seiner Kindheit, wie die Ermordung seines Vaters durch die Tataren, ließen ihn zu einem kämpferischen jungen Mann heranwachsen. Nach vielen kriegerischen Auseinandersetzungen und mit Führungsstärke gelang es ihm erstmalig in der mongolischen Geschichte, die untereinander verfeindeten Stämme zu vereinen. 1206 ließ er sich auf einer Versammlung des mongolischen Adels, dem sogenannten Churiltai, zum Großkhan aller Mongolen ausrufen. In der Folge nannte

Dschingis Khan, der Begründer des mongolischen Weltreiches

er sich Dschingis Khan und gebot über ein Reich mit mehr als zwei Millionen Einwohnern und einem etwa 100 000 Mann starken Heer. Für die Bedeutung des Namens gibt es verschiedene Interpretationen. Einiges spricht dafür, dass er vom türkischen Wort ›tengiz‹ für Meer oder Ozean abgeleitet ist, wobei mit dem Meer der Baikalsee gemeint sein könnte, der in der mongolischen Ursprungsgeschichte eine wichtige Rolle spielt.

Seinen ersten Eroberungsfeldzug führte das mongolische Heer gegen die Chin, ein chinesisches Königreich. 1215 fiel Peking und wurde dem Erdboden gleichgemacht. Zur gleichen Zeit entwickelte sich außerhalb der mongolischen Gebiete ein starkes Reich: Choresm mit der Hauptstadt Konya Urgench, dessen Grenzen kurzzeitig auch Persien und Aserbaidschan einschlossen.

Im Jahre 1218 sandte der mongolische Khan eine Karawane zu den berühmten Märkten von Samarkand und Buchara. Die große Karawane mit 450 Begleitern transportierte riesige Schätze aus China und anderen besiegten Gebieten. In Ortrar (in anderen Quellen auch Otyrar), der choresmischen Grenzstadt am Syr Darja, erregte die Karawane den Verdacht der Spionage, aber auch die Gier des dortigen Gouverneurs. Er ließ beim regierenden Choresm-Sultan Mohammed Ala al-Din nachfragen, ob er die Karawane plündern dürfe. Der Sultan gab seine Einwilligung und brachte damit unwissentlich den Untergang seines Reiches in Gang. Die Karawane wurde geplündert, alle Begleiter getötet, nur einer konnte entkommen und überbrachte die Nachricht vom Massaker den Mongolen. Dschingis Khan entsandte einen Botschafter nach Konya Urgench, um die Entschuldigung des Sultans zu fordern. Sultan Mohammed dachte nicht daran, sondern ließ den Botschafter ermorden und dessen Begleitern die Bärte abschneiden – eine tödliche Beleidigung. Auf Rache sinnend, stellte Dschingis Khan am oberen Irtysch eine Streitmacht von 150 000 Kriegern zusammen und zog gegen Choresm.

Obwohl das choresmische Heer zahlenmäßig überlegen war, gelang es den Mongolen durch geschickte Kriegstaktiken, das Choresm-Reich zu erobern. 1220 fielen Samarkand und Buchara, 1221 wurde die Hauptstadt Konya Urgench am Amu Darja erobert. Den Amu Darja leiteten die Sieger in die Stadt um, um sie zu zerstören und nur wenige Monumente, zum Beispiel das Mausoleum von Sultan Tekesch, blieben bis heute erhalten. Der Sultan floh auf eine kleine Insel im Kaspischen Meer, wo er auch starb.

Die mongolische Kriegsführung war außerordentlich grausam. Städte wurden dem Erdboden gleichgemacht, Alte und Kranke ermordet. Kriegsfähige Männer aus den eroberten Städten wurden an vorderster Front beim Kampf gegen die nächste Stadt eingesetzt. Dem Leiturgie-System folgend, wurden Handwerker, Künstler, Wissenschaftler, Schreibkundige, aber auch Knaben und Mädchen in die Mongolei verschleppt und auf Sklavenmärkten verkauft. Etwa sechs Millionen Menschen sollen in der kurzen Zeit von 1220 bis 1221 in Mittelasien ihr Leben verloren haben.

Nach erfolgreicher Eroberung Choresms überquerte Dschingis Khan mit seinen Truppen den Amu Darja und zog gen Süden. Nacheinander fielen Chorasan (Teil des heutigen Iran) und Afghanistan. Sein letzter Feldzug gegen die Tanguten führte ihn wieder nach Osten. Dschingis Khan starb am 18. August 1227 an den Folgen eines Jagdunfalles. Er hinterließ seinen Söhnen und Enkeln ein riesiges Reich, das sich vom Kaspischen Meer im Westen bis an die Küsten Chinas im Osten erstreckte.

Das Großreich wurde unter seinen Erben aufgeteilt. Gemäß der Tradition erhielt der älteste Sohn die am weitesten vom Kernland entfernten Gebiete. Da Dschotschi, der Älteste, aber bereits verstorben war, wurde dessen Sohn Batu, der Enkel Dschingis Khans, zum Khan der Goldenen Horde, sein Bruder Orda hingegen Khan der Weißen Horde. Sein Herrschaftsgebiet erstreckte sich von Moskau über die Ukraine bis zu den westlichen und nördlichen Teilen des heutigen Kasachstan. Der zweite Sohn, Tschagatai, erhielt Transoxanien und das Tarimbecken, Afghanistan und das westliche Xinjiang und wurde Begründer der Tschagataidendynastie. Der dritte Sohn, Ögödei, erhielt Südsibirien und das Siebenstromland (heute Südkasachstan/Nordkirgistan). Der jüngste Sohn, Toloi, erhielt das mongolische Kernland mit der Hauptstadt Karakorum. Dessen Sohn Kublai Khan wurde Begründer der Yuandynastie in China.

Die eroberten Gebiete konnten sich in einer kurzen Zeit des Friedens vom vorangegangenen Eroberungssturm wieder etwas erholen, bis ein neuer Eroberer, Timur Leng, die Bühne des Weltgeschehens betrat.

Die Timuriden

Timur Leng wurde 1336 in Kesch (heute Shahrisabsz) südlich von Samarkand geboren. In Europa ist er auch unter dem Namen Tamerlan, Timur, der ›Hinkende‹ oder ›Lahme‹ bekannt. In seiner Jugend soll er sich eine Verletzung am Bein zugezogen haben, die zu diesem Beinamen führte. Timur sah sich als Nachfolger Dschingis Khans, obwohl er wohl nur mütterlicherseits mit dem großen Mongolen verwandt war. Sein Vater war ein lokaler Kleinfürst aus der Herrschersippe des türkischen Barlas-Stammes, der im Gefolge der mongolischen Eroberung in das Gebiet von Kesch eingedrungen war. Um seinen Machtanspruch zu legitimieren, heiratete er eine Frau aus dem Dschingis-Klan. Sein Streben galt der Wiedererrichtung des Weltreiches.

Nach der Eroberung von Mogulistan (mongolische Nomadengebiete im Osten) im Jahre 1365 wurde er mit Unterstützung der Tschagataiden-Stämme 1370 in Balch zum Emir von Transoxanien ausgerufen. Als seine Hauptstadt erkor er sich Samarkand, das er prachtvoll ausbauen ließ. In seiner Heimatstadt Kesch ließ er eine der imposantesten Palastanlagen jener Zeit errichten, wie der Gesandte des kastilischen Königs Ruy Gonzales de Clavijo berichtet. Von Samarkand startete Timur in der Folgezeit viele Feldzüge in Asien und bis nach Europa. In kurzer Zeit konnte er ein Reich erobern, das von Indien bis zum Osmanischen Reich und im Norden bis an die Wolga reichte. 1385 fiel er in Armenien und Georgien ein, 1395 besiegte er Toktamisch, den letzten Khan der Goldenen Horde. Zu Beginn des 15. Jahrhunderts hatte er seinem Herrschaftsgebiet Indien, Teile des Osmanenreiches, Persien und Syrien einverleibt.

Dabei überstieg seine Grausamkeit die seines Vorbildes Dschingis Khan. Städte wurde geplündert und gebrandschatzt, hunderttausende Menschen fanden den Tod, und ebenso wie Dschingis Khan verschleppte auch Timur Künstler, Handwerker und Architekten nach Samarkand und Buchara. Er ließ Pyramiden aus den Schädeln getöteter Feinde errichten, in Delhi soll die Zahl der Schädel

Das prächtige Mausoleum für Timur im usbekischen Samarkand

zwischen 60 000 und 80 000 betragen haben. Wahrscheinlich ist diese Zahl nicht realistisch, diente aber möglicherweise zur Abschreckung und Ausschaltung jeglichen Widerstandes.

1405, mitten in den Vorbereitungen zu seinem China-Feldzug, verstarb Timur. In Samarkand wurde das prächtige Gur-e-Amir-Mausoleum für den Verstorbenen errichtet. Der im Sterben liegende Timur soll einen Fluch ausgesprochen haben: ›Stört nicht meine Totenruhe, sonst wird euch ein schreckliches Schicksal wider-

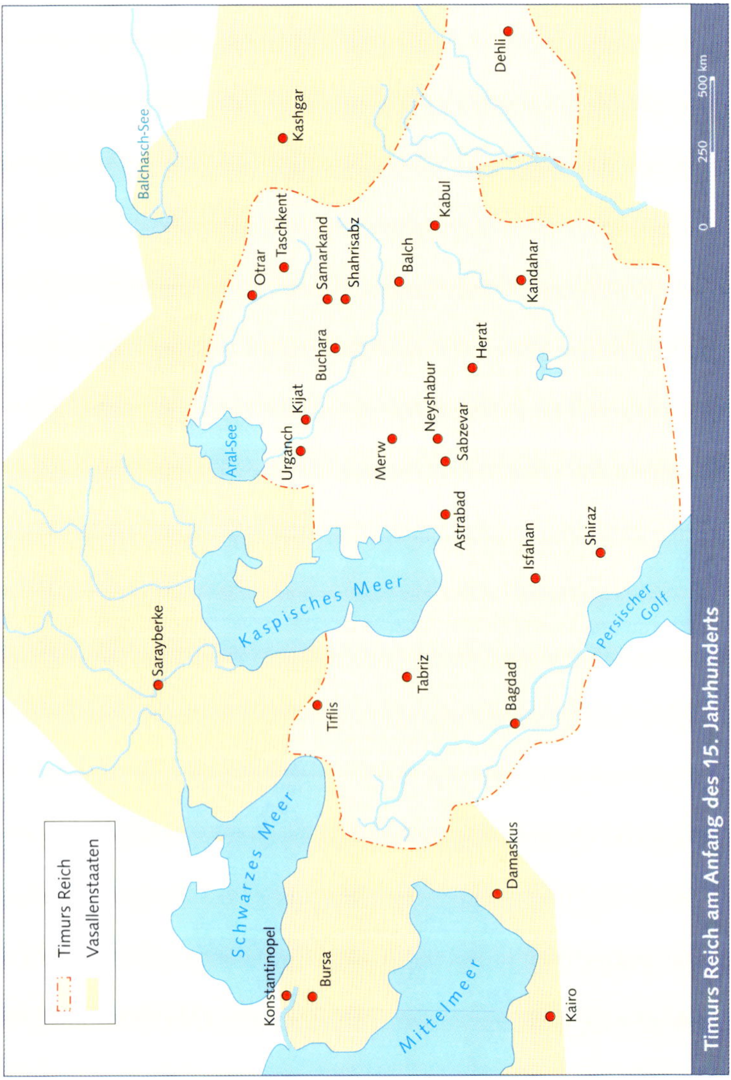

Timurs Reich am Anfang des 15. Jahrhunderts

fahren‹. Am 22. Juni 1941 öffneten sowjetische Archäologen das Grab Timurs in der Krypta unter dem Mausoleum, um den Leichnam zu untersuchen – an diesem Tag begann der Angriff der deutschen Truppen auf die Sowjetunion.

Mit Timurs Tod begann der Zerfall seines Riesenreiches. Seine Erben kämpften erbittert um die Macht. Nach heftigen Auseinandersetzungen konnte sich sein jüngster Sohn Schahruch als Herrscher über die Gebiete Afghanistans und Chorasans durchsetzen. Von Herat aus regierte er von 1407 bis 1447. Schahruchs Sohn Ulug Beg herrschte als Vizekönig seines Vaters in Samarkand über Transoxanien. Diese Zeit war eine Phase des Friedens, der Kunst, der Kultur, des Handels und der Wissenschaft. Die Ermordung Ulug Begs durch seinen eigenen Sohn Abdullatif besiegelte im Jahre 1449 den Untergang des Timuridenreiches endgültig.

Der letzte Timuride Babur eroberte 1526 Afghanistan und das Sultanat von Dehli und begründete die glanzvolle Mogulndynastie, die in Indien bis 1858 herrschte.

Die Turkmenen vom 16. bis 19. Jahrhundert

Zuerst einmal ist zu klären, woher die Turkmenen kamen und wann sie begannen, das Gebiet des heutigen Turkmenistan zu besiedeln. Die Ursprünge der Turkmenenstämme liegen wahrscheinlich in der Oghusen-Konföderation, einer Vereinigung verschiedener turksprachiger Stämme, die im frühen Mittelalter in der Region um den Baikalsee lebten. In der zweiten Hälfte des 8. Jahrhunderts wanderten diese Stämme nach Mittelasien ein. Arabische Quellen aus dem 8. Jahrhundert bezeichnen sie als ›Guzz‹ und lokalisieren ihre Siedlungsräume am mittleren und unteren Syr Darja. Im 10. Jahrhundert expandierten die Oghusen in das Gebiet westlich und nördlich des Aralsees und in die Steppengebiete des heutigen Kasachstan. Die dort lebenden Kiptschaken und Karluken wurden in die Stammesverbände integriert.

Militärische Kampagnen führten die Oghusen bis an die Wolga und die Berge des Urals, aber ihr Hauptsiedlungsgebiet blieb die Region um den Aralsee. Die verschiedenen Stämme der Oghusen kannten keine zentrale Instanz, es gab viele lokale ›Könige‹ oder Clanführer. Die verschiedenen Eigenarten der einzelnen Stämme und die Größe des Territoriums, welches sie besiedelten, ließ kaum eine Interaktion aller Oghusen zu, und im 10. Jahrhundert lockerten sich die Bindungen. Unter ihrem Anführer Seldschuk errichtete einer dieser Stämme das bereits erwähnte Seldschuken-Imperium. Zu diesem Zeitpunkt taucht zum ersten Mal die Bezeichnung ›turkmen‹ in schriftlichen Quellen auf, um die Oghusen, die nach Süden in die Seldschuken-Gebiete zogen und den Islam annahmen, von denen zu unterscheiden, die in der Steppe blieben. Nach und nach wurden alle muslimischen Oghusen als ›turkmen‹ bezeichnet. Im 13. Jahrhundert hatte der Name ›turkmen‹ die Bezeichnung ›Oghusen‹ vollständig abgelöst. Unklar ist bis heute der Ursprung des Wortes ›turkmen‹. Eine Quelle sieht es als Zusammensetzung des Wortes ›turk‹ und des persischen Wortes ›manand‹ was soviel bedeutet wie ›einem Türken ähnlich‹. Neuere Ansätze gehen davon aus, dass die Silbe ›men/man‹ eine Art Verstärkung ist und das Wort somit ›wahrer Türke‹ oder ›reiner Türke‹ bedeutet.

Marktfrauen in Konya

Bis zum Niedergang des Seldschukenreiches waren die ›Turkmenen‹ integraler Bestandteil der seldschukischen Armee. Mit ihren Familien besiedelten sie nach und nach das Gebiet des heutigen Turkmenistan, die nördlichen Regionen von Persien und Afghanistan sowie die kaspische Ostküste, hauptsächlich Wüstengebiete. Während der mongolischen Eroberungen in Mittelasien wurden auch die Turkmenen, die in den Steppengebieten am Syr Darja verblieben waren, mehr und mehr in die südlichen Gebiete und die Karakum-Wüste gedrängt.

Bis zum 16. Jahrhundert siedelten sie sich hauptsächlich in folgenden Regionen an: an der südöstlichen Küste des Kaspischen Meeres, auf der Halbinsel Mangyschlak im Nordosten der kaspischen Küste (heute Kasachstan), rund um die Balkanberge, entlang des Kopet-Dag-Gebirges, im Hindukusch, im persischen Hochland sowie entlang des Flusses Uzboy in Zentralturkmenistan. Die Wissenschaft geht davon aus, dass sich in dieser Zeit die turkmenischen Stämme in der Form herausbildeten, wie sie auch heute noch existieren. Vom 16. bis zum 19. Jahrhundert wanderten große Stammesverbände und kleinere Gruppen auch in östliche und südöstliche Richtung.

Historische Quellen aus jener Zeit berichten von der Existenz einer großen Vereinigung von Stämmen – oft als Salor-Konföderation bezeichnet – auf der Halbinsel Mangyschlak und um die Balkanberge. Im ausgehenden 17. Jahrhundert löste sich die Verbindung auf und die drei großen Hauptstämme zogen weiter süd- und ostwärts. Die Yomud am kaspischen Ufer teilten sich in eine östliche und eine westliche Gruppe, die Tekke besiedelten die Ahal-Region entlang des Kopet-Dag-Gebirges und das Murgab-Becken, und die Salor migrierten in die Oase Choresm, in die Ahal-Oase nördlich der heutigen Hauptstadt Ashgabat und in Gebiete entlang des Kopet Dag sowie in das Delta des Murgab-Flusses.

Das Wissen über die Geschichte der Turkmenen vom 16. bis zum 19. Jahrhundert stammt zum überwiegenden Teil aus persischen und usbekischen Quellen. Chroniken berichten von ständigen Überfällen auf ihre sesshaften Nachbarn in Persien und in den Khanaten Buchara und Chiwa, aber auch von heftigen Streitigkeiten und Kämpfen der Stämme untereinander. Die Uneinigkeit mündete in wechselnden Besetzungen ihrer Siedlungsräume durch die Khanate Chiwa und Buchara. Die Emire und Khane rekrutierten turkmenische Soldaten für eigene militärische Auseinandersetzungen mit ihren Nachbarstaaten, aber auch für innerstaatliche Konflikte. Eine politische Einheit der turkmenischen Stämme als wichtige Kraft in Mittelasien kam nie zustande. Bis zum Einmarsch der zaristischen Truppen konnten sich die turkmenischen Stämme ihre Unabhängigkeit größtenteils bewahren und ihre gewohnte Lebensweise als Halbnomaden oder Nomaden aufrechterhalten.

Die russische Eroberung

In der zweiten Hälfte des 19. Jahrhunderts wuchs das russische Interesse an den Gebieten Mittelasiens. Die Ursachen dafür sind komplex, aber einer der Hauptgründe war die Suche nach einer sicheren, im besten Falle natürlichen Grenze (Fluss oder Gebirge) im Süden des riesigen Zarenreiches. Es war die Zeit des sogenannten ›Great Game‹. Russland und England mit seiner Kronkolonie Indien belauerten sich gegenseitig, jeder misstraute dem anderen und fürchtete um Einflusssphären und Machtbereiche.

Die erste russische Expedition in das Gebiet des heutigen Turkmenistan wurde 1716 von Peter dem Großen ausgesandt, um eine Route für den Handel mit dem südlichen Asien und dem mittleren Osten zu finden. Die Expedition scheiterte. Es dauerte 150 Jahre, bis die Russen wieder in dieses Gebiet vor-

Die Schätze Mittelasiens auf dem Russischen Markt in Ashgabat

stießen. 1869 errichteten sie in Krasnovodsk (heute Turkmenbashi) am Kaspischen Meer einen militärischen Stützpunkt und einen Hafen. Von Krasnovodsk marschierten sie gegen das Khanat von Chiwa, das 1873 ihrem Ansturm unterlag.

Turkmenische Stämme, hauptsächlich die Yomud, standen im Militärdienst des Khans von Chiwa. Andere Turkmenen kidnappten russische Händler, Wissenschaftler und Militärs, die sich als Vorhut der russischen Expansion in ihren Gebieten aufhielten, und verkauften sie auf den Sklavenmärkten in Chiwa, Samarkand und Buchara. Es gibt Berichte, dass bis zu 3000 russische Sklaven in Buchara gefangen gehalten wurden. Russland reagierte und sandte mehrere Strafexpeditionen gegen turkmenische Siedlungen.

1877 marschierten russische Truppen gegen Gyzylarbat und Geok Depe. Der Ausfall nach Gyzylarbat war erfolgreich, aber in Geok Depe erlitten sie eine schmähliche Niederlage. 1881 gab Zar Alexander erneut den Befehl, die Festung Geok Depe des turkmenischen Tekke-Stammes anzugreifen. General Skobelev, ein Offizier mit blutiger Karriere, griff das Fort mit Kanonen an, denen die Lehmwälle der Festung nicht standhalten konnten. Tausende Turkmenen fielen diesem Angriff zum Opfer. Mit der Parole Skobelevs ›Je härter man sie schlägt, um so länger bleiben sie ruhig‹ verfolgten seine Truppen die Fliehenden in die Wüste und töteten weitere 8000 Menschen. Heute ist der Tag der Schlacht um Geok Depe ein nationaler Gedenk- und Feiertag (12. Januar).

Orthodoxe Kirche in Ashgabat

Damit war der Weg nach Ashgabat und Merw für die russischen Truppen frei, die nur noch auf geringen Widerstand trafen. Im selben Jahr schlossen Russland und Persien einen Vertrag, der die noch heute gültigen Grenzen festlegte. Mit der Einnahme der Oase Merw 1884 war die Eroberung des turkmenischen Territoriums abgeschlossen. Von 1890 bis 1917 gehörte Turkmenistan zum Generalgouvernement Turkestan. Mit dem Bau der Transkaspischen Eisenbahn in den Jahren 1881 bis 1886, die ursprünglich als Nachschublinie für die russischen Truppen durch die Wüste Karakum gedacht war und die von Krasnovodsk über Ashgabat und Mary bis nach Chardjou und später weiter bis nach Buchara und Tashkent führte, entstanden entlang der Strecke städtische Zentren. Trotzdem blieb Turkmenistan ein rückständiges Gebiet, das für die russischen Eroberer nur von strategischer Bedeutung in der Auseinandersetzung mit dem britischen Empire war.

Landschaft im Kopet-Dag-Gebirge

Das ›Große Spiel‹

Der Begriff ›The Great Game – Das Große Spiel‹ beschreibt die Rivalität und den strategischen Konflikt zwischen dem Britischen Empire und dem zaristischen Russland um die Vorherrschaft in Mittelasien. Durch den Roman ›Kim‹ von Rudyard Kipling wurde der Begriff später gebräuchlich. In Russland wurde derselbe Konflikt als ›Tournament of Shadows – Wettkampf der Schatten‹ bezeichnet. Das Great Game begann 1813 und endete mit dem Anglo-Russischen Vertrag von 1907. Nach der bolschewistischen Revolution von 1917 flammten die Auseinandersetzungen noch einmal kurz auf.

Zu Beginn des 19. Jahrhunderts lagen zwischen den Randgebieten Russlands und Britisch-Indien etwa 2000 Meilen. Das Land dazwischen war nahezu unbekannt und Städte wie Buchara, Chiwa, Merw und Tashkent Ausländern nur unter Gefahren zugänglich. Mit der fortschreitenden Expansion Russlands in den mittelasiatischen Raum fühlte sich das Britische Imperium in Indien zunehmend bedroht, und es begann ein Wettlauf um Macht und Einflusssphären. Spionage und Gegenspionage, imperialistische Diplomatie und Erkundungsexpeditionen waren die Mittel, die in diesem Spiel der Kräfte zum Einsatz kamen. Das Zentrum der Aktivitäten war Afghanistan.

Mit der Unterwerfung der Khanate von Buchara und Chiwa durch die russischen Truppen wuchs die Angst der Briten, ihre Macht im sogenannten ›Juwel der Krone‹, in Indien, zu verlieren. Sie befürchteten, dass die Russen Afghanistan zu ihrem Vorposten einer möglichen Invasion in Indien machen könnten. Das war Grund genug für die Briten, 1838 den ersten Anglo-Afghanischen Krieg zu beginnen und in Kabul ein Marionettenregime unter Schah Shuja zu installieren. Unzureichende militärische Unterstützung durch die Briten führte allerdings zum baldigen Ende des Regimes. 1842 wurden die Briten von Aufständischen in Kabul angegriffen und stimmten einem Rückzug aus Kabul unter der Bedin-

Die Ruinen von Anau

gung eines sicheren Abzuges zu. Diese Zusage erwies sich als wertlos, denn auf dem Rückweg nach Indien wurden sowohl das britische Militär als auch auch zahlreiche Zivilisten, zumeist Frauen und Kinder, mehrmals überfallen und viele von ihnen getötet.

Dieser erniedrigende Rückzug aus Afghanistan und die Indische Rebellion von 1857 führten zu einer Veränderung der englischen Politik. Afghanistan wurde zunehmend als Pufferstaat angesehen. Zeitgleich dehnte Russland sein Reich immer weiter nach Süden aus, 1865 wurde Tashkent annektiert, Samarkand wurde drei Jahre später Teil des russischen Imperiums und die Unabhängigkeit Bucharas durch ein Friedensabkommen quasi aufgehoben. Die Macht des zaristischen Russland reichte jetzt bis an das nördliche Ufer des Amu Darja.

Eine nicht eingeladene russische diplomatische Mission nach Kabul im Jahr 1878 ließ die anglo-russischen Spannungen wieder zunehmen. Die Briten bestanden ihrerseits ebenfalls auf einer diplomatischen Mission. Dieses Ansinnen wurde zurückgewiesen. Als Folge marschierten 40 000 britische Soldaten über die Grenze und begannen den zweiten Anglo-Afghanischen Krieg. Auch dieser Krieg endete im Desaster. 1881 mussten sich die Briten wieder zurückziehen. Sie beließen Abdur Rahman Khan auf dem Thron. Dieser sicherte ihnen zu, weiterhin die Außenpolitik Afghanistans bestimmen zu können, während er selbst seine Macht durch die brutale Unterdrückung von Aufständen im Land sicherte.

1884 wurde mit der Eroberung der Oase Merw durch russische Truppen eine neue Runde des Großen Spiels eingeläutet. Die Russen beanspruchten das gesamte Territorium des gestürzten Herrschers und kämpften mit Afghanistan um die Oase Panjdeh. Ein Krieg der beiden Supermächte Russland und England schien unvermeidlich. Kurz vor dem Ausbruch des Krieges entschieden sich die Briten aber, die russischen Eroberungen stillschweigend zu akzeptieren. Ohne Beteiligung Afghanistans entschied die Englisch-Russische Grenzkommission, dass Russland sich aus seinen entferntesten Eroberungen zurückziehen sollte, aber die Gebiete um die Oase Panjdeh behalten konnte. Als permanente nördliche Grenze Afghanistans wurde der Amu Darja festgelegt.

Der Englisch-Russische Vertrag von 1907 beendete die klassische Phase des Großen Spiels. Russland akzeptierte, dass England die Politik Afghanistans kontrollierte, solange es keine Änderung des Regimes gab. England seinerseits sicherte Russland eine Beibehaltung der bestehenden Grenzen zu. Außerdem wurde festgelegt, dass England aktiv jede Bedrohung russischen Territoriums durch Afghanistan unterbinden würde.

Die Revolution von 1917 machte alle existierenden Verträge zunichte, und eine nächste Phase des Großen Spiels begann. Der dritte Anglo-Afghanische Krieg wurde durch die Ermordung des afghanischen Königs Habibullah Khan heraufbeschworen. Sein Sohn und Nachfolger Amanullah erklärte die afghanische Unabhängigkeit und attackierte die Briten an ihrer nördlichen Grenze. Militärisch wurde wenig erreicht, eine Pattsituation kam erst durch das Rawalpindi-Abkommen von 1919 zustande, Afghanistan erlangte seine außenpolitische Unabhängigkeit. 1921 unterzeichneten die Sowjetunion und Afghanistan einen Freundschaftsvertrag, der Afghanistan Unterstützung auf technologischem und militärischem Gebiet zusicherte. Der britische Einfluss in Afghanistan schwand. Das ›Große Spiel‹ zwischen Russland und England war vorbei.

Der Basmatschi-Aufstand

Während des Ersten Weltkriegs kam es 1916 zu einem Aufstand der Turkmenen gegen die russischen Besatzer. Auslöser war ein Ukas des Zaren, der die Mobilisierung von 15 000 Männern für Arbeiten im Hinterland anordnete. Die Männer sollten Schützengräben ausheben und für Wachdienste zur Verfügung stehen. Im August 1916 gab es in einem Aul (Dorf) nahe Krasnovodsk bewaffnete Auseinandersetzungen zwischen Turkmenen und Russen. Nicht unerheblich war dabei der Einfluss deutscher, türkischer, aber auch amerikanischer und englischer Spione und Saboteure, deren Ziel die Schwächung des russischen Imperiums und die Abtrennung des Gebietes von Russland war. Unter der

Traditionelle Fellmützen für Männer

Losung ›Kampf den Ungläubigen‹ erhoben sich an vielen Orten Aufständische und griffen die russischen Besatzer, aber auch russische Siedler an und töteten viele. Die Antwort der Russen war eine 4000 Mann starke Strafexpedition, die mit brutaler Härte vorging und den Aufstand niederschlug. Zurück blieben hunderte Tote und dutzende niedergebrannte Dörfer.

In ganz Mittelasien entwickelte sich in diesen Jahren eine Bewegung, die unter dem Namen ›Basmatschi-Aufstand‹ (›Basmatschi‹ ist das türkische Wort für Unterdrücker) bekannt wurde. Die Anhänger der Bewegung, die hauptsächlich in der Geistlichkeit, der reichen Oberschicht und im islamisch-nationalistischen Bürgertum verankert waren, kämpften im Untergrund gegen die russischen Besatzer für nationale Unabhängigkeit. Während der Oktoberrevolution kam es kurz zu einem Bündnis mit den Bolschewiken, aber bald war klar, dass die politischen Ziele unvereinbar waren, und es entwickelte sich schnell eine unversöhnliche Feindschaft.

Der geistige Vater der Bewegung war Enver Pascha, ein türkischer General und Staatsmann, der an der Seite Atatürks gekämpft hatte, aber 1918 als sein Gegner nach Moskau floh. Enver Pascha hatte den Traum, einen pantürkischen Staat mit dem Sitz eines neuen Kalifats in Samarkand zu errichten. Vor allem in ländlichen Gebieten konnte er schnell zehntausende Anhänger und Kämpfer für seine Idee gewinnen. Hauptsächlich in den Gebieten um Buchara, Chiwa und im Ferganatal gab es erbitterten Widerstand gegen die Rote Armee. Im Winter und Frühjahr des Jahres 1922 eroberte Enver Pascha mit seinen Truppen Dushanbe (Tadschikistan) und große Teile des ehemaligen Emirates von Buchara. Seiner Macht und Stärke sicher, verweigerte er Verhandlungen mit den Bolschewiken, die eine 100 000 Mann starke Truppe aussandten. Am 4. August 1922 wurde seine Einheit von der Roten Armee nahe Dushanbe vernichtend geschlagen, und Enver Pascha fiel. Bis hinein in die dreißiger Jahre konnten sich einzelne Basmatschi-Einheiten aufgrund ihrer Mobilität halten und lieferten der Roten Armee einen Guerillakrieg. Erst zunehmende soziale Isolation setzte der Basmatschi-Bewegung ein Ende.

Unter sowjetischer Herrschaft

Im Jahre 1919 übernahmen die Bolschewiken die Macht in Ashgabat, und bis 1924 war Turkmenistan Teil der Turkestanischen Autonomen Sozialistischen Sowjetrepublik. Dann wurden auf Anweisung Stalins die Grenzen im mittelasiatischen Teil der Sowjetunion neu gezogen und die Turkmenische Sozialistische Sowjetrepublik entstand. Für die Menschen Mittelasiens waren Kriterien wie Stammes- und Religionszugehörigkeit, lokale Bezüge, Lebensumstände und auch sozialer Status bindend. Darin sahen die Bolschewiken eine Bedrohung ihrer Macht, sie fürchteten panislamistische und pantürkische Bewegungen. Für die Neuordnung wurden gezielt alte Strukturen zerstört, Angehörige verschiedener Nationalitäten wurden in einer Sowjetrepublik bunt zusammengewürfelt. Der Islam wurde als Aberglauben bekämpft. Von über 400 Moscheen in Turkmenistan blieben bis 1941 nur fünf erhalten. Russische Experten und Arbeiter strömten in das Land, um die Pläne Moskaus zu verwirklichen.

Die Sowjetunion zwischen 1939 und 1989

Vorangetrieben wurden in erster Linie die Kollektivierung und die Zwangsansiedlung der bis dahin an ein nomadisches oder halbnomadisches Leben gewöhnten Turkmenen. Mehr als eine Million Turkmenen widersetzten sich diesen Maßnahmen, indem sie in die Wüste Karakum oder in die angrenzenden Staaten Iran und Afghanistan flüchteten. 1927 formierte sich der Widerstand gegen Moskau in der Bewegung ›Freies Turkmenistan‹. Diese Bewegung wurde mit äußerster Härte bekämpft. Selbst turkmenische Kommunisten wurden der Kollaboration mit den Nationalisten beschuldigt und hingerichtet. Nach der Zerschlagung der Freiheitsbewegung war Turkmenistan unter der vollständigen Kontrolle Moskaus.

Aufgrund der klimatischen Bedingungen wurde Turkmenistan neben Usbekistan zum größten Baumwollproduzenten der Sowjetunion auserkoren. Baumwolle benötigt neben viel Wärme auch sehr viel Wasser. Da die Wüste Karakum 80 Prozent des Landes einnimmt, wurde in den fünfziger Jahren mit dem Bau des Karakumkanals – heute heißt er Turkmenbashifluss – begonnen, um die Bewässerung der riesigen Baumwollplantagen überhaupt zu ermöglichen. Mit 1100 Kilometern ist dieser Kanal der längste künstliche Wasserweg der Welt. Das Wasser wird aus dem Amu Darja abgeleitet und fließt in die südlichen Landesteile. Der Bau dieses Kanals und die Unmengen an Wasser, die dem Amu Darja entnommen werden, ist eine der Ursachen, die das langsame Sterben des Aralsees bewirken (→ S. 62).

Im sozialen Bereich gab es entscheidende Veränderungen. Die Lebensbedingungen verbesserten sich durch gute Gesundheitsversorgung und eine Infrastruktur, die auch schwer zugängliche Landesteile erreichbar machte. Eine allgemeine

Schulpflicht wurde eingeführt, und in allen größeren Städten Turkmenistans wurden Hochschulen und Universitäten gegründet. In den siebziger Jahren begann man mit der Erschließung der enormen Erdgas- und Ölreserven des Landes.

1985 übernahm Michail Gorbatschow die Macht in Moskau. Perestroika und Glasnost erlaubten eine vorsichtige Kritik an der Kommunistischen Partei und erleichterten die Gründung kleiner privater Unternehmen, aber die Führer der Kommunistischen Partei Turkmenistans taten sich schwer, diesen vorsichtigen Reformbestrebungen aus Moskau zu folgen. Eine Gruppe von Intellektuellen gründete 1989 die sozial und ökologisch ausgerichtete Partei Agzybirlik (Einheit). Die Partei war offiziell registriert und damit erlaubt, erhielt aber zuviel Unterstützung in der Bevölkerung, so dass sie 1990 wieder verboten wurde. Im selben Jahr, am 22. August 1990, erklärte Turkmenistan seine Souveränität, und gleichzeitig wurde der damalige Generalsekretär der Kommunistischen Partei Turkmenistans, Saparmurad Nijasow, in das neugeschaffene Amt des Präsidenten gewählt.

Die Unabhängigkeit

Nach dem Putsch in der Sowjetunion gegen Gorbatschow im August 1991 wurde in Turkmenistan ein Referendum über die Unabhängigkeit von Moskau durchgeführt. Nach offiziellen Angaben stimmten 94 Prozent der Wahlberechtigten dafür. Am 27. Oktober 1991, ein Jahr nach der Souveränitätserklärung, rief Präsident Nijasow die Unabhängigkeit Turkmenistans aus. Dieser Schritt brachte enorme Probleme mit sich. Die turkmenische Wirtschaft, in erster Linie auf die Produktion von Erdgas, Erdöl und Baumwolle ausgerichtet, war eng an das alte sowjetische System der Dezentralisierung gekoppelt. Turkmenistan war auf Warenlieferungen aller Art aus den anderen Unionsrepubliken und auf Subventionen aus Moskau angewiesen. Durch den Wegfall des von

Baumwolle ist bis heute ein wichtiges Exportgut

Bis zu seinem Tod 2006 war Präsident Njasow überall präsent

Moskau zentral organisierten Warenaustausches und der Subventionen wurde eine Umstrukturierung der Wirtschaft unumgänglich. In kürzester Zeit mussten dringend benötigte Waren, vor allem Lebensmittel, zu Weltmarktpreisen importiert werden.

Im Mai 1992 wurde durch einen Volksentscheid die neue Verfassung Turkmenistans angenommen und gleichzeitig Präsident Nijasow in seinem Amt bestätigt. 1993 wurde der Rubel abgeschafft und durch die eigene Landeswährung Manat ersetzt. Die UN-Vollversammlung nahm 1995 eine Resolution an, die die Neutralität Turkmenistans anerkannte. Dieser Schritt führte zu einer Verschlechterung der Beziehungen zu Russland, da Präsident Nijasow den Abzug der entlang der Grenzen zum Iran und Afghanistan auf turkmenischem Gebiet stationierten russischen Truppen anordnete. Vor allem die mächtigen russischen Ölbarone fürchteten um ihre Macht.

Am 28. Dezember 1999 verlängerte der Volksrat die Amtsperiode von Saparmurad Nijasow auf unbestimmte Zeit. Als es am 25. November 2002 zu einem Attentat auf den Präsidenten kam, wurden weitgehende Verfassungsänderungen beschlossen, die die Machtbefugnisse von Nijasow erweiterten. Am 15. August 2003 ernannte ihn der Volksrat zum Präsidenten auf Lebenszeit. Nijasow starb am 21. Dezember 2006. Sein Nachfolger, der stellvertretende Ministerpräsident Turkmenistans und Leibzahnarzt Nijasows, wurde am 14. Februar 2007 als zweiter Präsident des Landes vereidigt.

Turkmenistan ist ein Land mit enormen Bodenschätzen, deren Erschließung und Ausbeutung für die Zukunft Wohlstand verspricht. Noch befindet sich das Land zwischen Tradition und Moderne, aber die ehrgeizigen Pläne des verstorbenen Präsidenten Nijasow und seines Nachfolgers Gurbanguly Berdymuchamedow lassen keine Zweifel daran, wohin die Reise in den nächsten Jahren gehen soll. Schon heute ist die Hauptstadt Ashgabat ein Aushängeschild für zukünftige, gigantische Vorhaben.

Turkmenbashi der Große

Der Vater der Turkmenen auf dem Bogen der Neutralität

Die letzten Jahre vor und die ersten Jahre nach der Unabhängigkeit Turkmenistans sind untrennbar mit Saparmurad Nijasow, dem ersten Präsidenten, verbunden. Er wurde 1940 in einem kleinen Dorf nahe Ashgabat geboren. Sein Vater fiel im Zweiten Weltkrieg, seine Mutter und seine Brüder starben beim großen Erdbeben von 1948, das fast ganz Ashgabat zerstörte und viele tausend Tote forderte. Er wuchs in einem Waisenhaus auf. Nijasow studierte am Polytechnischen Institut in Sankt Petersburg. 1962 trat er der Kommunistischen Partei bei, 1967 begann seine Parteikarriere. 1985 wurde er Präsident des Ministerrates der Turkmenischen SSR und Erster Sekretär des Ashgabater Stadtkommittees der Turkmenischen Kommunistischen Partei. Im Oktober 1990 wurde er Präsident der Turkmenischen Sowjetrepublik und er behielt diesen Posten auch nach der Erlangung der Unabhängigkeit im Oktober 1991. Bis zum Zusammenbruch der UdSSR im Dezember 1991 war Nijasow sowohl Mitglied des Politbüros als auch des Zentralkomitees der Kommunistischen Partei der Sowjetunion.

Noch im selben Monat veranlasste er die Umbenennung der Kommunistischen Partei in Turkmenische Demokratische Partei, deren Vorsitzender er auch wurde. Im Mai 1992 wurden auf sein Betreiben maßgebliche Artikel der Verfassung geändert; so war er jetzt sowohl Oberhaupt der Regierung als auch Oberhaupt des Staates – mit dem Recht, den Ministerpräsidenten und die Richter jederzeit zu ernennen oder zu entlassen. Bei den Präsidentschaftswahlen im Juni 1992 erhielt Nijasow offiziell 99,5 Prozent aller Stimmen.

Nijasow, der den Beinamen ›Beyik Turkmenbashi‹ – ›Großer Vater aller Turkmenen‹ trug, ließ im Jahr 1998 einen weiteren Artikel der Verfassung ändern, wodurch ihm die Präsidentschaft auf Lebenszeit zugesichert wurde. Er starb am 21.Dezember 2006 und wurde im eigens für ihn und seine Familie errichteten Mausoleum in seinem Heimatort Kiptschak beigesetzt.

Turkmenbashi war allgegenwärtig. Zahlreiche Straßen, Plätze, Schulen und sogar die Stadt Krasnovodsk am Kaspischen Meer wurden nach ihm benannt, ebenso der Monat Januar. Der April wurde nach seiner Mutter Gurbansoltan genannt, der September nach den Buch ›Ruhnama‹, das seine gesammelten Weisheiten enthält. Es gab kein öffentliches Gebäude in Ashgabat, das nicht mit einem riesigen Porträt oder einer Büste von ihm geschmückt war. Mitten in Ashgabat erhob sich der sogenannte ›Bogen der Neutralität‹ ein 75 Meter hoher Turm, der an eine Rakete erinnerte, aber eine traditionelle turkmenische Kochstelle symbolisieren sollte. Die Spitze dieses Monuments wurde von einer zwölf Meter hohen, vergoldeten Turkmenbashi-Statue gekrönt. Mit weit ausgebreiteten Armen drehte sich der Große Vater aller Turkmenen mit der Sonne um sich selbst. Im Sommer 2010 wurde dieses Monument demontiert; derzeit wird es in der Nähe des Hotels Präsident im Süden der Stadt wieder aufgebaut.

Wirtschaft und Gesellschaft

Turkmenistan ist ein an natürlichen Ressourcen reiches Land. Es wird vermutet, dass das Land über die weltweit viertgrößten Erdgasvorkommen sowie über umfangreiche Erdölvorkommen im Kaspischen Meer verfügt. Zu Sowjetzeiten war Turkmenistan in erster Linie ein Rohstofflieferant für die verarbeitende Industrie in anderen Sowjetrepubliken. Nach dem Zusammenbruch der Sowjetunion und der Unabhängigkeit im Jahr 1991 erlitt die turkmenische Wirtschaft einen dramatischen Einbruch. Zwischen 1991 und 1998 fiel das Bruttoinlandsprodukt um 50 Prozent. Die neuen, unabhängigen GUS-Staaten bezogen weiterhin turkmenisches Gas und Öl, gerieten aber auf Grund der eigenen schlechten wirtschaftlichen Lage immer mehr in Zahlungsrückstand. 1997 stellte Turkmenistan die Lieferung von Erdgas in die früheren Sowjetrepubliken vorübergehend ein.

Der verstorbene Präsident Nijasow nutzte die enormen Energiereserven, um der eigenen Bevölkerung das Gefühl eines Wohlstand zu geben, der objektiv nicht vorhanden ist. Benzin und Diesel waren zu einem Spottpreis zu erhalten: Gas, Strom und Wasser sind bis heute kostenlos. Dies führt zu einem verschwenderischen Umgang mit den Ressourcen. Viele Haushalte nutzen das Gas nicht nur zum Kochen. Zum Beheizen der Wohnräume brennen die Flammen der Gaskocher oft Tag und Nacht. Selbst das Wasser scheint in unendlichen Mengen vorhanden zu sein; auch in Neubauten ist der Einbau von Wasserzählern keine Pflicht. Gigantische Wasserspiele und Springbrunnen in der Hauptstadt Ashgabat zeugen vom verschwenderischen Umgang mit dem kostbaren Gut.

Durch die einseitige Ausrichtung auf die Erdgas- und Ölförderung und den Baumwollanbau ist die turkmenische Wirtschaft extrem devisen- und exportabhängig. Eingeführt werden hauptsächlich Konsumgüter (Lebensmittel, Medikamente) sowie Chemieprodukte, Baumaterial und Maschinen.

In der Wüste Karakum

Land und Leute

Wüstentankstelle

Bis heute wird die turkmenische Wirtschaft weitestgehend vom Staat bestimmt. 50 Prozent aller Staatseinnahmen fließen in einen Sonderfond des Präsidenten und werden für staatliche Investitionen verwendet. Privatisierungen hat es bislang nur im Handel, im Dienstleistungssektor und in der Landwirtschaft gegeben.

Seit dem Machtantritt Berdymuchamedows sind zaghafte Bemühungen um eine Öffnung Richtung Marktwirtschaft zu verzeichnen, und seit 2008 sind marktwirtschaftliche Reformen auch in der Verfassung festgeschrieben. Ein mehrstufiger Plan sieht bis 2020 vielfältige Maßnahmen zur Modernisierung der turkmenischen Wirtschaft vor.

Die Unabhängigkeit von russischen Pipelines zum Transport des eigenen Erdgases und Erdöls ist eines der wichtigsten Ziele der turkmenischen Regierung. Seit der Energiebedarf in Ländern wie China und Indien aufgrund des enormen Wirtschaftswachstums fast unersättlich ist und Europa sich vom russischen Liefermonopol befreien will, hat Russland im Wettstreit um turkmenisches Gas potente Mitbewerber bekommen (→ S. 140).

Landwirtschaft und Bewässerung

Das landwirtschaftliche Hauptprodukt in Turkmenistan ist die Baumwolle, eine der weltweit feinsten Qualitäten. Die langen, heißen Sommer begünstigen den Baumwollanbau auf künstlich bewässerten Feldern. Auf etwa der Hälfte der landwirtschaftlich nutzbaren Fläche wird Baumwolle angebaut. Trotz hoher Erträge ist der Anbau von Baumwolle nicht unproblematisch, denn für die Bewässerung der Felder wird wegen der hohen Temperaturen und des hohen Verdunstungsgrades extrem viel Wasser benötigt. Dieses Wasser findet seinen Weg auf die Felder über ein weitverzweigtes Bewässerungssystem. 1923 begann der intensive Ausbau der Bewässerungsanlagen mit dem Leninschen Dekret über die ›Bewässerung Turkestans‹. Unter Stalin sollte ›die Wüste blühen‹. So erfolgte im Jahr 1950 der Regierungserlass über den Bau des turkmenischen Hauptkanals. Dieses Projekt wurde aber nie verwirklicht. Dafür begann man 1959 mit dem Bau des fast 1500 Kilometer langen Karakumkanals, der sein Wasser aus dem

Amu Darja entnimmt und im Südwesten des Landes nahe dem Kaspischen Meer endet. Dieser Kanal ist der längste künstliche Bewässerungskanal der Welt, über 90 Prozent der turkmenischen Wasserversorgung wird aus diesem Kanal gespeist.

An einen sparsamen Umgang mit Wasser ist in Turkmenistan nicht zu denken. ›Wasser ist von Gott gegeben, deshalb sollte es auch für alle kostenlos zur Verfügung stehen‹ ist einer der vielzitierten Sätze des verstorbenen Präsidenten, der seine Hauptstadt in ein Königreich der Brunnen verwandelt hat.

Mit 300 Kilogramm pro Einwohner produziert Turkmenistan mehr Baumwolle pro Kopf als jedes andere Land, es war nach Usbekistan der zweitgrößte Baumwollproduzent der Sowjetunion. Nach dem Zusammenbruch der UdSSR kam es aufgrund von Engpässen bei Benzin, Ersatzteilen, Düngemitteln und Pestiziden zu einem Ertragsrückgang, da diese Dinge nun in den ehemaligen Bruderrepubliken zu Marktpreisen erworben werden mussten. Dennoch stellt die Baumwolle für die überwiegende Anzahl der Bauern weiterhin die Haupteinkommensquelle dar. Die Baumwolle wird zum Teil unverarbeitet ausgeführt.

Auch andere Kulturpflanzen gedeihen gut. Hervorragende Honig- und Wassermelonen, Obst, Nüsse, Mandeln und Gemüse werden auf den betriebsamen Märkten verkauft oder ins Ausland exportiert. Das Angebot ist überraschend groß und eine Freude für jeden Besucher.

Der Getreideanbau wurde zu Sowjetzeiten vernachlässigt. Weizen und andere Getreidesorten wurden aus anderen Sowjetrepubliken, unter anderem den

Auch bewässerungsintensive Sorten wie Tomaten werden angebaut

großen Kornkammern der Ukraine und Sibiriens, ins Land gebracht. Heute muss zur Versorgung der Bevölkerung kein Getreide mehr importiert werden. Um die Abhängigkeit vom Ausland so gering wie möglich zu halten, wurde der Getreideanbau auf Geheiß Turkmenbashis wieder forciert. Pläne dazu sehen die Verlängerung des Karakumkanals vor, um weitere Flächen für den Anbau nutzbar zu machen.

In der Viehwirtschaft spielt die Schafzucht eine besondere Rolle, besonders die Aufzucht der wertvollen Karakulschafe. Deren Lämmer werden kurz nach der Geburt getötet, um die berühmten Persianerpelze zu erhalten. Auch die Wolle der Schafe ist für Turkmenistan traditionell von besonderer Bedeutung und wird zur Herstellung der berühmten turkmenischen Teppiche verwendet. Neben Schafen werden hauptsächlich Ziegen und Kamele gezüchtet.

Obwohl sie nur einen kleinen Teil der turkmenischen Landwirtschaft ausmacht, soll auch noch die Seidenraupenproduktion erwähnt werden. Entlang der Bewässerungsanlagen wachsen Maulbeerbäume – das Futter für die gefräßigen Seidenraupen. Von April bis Mai müssen die Raupen mehrmals am Tag mit den Maulbeerblättern gefüttert werden, dann beginnen sie, sich einzuspinnen. Ein Drüsensekret bildet den hauchdünnen Faden, aus dem in einem mehrwöchigen Prozess der Kokon entsteht. Die gewonnene Seide wird zur Teppichherstellung und in der Textilindustrie eingesetzt.

Turkmenistan hat das System der staatlichen und kollektiven Farmen der früheren Sowjetunion übernommen. Kommmandostrukturen, vorgegebene Produktionsquoten und staatliche Preisvorgaben bestimmen nach wie vor den landwirtschaftlichen Sektor. Eigeninitiative ist bislang nur in begrenztem Umfang auf kleinen, privaten Anbauflächen möglich. Marketing und Verteilung der Produktion liegen in den Händen des Ministeriums für Handel und den Kooperationsgenossenschaften.

Das Kaspische Meer und der Streit ums Öl

Im Kaspischen Meer und seiner Umgebung werden die weltweit drittgrößten Öl- und Gasvorkommen vermutet (→ S. 140). Die Ölvorräte in der Region werden auf 100 Milliarden Barrel geschätzt. Zum Vergleich: Das größte Ölfeld der Erde, Ghawar in Saudi-Arabien, wurde bei Entdeckung im Jahr 1948 auf circa 82 Milliarden Barrel geschätzt. Die Anrainerstaaten Russland, Iran, Kasachstan, Turkmenistan und Aserbaidschan streiten um die Rechte zur Ausbeutung der enormen Ressourcen der kaspischen Region.

Bis zur Erlangung der Unabhängigkeit der ehemaligen Sowjetrepubliken Kasachstan, Usbekistan, Turkmenistan und Aserbaidschan galt das Kaspische Meer völkerrechtlich als Binnenmeer. In Verträgen aus den Jahren 1921 und 1940 hatten die Sowjetunion und der Iran die Nutzung einvernehmlich geregelt. Mit dem Zerfall der Sowjetunion entfiel die Vertragsgrundlage, und es begannen bis heute andauernde Auseinandersetzungen um die Zuordnung der Meeresoberfläche und des Meeresbodens, da die neuen Anrainer eigene Ansprüche anmeldeten. Mit der Entdeckung neuer Erdölvorkommen Ende der 1980er und Anfang der 1990er Jahre verschärfte sich die Situation zusätzlich.

Ölförderung bei Balkanabat

Über die gemeinsame Nutzung der Wasseroberfläche ist man sich grundsätzlich einig. Die Schifffahrt bleibt von den Streitereien unbeeinträchtigt. Für den Meeresboden trifft das nicht zu. Zwei gegensätzliche Standpunkte werden in der Auseinandersetzung um die Aufteilung des Meeresbodens heftig diskutiert. Aserbaidschan und Kasachstan fordern eine Aufteilung der zu nutzenden Fläche im Verhältnis zur Länge der Küstenlinie. Nach dieser Forderung würde Kasachstan 28 Prozent, Aserbaidschan 21 Prozent, Russland 19 Prozent, Turkmenistan 18 Prozent und der Iran 14 Prozent erhalten. Dagegen steht die Forderung des Iran, jedem Anrainer jeweils 20 Prozent zuzuteilen. Dieser Auffassung schloss sich Turkmenistan an.

Alle bisherigen Bemühungen, eine Einigung herbeizuführen, scheiterten, auch die letzte Konferenz der fünf Anrainerstaaten 2009 in Ashgabat brachte keine Ergebnisse. Übereinstimmend betont man weiterhin die friedliche Nutzung des Binnenmeeres für Fischerei und Schifffahrt, die Aufteilung des Meeresbodens und die damit verbundene Ausbeutung der Ölreserven bleibt weiter umstritten. Militärische Drohgebärden, vor allem seitens Russlands und des Irans, sind nicht ungewöhnlich. Russland unterhält die stärkste Flotte aller Anrainer am Kaspischen Meer. Kasachstan hat bereits eine Truppe von 3000 Mann am Kaspischen Meer stationiert. Im Herbst 2009 kündigte auch Turkmenistan die Errichtung einer Marinebasis in Turkmenbashi, dem früheren Krasnovodsk, an.

Bilaterale Verträge und die Einmischung der USA sorgen für zusätzliche Spannungen. Russland will mit Aserbaidschan und Kasachstan Verträge abschließen; dies trifft auf heftigsten Widerstand im Iran. Streitigkeiten gibt es auch über die möglichen Pipelines. Russland und Kasachstan sind an einer Streckenführung durch den Iran zum Persischen Golf interessiert, die kürzer und wirtschaftlicher wäre als eine 2005 in Betrieb genommene Pipeline von Aserbaidschan über Georgien zum türkischen Mittelmeerhafen Ceyhan. Seit aber die USA den Iran zum Teil der ›Achse des Bösen‹ erklärt haben, scheint die Realisierung einer Route durch den Iran auf unabsehbare Zeit vertagt.

Der Aralsee – Hintergründe einer ökologischen Katastrophe

Der Aralsee liegt im Nordwesten Usbekistans, in der autonomen Provinz Karakalpakstan, und im Süden Kasachstans. Noch vor rund 40 Jahren war der See mit 66 900 Quadratkilometern der viertgrößte Binnensee der Erde. Zum Vergleich: Die Fläche des Bodensees beträgt 473 Quadratkilometer. Die beiden Hauptzuflüsse sind der Amu Darja und der Syr Darja, die im Pamirgebirge und in den Ausläufern des Tien Shan-Gebirges entspringen. Heute enden beide Flüsse nur noch als Rinnsale in den See. Bis heute hat der See mehr als zwei Drittel seiner Fläche und drei Viertel seines Volumens verloren. Lag der Fischerort Moynak (Usbekistan) 1960 noch am Ufer des Sees, 1970 immerhin noch in Sichtweite des Ufers, so ist er heute durch 80 Kilometer Salzwüste vom See getrennt. Seit 1987 bildet der See auch keine einheitliche Wasserfläche mehr, sondern ist in den kleineren nördlichen und den größeren südlichen See unterteilt. Eine natürliche Verbindung zwischen beiden Teilen besteht nicht mehr. Bis 1995 wurde der Wasseraustausch noch durch einen künstlichen Kanal aufrechterhalten.

Das Aralbecken ist ein so genannter abflussloser Raum, dessen Flüsse in Binnenmeere oder Seen entwässern. Ein solcher Endsee ist auch der Aralsee, der mit dem Abschmelzen der Eiskappen nach dem Ende der Eiszeit vor etwa 20 000 Jahren entstand und somit ein geologisch recht junger See ist. Vor 3000 bis 5000 Jahren bildete sich die Wasserfläche, die bis 1960 bestand. Der Wasserspiegel war seither immer wieder Schwankungen ausgesetzt. Ein wichtiger für Grund diese Schwankungen liegt darin, dass die beiden Zuflüsse über flache Schwemmlandterassen fließen, so dass bereits geringe Veränderungen des Flussbettes große Wassermassen umlenken können. Große Teile des Aralsees sind sehr flach, folglich reduziert auch ein verhältnismäßig geringer Rückgang des Wasservolumens schnell seine Oberfläche. Zudem bewirken heiße Sommer eine starke Verdunstung. Daher führt ein Ausbleiben der Zuflüsse sehr rasch zu einem starken Rückgang der Wassermenge.

Schiffsfriedhof am ausgetrockneten Aralsee

Der Aralsee und seine Flächenverluste in den letzten 50 Jahren

Die Existenz des Aralsees ist also abhängig von dem Zufluss aus den Flüssen Amu Darja und Syr Darja. Alle fünf mittelasiatischen Länder sind Anrainer dieser Flüsse, und der Umgang mit dem Wasser in allen Republiken hat Auswirkungen auf den Aralsee. Seit Menschengedenken wird den Flüssen der Region Wasser zur künstlichen Bewässerung von Feldern entnommen. Die vorindustriellen Methoden der Bewässerung waren zwar nicht frei von Problemen, bedeuteten aber keine so großen Eingriffe in die Natur wie die zu Sowjetzeiten angewendeten Methoden.

Mit der Ausdehnung des Zarenreiches nach Mittelasien ergab sich für Russland die Möglichkeit, von den teuren Baumwollimporten aus den USA unabhängig zu werden. Die Wüsten Turkmenistans, Usbekistans und Kasachstans boten mit langen, heißen Sommern und den großen, scheinbar unerschöpflichen Wassermengen der Flüsse Syr Darja und Amu Darja ideale Bedingungen zum Baumwollanbau. Besonders zu Sowjetzeiten entstanden entlang der Flüsse riesige Bewässerungsflächen. So wuchs die Anbaufläche von 1913 bis heute von zwei Millionen auf rund acht Millionen Hektar. Im Ferganatal wurden in den dreißiger Jahren erste gewaltige Kanalbauprojekte in die Tat umgesetzt. Mit dem ›Stalinplan zur Umgestaltung der Natur‹ wurde ab 1950 begonnen. Der Oberste Sowjet beschloss, den Kanalbau in großem Stil anzugehen, um Neuland, vor allem für Baumwolle und Reis, zu gewinnen. Tausende Kilometer Be- und Entwässerungskanäle wurden gegraben.

Der intensive Anbau von Baumwolle ist für das Schrumpfen des Sees mitverantwortlich

Das gigantischste Projekt war der Karakumkanal, mit dessen Bau in den 1950er Jahren begonnen wurde. Mit annähernd 1500 Kilometern Länge ist er der längste künstliche Wasserweg der Welt. Er beginnt nahe der Stadt Kerki und endet kurz vor dem Kaspischen Meer. Der Kanal entnimmt dem Amu Darja riesige Mengen an Wasser, mit dem hauptsächlich der Süden Turkmenistans bewässert wird. Schätzungen zu Folge verursacht allein der Karakumkanal mit seinen Nebenkanälen 40 Prozent des Wasserverlustes des Aralsees. Über weite Strecken sind die Kanäle nicht betoniert oder abgedeckt und werden schlecht gewartet. So verdunsten etwa 40 bis 60 Prozent der den Zuflüssen entnommenen Wassermenge aus diesen Kanälen oder versickern im Sand.

Einige Wissenschaftler, hauptsächlich aus Russland und Usbekistan, vertreten eine andere These, wonach geologische Gegebenheiten Grund für die Austrocknung des Sees sind. Der Aralsee und das Kaspische Meer liegen in der sogenannten Turanischen Senke, in der es immer wieder zu erhöhten seismischen Aktivitäten kommt. Es wird vermutet, dass sich die Erdplatten der Senke so gegeneinander verschoben haben, dass der Aralsee jetzt höher liegt als das Kaspische Meer und das Wasser der Flüsse Amu Darja und Syr Darja auf Grund der Kapilarwirkung in das Kaspische Meer fließt. Tatsächlich ist hier der Wasserspiegel in den letzten Jahren angestiegen. Dies ist nicht ungewöhnlich, immer wieder wurden in den letzten Jahrhunderten Veränderungen des Wasserspiegels beobachtet. Auch der Amu Darja hat im Verlauf der Zeit sein Flussbett einige Male geändert, so dass wahrscheinlich in einer Kombination aus beiden Ursachen der Grund für den dramatischen Zustand des Aralsees zu suchen ist.

Der sichtbarste und spektakulärste Aspekt der Katastrophe ist das Verschwinden des Sees. Seine Fläche verringerte sich von 66 500 Quadratkilometern im Jahre 1960 auf 29 000 Quadratkilometer im Jahre 1998, sein Volumen von 1056 Kubikkilometern auf unter 255 Kubikkilometer. Bis zum Jahre 2003 war der Wasserspiegel um 26,5 Meter gefallen, das Ufer an einigen Stellen um über 100 Kilometer zurückgewichen. Der Aralsee ist in zwei Hälften zerfallen, und während der Salzgehalt des nördlichen kleinen Sees rückläufig ist, steigt er im großen See fortwährend an und liegt seit 2003 mit 70 Gramm pro Liter doppelt so hoch wie der Salzgehalt der Ozeane. Damit ist der See biologisch tot. 1990 waren nur noch zehn Prozent der ursprünglichen Fischmenge vorhanden. Die ertragreiche Fischereiindustrie, die sich einst am See entwickelte hatte, ist fast völlig zum Erliegen gekommen. Nur noch eine Fabrik verarbeitet Fisch zu Konserven; doch dieser Fisch wird im Kaspischen Meer gefangen. Seit 2003 teilt sich der südliche See in einen kaum noch vorhandenen östlichen und einen westlichen Teil. Wissenschaftler gehen davon aus, dass der östliche Teil in den nächsten Jahren völlig verschwunden sein wird und der westliche noch weitere 70 Jahre als große Pfütze vor sich hin dümpeln wird.

Schon in den 1970er Jahren wurden die Veränderungen am Aralsee registriert, aber Handlungen blieben aus. Ein Plan zur Rettung des Aralsees sah die Umleitung der großen sibirischen Flüsse Tobol und Irtysh in den See vor. Geldmangel und der Beginn des Afghanistankrieges verhinderten die Umsetzung dieses gigantischen Projektes.

Die Austrocknung des Sees hat drastische Folgen. Die große Wassermenge spielte als Wärmespeicher eine Rolle. Durch Verdunstung entstand über dem See eine Dunstglocke, die den Steppenwinden Einhalt gebot. Das Verschwinden dieser Glocke bewirkt eine Verschärfung des kontinentalen Klimas - heißere Sommer und kältere Winter.

Das größte Problem der gesamten Region ist die Versalzung. Die meisten Böden der Region haben einen natürlich hohen Salzgehalt in den tieferen Bodenschichten. Intensive Bewässerung und extreme Sonneneinstrahlung führen dazu, dass das Salz an die Oberfläche gelangt. Die Folge ist die Versalzung großer Flächen. Traditionelle Methoden wie das Auswaschen des Salzes durch Schwemmung der Felder im Winter können das Problem nicht mehr lösen und stellen ihrerseits eine eigene Problematik dar, denn das stark salzhaltige Abwasser wird entweder in die Wüste oder in die Steppe abgeleitet, wo es lebensfeindliche

Auf dem Seegrund bleiben nur salzige Sümpfe zurück

Salzseen bildet oder in die Flüsse zurückgeführt, wodurch deren Salzgehalt erhöht wird. Überschüssiges Drainagewasser wird auf weiteren Feldern für die Bewässerung wiederverwendet und erhöht damit den Salzgehalt der betreffenden Felder weiter. Die Versalzung der ausgetrockneten Böden machte bereits zu Sowjetzeiten die Landwirtschaft zunehmend schwieriger. Um hohe Erträge zu erzielen, wurden die Baumwollfelder mit Unmengen an Chemikalien behandelt, von denen sich noch große Restmengen in den Böden befinden. Jahrelang wurden je Hektar 480 bis 600 Kilogramm Dünger (in Deutschland etwa 330 Kilogramm pro Hektar) auf die Baumwollfelder verteilt.

In Karakalpakstan wurden zwischen 1960 und 1990 sogar Zehntausende Tonnen Agent Orange, ein Entlaubungsmittel, dass die USA im Vietnamkrieg benutzten, zur Erleichterung der Ernte eingesetzt. Diese Giftstoffe gelangten auch in das Grundwasser, was dazu führte, dass heute das Trinkwasser in einigen Regionen nahezu vergiftet ist. Jedes Jahr werden 75 Millionen Tonnen Salz und giftiger Staub durch Steppenstürme in der Region verteilt. Dieser Staub enthält Restpartikel von Düngemittel und Pestiziden. All diese Faktoren tragen zu einem erheblichen Anstieg von Krankheiten wie Blutkrebs, Leber - und Nierenleiden, Asthma und einer sehr hohen Säuglingssterblichkeit bei. Am stärksten sind die Menschen in der usbekischen Region Karakalpakstan, die sich im Epizentrum der Katastrophe befindet, betroffen.

Eine besonders große Gefahr für den See und die Umgebung geht von der ehemaligen Insel Vosroshdenije (Auferstehung) aus. In der Sowjetzeit war diese Insel Testgelände für biologische Waffen. Nach dem Zusammenbruch der Sowjetunion wurden die Reste der Kampfstoffe vergraben. Im Jahr 2001 verschmolz die Insel, die einst weit entfernt vom Ufer lag, mit dem Festland. Experten befürchten, dass die Erreger von Milzbrand, Pest, Typhus, Botulismus und anderen Krankheiten durch infizierte Nagetiere auf Menschen übertragen werden oder Terroristen Zugriff auf die Kampfstoffe bekommen könnten.

Bis zum Ende der Sowjetunion gab es keine konkreten Maßnahmen zur Rettung des Sees. Erst in den frühen 1990er Jahren versuchte Kasachstan mit dem Bau eines Dammes, den Abfluss kostbaren Wassers aus dem nördlichen in den südlichen See zu verhindern. Leider brach der Damm mehrmals und stürzte 1999 vollständig ein. Mit Hilfe finanzieller Unterstützung der Weltbank gelang es Kasachstan aber 2005, einen 13 Kilometer langen Damm mit Betonschleuse zu errichten, die den Wasserablauf kontrolliert. Seitdem wächst der nördliche See wieder, der Salzgehalt nimmt ab, und das Leben kehrt in den See zurück. Die Menschen sind zuversichtlich, Fischfang ist wieder möglich und auch das Klima verändert sich bereits positiv.

Leider sind die Prognosen für den südlichen See in Usbekistan nicht so günstig. Usbekistan hält am einträglichen Baumwollanbau fest und will sogar in den Uferzonen nach Erdöl- und Gas bohren. Alle Anrainerstaaten der Flüsse Amu Darja und Syr Darja sind sich im Prinzip einig, dass die Nutzung des Wassers reguliert werden muss, doch praktisch geschieht wenig. Joop Stoutjesdijk, Chefwasserbauer der Weltbank sagt: »Wir haben gezeigt, dass selbst das schlimmste Umweltdesaster umgekehrt werden kann. Aber wir müssen realistisch sein. Selbst wenn wir vom alten Aralsee träumen, er kommt nicht zurück.«

Bevölkerung, Religion und Sprache

In Turkmenistan leben heute nach offiziellen Angaben etwa sechs Millionen Menschen. 73 Prozent der Einwohner sind Turkmenen. Die Anzahl ist in den letzten Jahren aufgrund einer hohen Geburtenrate wieder gestiegen. In den 30er Jahren des vorigen Jahrhunderts flohen viele Turkmenen nach Afghanistan und in den Iran, um der Zwangskollektivierung durch die Sowjets zu entgehen. Auch heute leben in diesen Ländern noch über zwei Millionen Turkmenen.

Hauptsächlich in den nördlichen und östlichen Landesteilen, entlang des Amu Darja an der Grenze zu Usbekistan, lebt eine usbekische Minderheit, die neun Prozent der Bevölkerung ausmacht. Kleinere Minderheiten sind unter anderem Kasachen, Tataren, Armenier, Aserbaidschaner und Koreaner. Viele dieser Bevölkerungsgruppen wurden unter Stalin nach Mittelasien zwangsumgesiedelt, um angebliche Kollaborationsabsichten mit dem Feind zu unterbinden. Der Anteil der russischen Bevölkerung, der seit der zaristischen Eroberung und der sozialistischen Zeit stark angestiegen war, geht jedoch seit 1991 kontinuierlich zurück. Einige Quellen verzeichnen einen Rückgang von 13 auf 3 Prozent. Viele Russen verlassen das Land, da ihre Möglichkeiten vielfach eingeschränkt werden. Hochqualifizierte russische Ingenieure, Ärzte, Wissenschaftler und Lehrer verloren ihre Arbeit, ihre Stellen wurden mit Turkmenen besetzt. Die im Land verbliebenen Russen leben hauptsächlich in der Hauptstadt Ashgabat.

Die Turkmenen selbst unterscheiden sich nach Stämmen. Die Hauptstämme sind die Tekke (Siedlungsraum Merw, Ashgabat, Zentralturkmenistan), die Yomud (Kaspisches Meer), die Salor (östliches Turkmenistan), die Saryk (nördliches Turkmenistan) und die Ersari (südliches Turkmenistan). Sie unterscheiden sich in ihren Dialekten, in ihrer Kleidung, ihrem Schmuck und ihren Teppichmustern. Die Göls (Teppichmuster) der Hauptstämme werden heute auch oft als nationale Symbole, zum Beispiel als Dekoration am Neutralitätsdenkmal in Ashgabat oder auf der Landesflagge, benutzt.

Volkstanzgruppe am Tag der Unabhängigkeit in Ashgabat

Die Geschichte der Turkmenen ist von ständigen kriegerischen Auseinandersetzungen der Stämme untereinander geprägt. Bis zur Niederschlagung des Aufstandes der Tekke-Turkmenen 1884 in Geok Depe durch die Truppen des russischen Zaren gab es keinen Zusammenhalt der Stämme. Unter der sowjetischen Herrschaft wurden die Stämme teilweise zwangsvereint. Obwohl Präsident Nijasow nach der Unabhängigkeit eine Art ›Nation building‹ versuchte, spielt die Stammeszugehörigkeit in Politik und Wirtschaft wieder eine große Rolle. In der Sowjetzeit stellte der Stamm der Tekke einen Großteil der kommunistischen Kader, und auch heute gehören viele Mitglieder der Regierung zu diesem Stamm.

Der größte Teil der Turkmenen lebt in ländlichen Gebieten. Ackerbau und Viehzucht sind die Einkommensquellen. Traditionelle Familienstrukturen werden bis heute aufrechterhalten. Die Großfamilie, in der mehrere Generationen unter einem Dach leben, ist Stärke und Rückhalt zugleich. Das Familienoberhaupt ist meist der älteste in der Familie lebende Mann, der Ak Sakal (weißer Bart), dessen Wissen und Lebenserfahrung große Anerkennung erfährt. Haushaltsführung und Kindererziehung, aber auch große Teile der Landwirtschaft und Viehhaltung, obliegen den Frauen. In der turkmenischen Gesellschaft wurde den Frauen von alters her eine größere Freiheit zugestanden als in anderen islamisch geprägten Ländern, denn die nomadische Lebensweise konnte auf die Tatkraft der Frauen nicht verzichten. So waren die Turkmeninnen nie vollständig verschleiert, und auch heute kann man allerorts modisch gekleidete, sehr selbstbewusste Frauen sehen.

Turkmenische Frauen in ihrer Jurte

Die turkmenischen Nomaden

Auszug aus ›Aus Steppe und Oase‹ von Johannes Kalter (leicht gekürzt)

Das Lager der Turkmenen

Zeltsiedlungen der Turkmenen werden als Aul bezeichnet. Das Zelt selbst als Jurte – was ursprünglich den Platz bezeichnet, auf dem das Zelt steht – oder Kibitka. Der Aul besteht aus Jurten miteinander wirtschaftender Verwandtschaftsgruppen. Die Jurten bei noch nomadisierenden Gruppen stehen in einer geraden Reihe mit den Türöffnungen nach Süden oder in einem flachen nach Süden offenen Bogen.

Jurten sind kreisrunde, zerlegbare und transportable Hütten mit kugelförmigen oder konischem Dach.

Die Geschichte der Jurte ist nur in groben Zügen bekannt. Von den Skythen berichtet Herodot noch, sie seien mit schwerfälligen Wohnwagen durch die Steppe gefahren. Wilhelm von Rubruk, ein Franziskanermönch, der im Auftrag des französischen Königs im 13. Jahrhundert eine Reise an den Hof des Bathu-Khans unternahm, berichtet noch von runden Hütten, die als Ganzes auf Ochsenkarren gehoben werden mussten. Noch im 13. Jahrhundert, erstmals bei Carpini, wird dann die Scherengitterjurte erwähnt, wie sie noch heute verwendet wird.

›Eine Jurte besteht aus folgenden Hauptelementen:

1. Holzgerüst: Scherengitter, Dachsparren, Dachkranz, Türrahmen mit oder ohne Türflügel
2. Filzbedeckung
3. Gewobene Bänder und Gurte aus Wolle und Baumwolle, die das Holzgerüst zusammenhalten und zum Befestigen der Filzbedeckung dienen.‹

Die Latten des Gitters sind durch Riemen aus Tierhäuten (Kuh oder Kamel) verbunden. Der Durchmesser der Jurten liegt zwischen 450 und 600 Zentimeter und lässt sich durch Zusammenschieben oder volles Aufziehen des Scherengitters leicht variieren. Dementsprechend verändert sich auch die Höhe, die in der Regel zwischen 300 und 400 Zentimeter im Zentrum beträgt. Im Scherengitter bleibt eine Aussparung für die meist nur auf der Innenseite beschnitzte Doppelflügeltür, die mit Zapfen in zwei im Sturz und der Schwelle vorhandene Pfannen läuft.

Die Zahl der Dachsparren beträgt je nach Größe der Jurte zwischen 40 und 100. Im unteren Teil sind die Dachsparren gebogen und stützen sich zwischen den Spitzen des Scherengitters ab, wo sie mit einem Wollband gesichert werden. Die oberen Enden werden in die Löcher des Dachkranzes eingelassen. Der Durchmesser des Dachkranzes beträgt in der Regel 80 bis 180 Zentimeter. Das Rahmengestell wird mit Filzteilen überzogen. Die Rauchabzugsöffnung in der Kuppel wird während der Nacht oder bei Regen ebenfalls mit einem Filzstück abgedeckt, das von außen mit Hilfe eines Wollseiles zugezogen oder geöffnet werden kann. Die Filze werden mit angenähten Wollseilen befestigt.

Zur äußeren Verkleidung des Scherengitters dienen Schilfmatten. Scherengitter und Dachsparren werden mit gewebten, in lebhaften Farben gemusterten Wollbändern zusammengehalten. Sie sind Bestandteil des Jurtenschmuckes und

Jurte mit traditionellem Teppich als Türvorhang

gehören zu den phantasievollsten und variantenreichsten Web-Erzeugnissen der Turkmenen. Bei wohlhabenden Familien werden zu festlichen Anlässen auch außerordentlich breite Bänder mit eingeknüpften Ornamenten verwendet, die nicht mehr konstruktiv notwendig sind, sondern rein dekorative Funktion haben. Diese Bänder sind ausgesprochener Luxus und ein deutlicher Hinweis auf den Reichtum des Zeltherrn. Die Tür kann bei einer Jurte fehlen und durch einen Filz- oder Teppichvorhang ersetzt sein.

Das Jurtengerüst, es besteht meist aus Weide, seltener aus Pappel, wird von einem sesshaften Schreiner hergestellt, bei dem es gekauft oder eingetauscht werden muss. Die Filze stellen die Frauen der Familie, wie die Zeltbänder, selbst her.

Jurten können den Klimaverhältnissen optimal angepasst werden und werden deshalb auch bei sesshaften Turkmenengruppen im Sommer den heißen, stickigen Lehmbauten vorgezogen. Der ca. 0,5 bis 1,5 Zentimeter dicke Filz ist wind- und durch das Fett der Wolle wasserundurchlässig. Im Sommer schlägt man die Filze oft teilweise zurück und verwendet statt der Holztüren Türvorhänge, die tagsüber hochgerollt werden.

Der Auf- und Abbau der Jurte geht trotz ihres beträchtlichen Gewichtes (alleine die Filze wiegen bis zu 130 Kilogramm, das Gesamtgewicht der Jurte liegt bei 250 bis 300 Kilogramm) außerordentlich zügig vonstatten. Drei bis vier Frauen benötigen dazu eine halbe Stunde. Schon die ersten Reisenden berichteten erstaunt, dass sie auf ihren Ritten aus der Ferne einen Turkmenen-Aul erblickten, der, wenn sie nach einer Stunde am betreffenden Platz eintrafen, spurlos verschwunden war. Alle Teile einer zerlegten Jurte lassen sich auf zwei Kamelen transportieren; zum Transport des Hausrates braucht man ein weiteres Kamel oder Pferde. Größere Einrichtungsgegenstände, wie zum Beispiel Truhen, müssen vor dem Aufbau der Jurte an ihren Stellplatz gebracht werden, da sie nicht durch die in der Regel nur 80 Zentimeter breite Tür passen.

Das Innere der Jurte

Die Aufteilung des Innenraumes der Jurte unterliegt bei allen sie nutzenden Völkern strengen, aber von Gruppe zu Gruppe variierenden Gesetzmäßigkeiten. In der Zeltmitte oder leicht in Richtung Tür versetzt befindet sich die Feuerstelle. Im einfachsten Fall handelt es sich um eine Lehmmulde, daneben werden aber auch Feldsteine oder eiserne Dreifüße (Tagan) verwendet. Der Lehmbackofen für Brot wird im Sommer außerhalb der Jurte, im Winter innerhalb angelegt. Neben der großen Feuerstelle kann, wenn kein Samowar verwendet wird, eine kleine Feuerstelle für Teewasser sein. Der Platz des Zeltherrn befindet sich rechts vom Eingang, sein Schlafplatz unmittelbar dahinter, der der Frau links vom Eingang, ihr Schlafplatz im Anschluss daran. Der Platz des Ehrengastes liegt an der Mitte der Rückwand, unmittelbar gegenüber dem Eingang.

An den Scherengittern rechts und links des Eingangs hängen Tschowals, außerordentlich große Aufbewahrungstaschen, die geknüpft oder in Kelimtechnik hergestellt sein können. Nach Aussage meiner Informanten dienen sie in der Jurte meist der Aufbewahrung der Kleider. Um die ganze Innenwand herum können dann je nach Größe der Jurte und der einzelnen Tasche sechs bis zehn Taschen hängen, die abhängig von Format und Verwendungszweck als Torba oder Mafrasch bezeichnet werden. Jede Tasche ist für eine bestimmte Art von Vorrat oder Hausrat bestimmt, zum Beispiel für Munition, Fleisch, Korn, Salz, Kleinwerkzeuge zur Teppichherstellung. Den Eingang ziert häufig eine geknüpfte Türumrahmung (Kapunuk). Der Boden der Jurte ist mit einfarbigen oder gemusterten Filzen bedeckt, die zum Empfang von Gästen zusätzlich mit Knüpfteppichen oder Kelims belegt sind. Neben einem in der Regel zirka acht Quadratmeter großen Hauptteppich sollen zur Ausstattung zwei kleinere Brücken gehören. Rechts und links der Tür stehen zwei Truhen, die mit Kerbschnitzereien verziert sind und durch Herausnehmen eines Brettes aus der Stirnwand geöffnet werden. In der einen Truhe werden Schmuck und Wertsachen, in der anderen wird das gute Geschirr aufbewahrt. Auf den Truhen wird während des Tages das Bettzeug aufbewahrt.

Auf der Seite der Frau stehen neben und unter der Truhe hölzerne Backmulden, Gefäße und Kannen aus Keramik, Kupfer oder Gusseisen und Kochtöpfe. Auf der Seite des Mannes werden Sattel, Zaumzeug und Waffen aufbewahrt.

Mobile Küche

Die Lebensweise der Turkmenen

Aus: Meyers Konversationslexikon von 1888

Alle Turkmenen betrachten den Raub als eine vollständig gestattete Erwerbsquelle; sie leben deshalb in fast steter Feindschaft untereinander, sind aber besonders eine entsetzliche Geißel für die benachbarten Völkerschaften, zumal wenn sie als Sunniten den Schiiten gegenüberstehen. Nachdem aber Rußland bis in das Herz Turkmeniens vorgedrungen ist, wird diesen Räubereien wohl bald ein Ziel gesetzt werden, zumal wenn Persien in seinen Nordprovinzen einen größeren Widerstand leistet, als dies jetzt der Fall ist. Das einzige, was die Turkmenen achten, ist die Macht der Stärke und das Adal, das uralte Gewohnheitsrecht. Die Stämme wählen wohl aus ihrer Mitte Chane, doch haben diese keinerlei Gewalt, wenn sie auch durch persönliche Vorzüge zuweilen bedeutenden Einfluß ausüben. Die Mollas sind wenig geachtet, wie überhaupt die Turkmenen sich leicht über die Lehren des Koran hinwegsetzen. Je mehr aber die seßhafte Lebensweise Platz greift, desto mehr werden auch die Turkmenen einer gesellschaftlichen Ordnung zugänglich werden. Die den Frauen zugestandene geachtete Stellung, die Liebe zu den Kindern, das Halten des gegebenen Wortes und stete Gastfreiheit sind als Charaktereigenschaften hervorzuheben. Dabei sind sie äußerst mäßig. Ein magerer, zäher Körper, fast bronzefarbene Gesichter mit kleinen, tiefliegenden Augen, schwarze Haare, ungewöhnlich weiße Zähne, lange Bärte kennzeichnen das Äußere. Das nationale Kostüm besteht aus einem langen, weiten Gewand, je nach dem Stand von Seide oder einem anderen Stoff, und hohen Lammfellmützen, welche die Frauen durch einen um den Kopf gewundenen Shawl ersetzen. Letztere lieben und tragen viel Schmuck und verhüllen sich nicht. Zur Wohnung dient eine Filzjurte, in welcher die Frauen frei schalten. Gewöhnlich hat der Turkmene zwei Frauen, für welche er einen gewissen Kaufpreis zu zahlen hat. Die Ehe kann aber willkürlich gelöst werden.

Ackerbau, Gartenbau, Fischerei, Viehzucht sind je nach den Wohnplätzen die Hauptbeschäftigungen. Die Jagd wird nicht sehr kultiviert. Die Industrie beschränkt sich auf die Anfertigung von Reitzeug, Kamelhaartuch, Ackergerätschaften und dergleichen; die Fischerboote, die in Hassan Kuli gefertigt werden, und die Teppiche der Teke haben einen guten, weitverbreiteten Ruf. Vorläufig ist von Handel noch keine Rede. Daß aber die Transkaspische Eisenbahn in dieser Beziehung einen Umschwung hervorbringen wird, dürfte kaum bezweifelt werden«.

Volksfest bei Darwaza

Religion

Turkmenistan ist ein säkulärer Staat, die Trennung von Religion und Staat ist in der Verfassung festgeschrieben. Die vorherrschende Religion ist der sunnitische Islam. Im Gegensatz zu den Schiiten, die darauf beharren, dass nur ein Blutsverwandter Mohammeds die Gemeinde der Gläubigen führen dürfe, erkennen die Sunniten die Rechtmäßigkeit der Kalifen (Nachfolger Mohammeds), die zuerst gewählt, dann aus der jeweils herrschenden Dynastie gestellt wurden, an (→ S. 37). 90 Prozent der Bevölkerung bekennen sich zum Islam. Neun Prozent sind Anhänger der russisch-orthodoxen Kirche. Seit 2010 ist auch die römisch-katholische Kirche offiziell registriert und zugelassen.

Diese Wiege symbolisiert den Wunsch nach einem Kind

Der Islam wird als Teil des kulturellen Erbes angesehen, aber die traditionelle nomadische Kultur kennt keine strenge Auslegung der islamischen Glaubensvorschriften. Der Islam beeinflusst zwar das Leben der Menschen, bestimmt es aber im Gegensatz zu anderen islamischen Ländern nicht. Die Gottesdienste in den Moscheen sind wenig besucht, Alkohol wird ganz selbstverständlich konsumiert, und verschleierte Frauen bekommt man nur selten zu Gesicht.

Mit der arabischen Eroberung Mittelasiens im 7. Jahrhundert kam der Islam in ein Gebiet, das von Feueranbetern und Anhängern des Schamanentums bewohnt wurde. Besonders erfolgreiche Missionare waren Sufi-Scheichs, die nicht die geschriebene Hochreligion predigten, sondern eine Verbindung von Islam und vorislamischen Glaubensrichtungen praktizierten. Einzelne turkmenische Stämme ›adoptierten‹ diese Scheichs als ihre Schutzheiligen und Stammesgründer.

In der turkmenischen Stammesstruktur gibt es eine Besonderheit, die ›övlat‹ oder die heiligen Stämme. Ethnologen sehen die ›övlat‹ als eine Wiederbelebung des Ahnenkultes, gemischt mit sufistischen Elementen an. Ihren Stammbäumen nach gehen die Wurzeln eines jeden dieser sechs ›heiligen‹ Stämme über die vier Kalifen auf den Propheten Mohammed zurück. Aufgrund ihrer als heilig angesehenen Ursprünge und der spirituellen Kräfte ihrer Anführer bekamen diese Stämme im Laufe der Zeit einen ganz speziellen Status. Im 18. und 19. Jahrhundert verteilten sich die ›övlat‹ in kleinen, kompakten Gruppen über das Gebiet des heutigen Turkmenistan. Sie waren bei allen bedeutenden kommunalen Ereignissen, aber auch bei Geburten, Hochzeiten oder Beerdigungen zugegen. Bei Streitigkeiten oder Auseinandersetzungen unter Stämmen oder

Moschee am Transkarakum-Highway

Familienclans wurden Mitglieder der ›övlat‹ als Mediatoren hinzugerufen. Bis heute hat sich diese Institution eine nicht unerhebliche Autorität erhalten. Viele Turkmenen, die aufgrund besonderer geistiger Kräfte verehrt werden, führen ihre Herkunft auf einen ›övlat‹ zurück, und es ist nicht ungewöhnlich, dass sie zu besonderen Ereignissen hinzugerufen werden.

In der sowjetischen Zeit wurde die Religion von den Kommunisten als Aberglaube und als Überbleibsel der Vergangenheit attackiert. Religiöse Sitten und Gebräuche wurden verboten und die meisten der Moscheen und Koranschulen geschlossen. Im Zweiten Weltkrieg wurde eine Verwaltung der Moslems in Mittelasien mit Hauptsitz in Tashkent eingerichtet. Dieses Amt hatte überwiegend propagandistische Funktion. Atheistische Indoktrination unterdrückte die religiöse Entwicklung und führte zur Isolation der turkmenischen Moslems von der internationalen muslimischen Gemeinde. Einige religiöse Praktiken bei der Bestattung oder die Beschneidung der Jungen wurden auch in der Sowjetzeit ausgeübt. In den ländlichen Gebieten blieben religiöses Wissen und religiöse Bräuche als eine Art Volksglauben erhalten, der nicht von den Behörden sanktioniert wurde.

Seit 1990 wurden Anstrengungen unternommen, um das kulturell-religiöse Erbe, das in der Sowjetzeit verloren ging, wiederzubeleben. Präsident Nijasow, ehemals kommunistischer Kader, der 1994 eine Pilgerrreise nach Mekka unternahm, ordnete an, in den Schulen die grundlegenden Prinzipien des Islam zu lehren. Mehr und mehr Moscheen und Koranschulen öffneten seitdem wieder ihre Pforten, viele mit der Unterstützung durch Saudi-Arabien, Kuwait und die Türkei.

Eine große Rolle im religiösen Leben der Turkmenen spielen Pilgerfahrten zu heiligen Orten. Heilige Orte, das können Gräber bekannter Persönlichkeiten, zum Beispiel berühmter Sufis, aber auch Orte, denen besondere mystische Bedeutung zugesprochen wird, sein. Oftmals stehen sie auch in enger Verbindung mit vorislamischen Religionen wie dem Zoroastrismus und dem Schamanismus. Die Menschen besuchen diese Orte, um die Erfüllung verschiedenster Wünsche zu erbitten. Insbesondere Frauen, deren Kinderwunsch bislang unerfüllt blieb oder die sich einen männlichen Stammhalter wünschen, machen davon Gebrauch. Die Frauen bringen kleine selbstgebastelte Wiegen, Kinderkleidung, kleine Puppen und dergleichen, um ihrem Wunsch Nachdruck zu verleihen. Die heiligen Orte sind mit Wunschbändern – Stoffstreifen, die an einen Baum, Busch oder Stock geknotet werden – und Steinpyramiden, bei denen jeder Stein für einen Wunsch steht, übersät. Seit der Unabhängigkeit sind die Pilgerfahrten wieder erlaubt. An vielen dieser heiligen Orte sind seitdem ganze Komplexe mit Herbergen und Großküchen entstanden, um die vielen Pilger aufzunehmen und zu beköstigen.

Der Fastenmonat Ramadan und die damit für die Gläubigen verbundenen Einschränkungen (Verbot von Essen und Trinken zwischen Sonnenaufgang und Sonnenuntergang) spielt bislang in Turkmenistan kaum eine Rolle. Restaurants, Schaschlik-Garküchen und Biergärten sind tagsüber geöffnet und bieten Speisen und Getränke – auch alkoholische – an. Allerdings ordnete der Präsident 2010 an, dass alle Regierungsmitglieder und Staatsbedienstete die Regeln des Ramadans einzuhalten haben. Außerdem müssen alle gastronomischen Einrichtungen um 22.30 Uhr schließen, danach wird der Strom abgestellt. Nachtbars sind während des vierwöchigen Ramadan ganz geschlossen. Ausnahmen gelten nur in den Bars der großen Hotels.

Eingang zum vielbesuchten Heiligtum Paraw Bibi

Der Zoroastrismus

Der Zoroastrismus ist eine altiranische Religion. Im persischen Großreich der Achämeniden (5.–3. Jahrhundert v.u.Z) war der Zoroastrismus für mehrere Jahrhunderte ethische Richtlinie und als Staatsreligion anerkannt. Der Name geht auf den Propheten Zoroaster (persisch: der ›Kamelreiche‹, lateinisch: Zarathustra) zurück, der wahrscheinlich um 630 vor Christus auf dem Gebiet des heutigen Turkmenistan geboren wurde. Zoroaster fasste die Religion des iranischen Volkes zusammen und baute sie weiter aus. Im Alter zwischen 30 und 40 Jahren erschien ihm der Engel Voho Mano (Vohu Manah) und brachte ihn zum Thron des höchsten Gottes Ahura Mazda, der sich ihm offenbarte.

Im Zentrum der Lehre steht der Dualismus, der Glaube an zwei etwa gleich mächtige Götter: den Gott des Guten Ahura Mazda (der Reinheit, der Wahrheit, des Lichtes) und den Gott des Bösen Ahriman (der Lüge, der Finsternis). Der Kampf zwischen Gut und Böse wird bis zum Weltenende dauern, erst dann wird das Gute das Böse besiegt haben.

Die Glaubensgrundsätze sind im heiligen Buch der Zoroastrier, der Awesta, niedergeschrieben. Die Awesta ist eine Sammlung verschiedener Texte aus unterschiedlichen Zeiten, von denen heute nur noch ein kleiner Teil erhalten geblieben ist. Im Original wurden die Schöpfungsgeschichte und das Götterpantheon beschrieben, außerdem enthielt es die Gathas, wortgetreu wiedergegebene Weisheiten Zoroasters. Der Zoroastrismus wird auch als auf halbem Wege stehengebliebener Monotheismus bezeichnet. Da Zoroaster die Vernichtung des Bösen vorhersagt, und nur das Gute bleibt, wird der Monotheismus einst an die Stelle des Dualismus treten.

Die wichtigsten Grundregeln der Religion sind ›gut denken, gut reden und gut handeln‹. Höchste Pflichten des Gläubigen waren die Reinigung, das Opfer und das Gebet. Zoroaster duldete keine Tempel. Altäre wurden auf Hügeln, in Palästen oder im Zentrum der Städte errichtet. Auf diesen Altären brannten Feuer zu Ehren Ahura Mazdas. Das Feuer selbst wurde auch als Gott Atar (Sohn des Herrn des Lichtes) verehrt. Daher wurden die Anhänger dieser Religion auch als Feueranbeter bezeichnet. Die Sonne, das ewige Feuer am Himmel, wurde als Verkörperung Ahura Mazdas angebetet. Der Herd im Haus galt als heiliger Altar, das Feuer durfte niemals ausgehen.

Die Feueranbeter begruben oder verbrannten ihre Toten nicht, um die heiligen Elemente – die Erde, das Feuer und das Wasser – nicht zu verunreinigen. Auf sogenannten ›Türmen des Schweigens‹ wurden die Toten weitab der Wohnstätten abgelegt und Vögeln zum Fraß überlassen. Anschließend wurden die übrig gebliebenen Gebeine in Knochensärgen, sogenannten Ossuarien, bestattet.

Heute gibt es weltweit noch etwa 130 000 als Parsen bekannte Anhänger des Zoroastrismus, wobei die Zahlen widersprüchlich sind. Viele davon leben in Indien, wohin sie nach der islamischen Eroberung Persiens auswanderten. Die Parsen zählen wie die Sikhs zu den wohlhabenden Indern und sind bekannt für ihre sozialen Aktivitäten. Sie dürfen nur untereinander heiraten und Kinder aus Mischehen gelten nicht als Parsen, wodurch ihre Zahl stetig kleiner wird. Auch im Iran gibt es noch eine kleine Minderheit, die sich zu dieser Religion bekennt. Dort sind auch zahlreiche ihrer Bauwerke noch erhalten.

Die Sprache

Turkmenisch gehört zur Familie der Turksprachen, die auch im östlichen Europa (Tatarisch, Baschkirisch), im Kaukasus (Aserisch), in Sibirien (Jakutisch, Tuvalisch), in China (Uigurisch), in den angrenzenden mittelasiatischen Ländern (Kasachisch, Usbekisch, Kirgisisch) und im Nahen Osten (Türkisch) gesprochen werden. Die größten Gemeinsamkeiten hat die turkmenische Sprache mit dem Türkischen und den Sprachen der sogenannten Oghuz-Gruppe, die im Nordosten des Iran und im Südwesten Usbekistans gesprochen werden.

Vor der Unabhängigkeit im Jahre 1991 war Russisch die Amtssprache, danach wurde Turkmenisch zur alleinigen Amtssprache erklärt. Viele ältere Turkmenen verfügen noch über Kenntnisse des Russischen, doch die Zahl derer, die diese Sprache beherrschen, nimmt immer mehr ab, da in den Schulen kein Russisch mehr gelehrt wird – außer in einigen speziellen Schulen, in denen der Unterricht in russischer Sprache abgehalten wird. Für die Integration in den wirtschaftlichen und kulturellen Raum der GUS wird dies auf lange Sicht nicht von Vorteil sein.

Für Touristen, vor allem diejenigen, die das Land auf eigene Faust erkunden wollen, sind ein paar Grundkenntnisse der russischen Sprache aber auf jeden Fall von Vorteil, da bereits einige Worte für eine minimale Verständigung ausreichend sind. In den Hotels und Tourismusagenturen gibt es Mitarbeiter, die über mehr oder weniger gute Englischkenntnisse verfügen.

Seit dem 18. Jahrhundert benutzten turkmenische Schriftsteller und Chronisten die klassische Chaghatai-Sprache, geschrieben in Arabisch und nur gelegentlich mit turkmenischen Ausdrücken versehen. Berühmte Schriftsteller wie der hochverehrte Magtymguly (1733–1790) schrieben ihre Werke in dieser Sprache. Zwischen 1922 und 1925 wurde durch Reformen versucht, mehr turkmenische umgangssprachliche Ausdrücke in diese Sprache aufzunehmen.

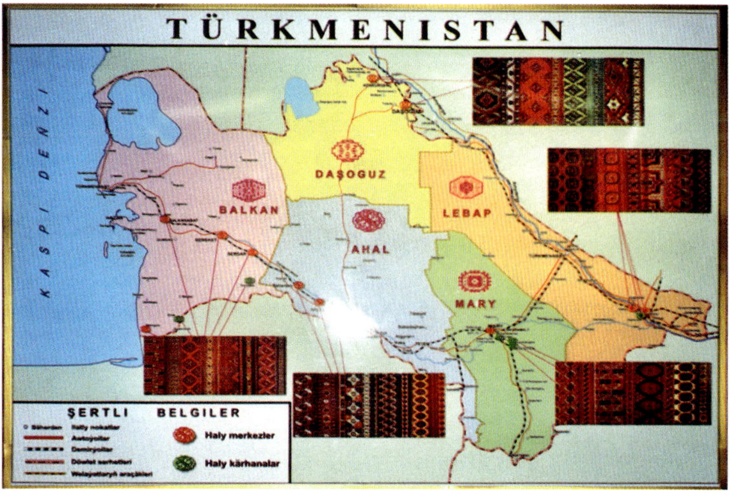

Informationstafel im Teppichmuseum von Ashgabat

Von 1928 bis 1940 wurde die turkmenisch-sowjetische Literatur in lateinischen Lettern geschrieben, seit 1940 wurde auf Anordnung Moskaus ausschließlich das kyrillische Alphabet benutzt. In einem Dekret aus dem Jahr 1993 entschied Präsident Nijasow, bis 1996 das kyrillische durch das lateinische Alphabet zu ersetzen. Viele Publikationen sind seitdem in lateinischen Buchstaben erschienen, aber bis zur vollen Umsetzung des Vorhabens wird noch einige Zeit vergehen. Das neue Alphabet hat einige einzigartige Buchstaben, die das turkmenische vom türkisch-lateinischen Alphabet unterscheiden.

Um das Russische mehr und mehr aus dem Sprachgebrauch zu verbannen, werden seit Mai 1992 geographische und administrative Ausdrücke nur noch in Turkmenisch wiedergegeben. In allen öffentlichen Bereichen wurden russische Namen und Begriffe durch turkmenische ersetzt.

Staatsstruktur und Politik

Bis zur Unabhängigkeit im Jahre 1991 war Turkmenistan eine Unionsrepublik der UdSSR. Seit der Annahme der neuen turkmenischen Verfassung im Jahre 1992 ist das Land eine säkuläre, präsidiale Republik. Staatsoberhaupt ist der Präsident, der laut Verfassung auf fünf Jahre direkt vom Volk gewählt wird. Amtsinhaber ist derzeit Gurbanguly Berdymuchamedow, gewählt am 11. Februar 2007 und im Februar 2012 mit 97 Prozent der Wählerstimmen wieder im Amt bestätigt. Er besitzt umfassende Kompetenzen, ernennt die Minister, die Staatsanwälte, die Richter und hat das Recht, das Parlament aufzulösen. Der Präsident hat auch den Vorsitz über das Parlament (Medschlis), dem 50 frei gewählte Abgeordnete angehören. Das höchste Gremium im Staat ist der Volksrat (Halk Maslahaty), zuständig für Verfassungsänderungen und politische, ökonomische und soziale Grundsatzentscheidungen. Ihm gehören neben dem Präsidenten die Abgeordneten des Parlamentes, gewählte und ernannte Vertreter der Welayate (Provinzen) und Kreise sowie die Regierungsmitglieder an.

Mädchen in Landestracht

Unter der Herrschaft des verstorbenen Präsidenten Saparmurad Nijasow war nur eine Partei zugelassen: die ›Demokratische Partei Turkmenistans‹, die aus der Kommunistischen Partei der ehemaligen Turkmenischen Sozialistischen Sowjetrepublik hervorging. Bei den Parlamentswahlen von 1994, 1999, 2004 und 2008 errang sie alle erzielbaren Sitze. Die neue Verfassung aus dem Jahre 2008 erlaubt Parteigründungen, die Umsetzung der Verfassungsgrundsätze erfolgt jedoch nur sehr zögerlich.

Kinderwagenparade zum Unabhängigkeitstag

Der Schwerpunkt der Innenpolitik ist auf die Stabilisierung des noch jungen Staates ausgerichtet. Seit einigen Jahren wird das ›Altyn Asyr‹ das ›Goldene Zeitalter‹ Turkmenistans propagiert. Dabei steht die Schaffung einer neuen, ›turkmenischen‹ Identität im Vordergrund. Erstmals gibt es einen eigenständigen, turkmenischen Staat. Die Betonung historischer turkmenischer Werte und Traditionen und die Beschwörung einer glanzvollen Zukunft auf der Basis allgemeinen Wohlstands durch den Export von Öl und Gas sollen einen Zusammenhalt aller Turkmenen bewirken, den es in der Vergangenheit so nie gegeben hat.

Zentrales Element der turkmenischen Außenpolitik ist die ›immerwährende Neutralität‹, die 1995 in der turkmenischen Verfassung verankert wurde. Das Land ist Mitglied in der GUS (Gemeinschaft Unabhängiger Staaten), der Bewegung Blockfreier Staaten sowie verschiedener Bündnisse islamischer Staaten. Die Beziehungen zu den Nachbarländern und den Ländern der Region gestalten sich weitgehend problemlos. Die Spannungen mit Aserbaidschan, die aus der ungeklärten Frage über die Nutzung der Ressourcen im Kaspischen Meer herrühren, und die Beziehungen zu Usbekistan, die seit einem Attentat auf den Präsidenten Nijasow im November 2002 sehr unterkühlt waren (der Anschlages Beschuldigte floh nach dem Attentat in die usbekische Botschaft und erhielt dort vorübergehend Unterschlupf), verbessern sich seit dem Amtsantritt von Präsident Berdymuchamedow. Beste Beziehungen werden zur Türkei gepflegt. Beide Länder sehen ihren gemeinsamen historischen Ursprung im Stamm der Oghusen. Die Türkei unterstützt Turkmenistan in vielen Belangen, aber vor allem wirtschaftlich sind türkische Firmen fest im Land etabliert. Auch zu Deutschland bestehen gute Wirtschaftsbeziehungen. Deutsches Know-how wird sehr geschätzt, und so sind fast alle großen deutschen Unternehmen in Turkmenistan vertreten. Auch Turkmenistan unterstützt den Kampf gegen den Terror, aber anders als Usbekistan und Kirgistan stellt es seine Infrastruktur ausschließlich für humanitäre, nicht aber für militärische Zwecke zur Verfügung.

Rukhnama - Das Goldene Buch der Turkmenen

Für die meisten Menschen war es September, in Turkmenistan allerdings war Rukhnama, ein Monat, der zu Ehren des 2002 erschienenen 500-seitigen Werkes des Präsidenten, der ›Rukhnama - Reflektionen über die spirituellen Werte der Turkmenen‹ umbenannt worden war. Auch ein Wochentag, der Samstag, war diesem Buch gewidmet. ›Rukh Gun‹, der Tag des Geistes und der Sinnsuche, sollte genutzt werden, um in der Rukhnama zu lesen.

In fünf Kapiteln beschrieb der verstorbene Nijasow die Geschichte, Gegenwart, Zukunft sowie geistige Ausrichtung Turkmenistans und der Turkmenen auf seine ganz eigene, exzentrische Weise. Er selbst sah sich dabei in der Rolle des spirituellen Führers, der seinem Volk den richtigen Weg weist. Dafür griff er auf legendäre Helden der turkmenischen Geschichte zurück. Der Geist Gorogolys, eines verehrten Nationalhelden, forderte ihn auf, das Land zu geistiger Größe zu führen: »Die Nation, die einen geraden Weg geht, ist glücklich. Das Glück der Nation ist die Basis für die Erhaltung des Landes. Heute liegt das Glück der Nation in Deinen Händen. Saparmurad, zeige der turkmenischen Nation den Weg des goldenen Lebens. Dies soll Dein Ziel, Dein Weg sein.«

Im Ausland vielleicht belächelt, wurde dieses Werk für die Turkmenen während der Regierungszeit Njiasows zum ständigen Begleiter. In Buchläden wurden die Regale geräumt, um Platz für die Rukhnama zu schaffen. In Schulen, Universitäten und anderen Bildungseinrichtungen musste regelmäßig in der Rukhnama gelesen werden. Eigens zum Studium des Werkes eröffnete auf Geheiß des Präsidenten ein Institut in der Hauptstadt. Um Dokumente oder Lizenzen zu erhalten, wurden von den Bürgern Details der Rukhnama abgefragt. Selbst zur Erlangung eines Führerscheins waren Kenntnisse des Buches notwendig.

Nachdem Turkmenbashi bereits die politische und wirtschaftliche Alleinherrschaft beanspruchte, versuchte er mit der Rukhnama nun auch das spirituelle Leben der Turkmenen massiv zu beeinflussen. Zeitungen und Fernsehen verglichen das Werk mit dem Koran und sahen seinen Autor als Gottes Boten. Im täglichen Programm des staatlichen Fernsehens waren Diskussionsrunden und Prüfungen über die Rukhnama fester Bestandteil. Und auch aus dem Stadtbild waren Plakate mit Zitaten und Abbildungen des Buchcovers nicht mehr wegzudenken. Die Rukhnama ist das einzige Buch der Welt, dass mit einem eigenen, großen Denkmal in Form und Farben des Buches geehrt wurde. Es existieren Übersetzungen in 40 Sprachen. Die deutsche Übersetzung des ersten Bandes sponserte einst Daimler-Benz. 2004 wurde der zweite Teil der Rukhnama mit Unterstüzung der Firma Zeppelin ins Deutsche übersetzt. Seinen Höhepunkt erfuhr der Kult um die Rukhnama im August 2005, als eine russische Trägerrakete einen Satelliten im All aussetzte, in dem das Buch nun die Erde umkreist.

Ruhmreiches Turkmenistan
Mein Vaterland
Ich opfere mich für Dich
Mit meinem Geist und meiner Seele!
Wenn mich ein wenig der Zweifel packt,
dann soll meine Zunge verdorren!
Wenn ich Dir zuviele Worte mache,
dann soll mein Leib erlahmen!
Wenn ich Turkmenistan
Meinem Vaterlande
Dem Großen Saparmurat Türkmenbaschi
Gegenüber wankelmütig werde,
dann soll mein Leben zu Asche verglühen!

Eid auf den Staat aus der Rukhnama

Essen und Trinken

Die Küche der turkmenischen Nomaden ist aufgrund ihrer traditionellen Lebensweise nicht sehr vielfältig. Hauptbestandteile sind Fleisch und Milch. Minderheiten, die in Turkmenistan leben, ist es zu verdanken, dass der Speiseplan, zumindest in den Städten, erheblich bereichert worden ist. Ein typisches Essen umfasst Salate, Obst, Brot und ein oder mehrere warme Gerichte. Rein vegetarische Hauptgerichte sind weitgehend unbekannt. Einige typische Gerichte sind:

Schaschlyk, gegrillte Lamm, Rind- oder Hühnerspieße, die vor dem Braten mariniert und mit Brot und frischen Zwiebeln serviert werden.

Manty, mit Fleisch und Zwiebeln gefüllte große, gedämpfte Maultaschen.

Samsa, mit Fleisch und Gemüse gefüllte, im Tandyr (traditioneller Lehmbackofen) gebackene Blätterteigtaschen.

Laghman, Nudeln in Spätzleform, serviert in einer Fleischbrühe mit Gemüse.

Pilav, ein Reisgericht mit Fleisch (meistens Hammel oder Lamm), Möhren, Rosinen und Knoblauch. Jede Familie hat ihr eigenes, streng gehütetes Familienrezept.

Dograma, ein typisches Nomadengericht. Es besteht aus getrocknetem Brot, Fleisch und Zwiebeln, manchmal auch Tomaten. Es muss nur etwas heißes Wasser hinzugegeben werden, schon ist die Mahlzeit fertig. Allerdings darf zu diesem Gericht ausschließlich grüner Tee getrunken werden, kein Wasser. Letzteres führt zu einem betonartigen Gefühl im Magen.

Pelmeni, kleine, mit Fleisch gefüllte Teigtaschen, die in einer Suppe oder mit Smetana, der russischen, sehr schmackhaften Variante von Sauerrahm, serviert werden.

Borscht, die klassische russische Rote-Beete-Suppe.

Lepjoschka, das traditionelle, im Lehmofen gebackene Fladenbrot.

Getränke

Tee, schwarz oder grün, ist das Lieblingsgetränk der Turkmenen. Er wird zu jeder Mahlzeit serviert und auch zwischendurch gerne getrunken. In den einfachen Lokalen wird Tee meist kostenlos angeboten. Ein typisches Getränk der Nomaden ist Chal, fermentierte Kamelmilch. Chal ist leicht alkoholhaltig und für den westlichen Geschmack sehr gewöhnungsbedürftig. In Kanistern und Plastikflaschen wird Chal an Überlandstraßen und den Jurten der Nomaden angeboten. Beim Probieren sollte man sehr vorsichtig sein, ungeübten Chaltrinkern kann schnell die Verdauung durcheinander geraten. Ein beliebtes und sehr wohlschmeckendes Erfrischungsgetränk ist der Kwas, der aus vergorenem Brot-Rosinen-Sud hergestellt wird und an Straßenständen verkauft wird.

Bier ist überall erhältlich, allerdings im Verhältnis zu anderen Getränken wie zum Beispiel Wodka, teuer. Biere der einheimischen Marken ›Berk‹ und ›Zip‹ bekommt man vom Fass, ansonsten werden sie zumeist in Plastikflaschen angeboten. Es handelt sich um Biere Pilsner Brauart, die auf europäischen Anlagen hergestellt werden. Beliebt ist auch die russische Marke ›Baltika‹. ›Baltika‹-Bier gibt es in verschiedenen Brauarten, die auf das Etikett aufgedruckte Nummer gibt darüber Auskunft. Null bedeutet alkoholfrei, drei ist Pilsener Bier, acht entspricht unserem Hefeweizen und neun ist ein dunkles Starkbier. Neben turkmenischen und russischen Bieren werden auch türkische angeboten.

Nicht zu vergessen ist natürlich der Wodka, das ›Wässerchen‹, was Wodka übersetzt bedeutet. Nicht wegzudenken von Festessen und Feierlichkeiten, ist er aber auch nach einer fetten Mahlzeit geeignet, um den Magen ›aufzuräumen‹. Wodka wird – anders als bei uns – warm, das heißt mit Zimmertemperatur, getrunken. Wenn man sich an die eiserne Regel hält, Wodka niemals mit anderen alkoholischen Getränken – auch nicht mit Bier – zu mischen, kann man den nächsten Tag durchaus mit einem klaren Kopf beginnen.

Brot

Die turkmenischen Nomaden backen ihr Fladenbrot auf unterschiedliche Weise. In hüfthohen, wie Termitenhügel aussehenden Lehmöfen, sogenannten Tandyrs, wird der vorbereitete und leicht angefeuchtete Teig aus Weizenmehl, Salz und Wasser durch eine Öffnung von oben an die Seitenwände des aufgeheizten Ofens geklebt. Die Teigfladen sind etwa 2 bis 3 Zentimeter dick und haben einen Durchmesser von 30 Zentimetern. Die Öfen werden hautsächlich mit Saxaulholz befeuert. Während des Backprozesses darf es keine Flamme mehr geben, sonst würde das Brot verbrennen. Nach etwa einer halben Stunde ist das Brot fertig und kann herausgenommen werden. Die Kunst der Hausfrau besteht darin, den richtigen Moment abzupassen, bevor das Brot in die Asche fällt. Jede Jurte und jedes Haus auf dem Lande und in der Wüste hat einen eigenen Tandyr, der in der Nähe des Hauses steht.

Fladenbrot wird im traditionellen Lehmofen gebacken

Auch in der Jurte selbst kann Brot gebacken werden. Jede Jurte hat in der Mitte eine Feuerstelle. Steht die Jurte auf einem Untergrund aus Stein oder Lehm, kann der Feuerplatz zum Backen benutzt werden. Den ganzen Tag über glimmt das Feuer, so dass jederzeit heißes Wasser für Tee und anderes zubereitet werden kann. Wird frisches Brot benötigt, werden Holz und Asche beiseite geschoben und auf dem glühend heißen Boden wird der etwa einen Zentimeter dicke Teigfladen mit einem Durchmesser von zirka 40 Zentimetern gelegt. Anschließend wird die heiße Asche darüber geschoben. Nun dauert es etwa 15 Minuten, bis das Brot durchgebacken ist. Danach wird das Brot gesäubert und kann sofort gegessen werden – ein köstlicher Genuss!

Rezepte

Suppe aus gebratenem Hammel (Kara-Tschorba)

Die klimatischen Bedingungen in Turkmenistan zwangen die Menschen schon immer, Lebensmittel, vor allem Fleisch, auf verschiedene Art zu konservieren. Hammel- und Ziegenfleisch wurde getrocknet, gesalzen oder auch gebraten.

Für die Suppe aus gebratenem Hammel werden Zwiebeln, Möhren, Lauchzwiebeln, Kartoffeln und Tomaten geschält und in Stücke geschnitten. Das bereits gebratene Fleisch legt man in einen großen Topf und brät es erneut mit den vorbereiteten Zwiebeln und Tomaten (oder Tomatenmark) an. Anschließend gießt man Wasser hinzu und wartet, bis es kocht. Jetzt Kartoffeln und Möhren hinzugeben und köcheln lassen, bis beides weich ist. Ganz am Schluss wird die Suppe gesalzen und nach Geschmack mit anderen Gewürzen verfeinert.

Für 4 Personen benötigt man: 500 g Hammelfleisch, 150 g Zwiebeln, 150 g Möhren, 150 g frische Tomaten oder 2 Esslöffel Tomatenmark, 1 Bund Lauchzwiebeln, 800 g Kartoffeln, Salz und Gewürze

Turkmenische Schurpa-Suppe

Hammelfleisch wird in kleine Stücke geschnitten und mit Wasser übergossen. Aufkochen und anschließend mindestens zwei Stunden köcheln lassen. Das Fleisch aus der Brühe nehmen und die Brühe durchseihen. Zwiebeln anbraten. Geschälte Kartoffeln, Möhren, halbierte Tomaten und angebratene Zwiebel in die Bouillon geben und weichkochen. Mit Salz und Gewürzen je nach Geschmack abschmecken. Wenn die Kartoffeln gar sind, das Fleisch wieder hinzugeben, am Ende mit saurer Sahne verfeinern.

Für 4 Personen benötigt man:, 500 g Hammelfleisch, 50 g Möhren, 50 g Zwiebeln, 400 g Tomaten, 1 kg Kartoffeln, 50 g saure Sahne, Salz und Gewürze

Frische Gemüsesalate auf dem Markt

Sitten und Gebräuche

Warmherzige Gastfreundschaft ist eine Wesensart der Turkmenen, die jedem Besucher früher oder später auffallen wird. Man begegnet ihr überall, unterwegs im Bus oder in einer abgelegenen Jurte während einer Trekking-Tour. Eine Einladung sollte nicht ausgeschlagen werden, auch wenn die Zeit knapp ist, denn eine Ablehnung bedeutet einen Gesichtsverlust für den Gastgeber. Tee und Brot, eventuell einige Nüsse und Obst kommen in jedem Fall auf den Tisch; der Gast sollte beherzt zugreifen.

Wird man als Gast zu einem Abendessen oder zu einer großen Feier geladen, gilt es, einige Verhaltensregeln zu beachten. Ein kleines Gastgeschenk, eine Flasche Sekt oder Wodka, Süßigkeiten oder Obst sind gern gesehene Mitbringsel. Auf jeden Fall sollte man von allen angebotenen Speisen einmal probieren, auch wenn sie für westliche Mägen schwer verdaulich scheinen. Da in Turkmenistan gern fett gegessen und mit besonderer Begeisterung Hammel serviert wird, ist es für manchen Westeuropäer schwer, sich zu überwinden. Wem dies partout nicht gelingt, kann mit dem dezenten Hinweis, man sei (zum Beispiel) Vegetarier aus religiösen Gründen, Verständnis für die Ablehnung eines Fleischgerichtes erwarten. Dafür kann man sich dann an exzellenten, abwechslungsreichen Salaten und dem überaus köstlichen Brot satt essen. Letzteres sollte man auch unbedingt tun, da zu einer zünftigen und gelungenen Feier das Trinken von Wodka gehört. Um nicht unangenehm aufzufallen, muss man wissen, dass vor jedem neuen Glas erst ein Trinkspruch ausgebracht wird. Es beginnt der Gastgeber, in der Regel der Älteste, dann geht es reihum unter den anwesenden Männern, und irgendwann wird auch vom Gast ein kleiner Toast erwartet. Der Phantasie sind dabei keine Grenzen gesetzt, man lobt die Gastfreundschaft, die Schönheiten des Landes und lässt die neu gewonnenen Freundschaften hochleben. Danach ist es, zumindest für die Männer, soweit, das Glas in einem Zuge zu leeren.

Frauen in traditioneller Alltagskleidung

Bei Tisch gilt es als unhöflich, sich die Nase zu schneuzen, aber auch in der Öffentlichkeit sollte man sich diskret abwenden. Beim Betreten einer Wohnung oder Jurte werden als Geste der Höflichkeit in der Regel die Schuhe ausgezogen. Die Jurte ist unbedingt mit dem rechten Fuß zuerst zu betreten, der linke gilt als Unglücksbringer. Kleidungsvorschriften gibt es nicht, aber mit Rücksicht auf Tradition und Religion sollten Frauen keine ärmellosen, engen Tops und zu kurze Röcke tragen. Auch Männer in kurzen Hosen sind nicht gern gesehen. Beim Besuch von Moscheen und heiligen Orten sind kniebedeckende Hosen oder Röcke und zumindest schulterbedeckende Oberbekleidung Pflicht. In einigen Moscheen, zum Beispiel in Geok Depe oder Ashgabat, wird auch von nichtmoslemischen Besucherinnen eine Kopfbedeckung erwartet.

Die Kleidung der Turkmenen

Auch heute kann man im Straßenbild noch viele Frauen und Männer in traditioneller Kleidung sehen. Die Frauen tragen lange Kleider, oft aus Samt oder einem samtartigen Stoff. Die Farben sind kräftig, es überwiegen dunkelblau, dunkelrot, dunkelgrün und violett. Der runde Halsausschnitt der Kleider ist mit traditionellen Mustern bestickt. Unter den langen Kleidern werden Pluderhosen, die um die Knöchel enger werden und deren Abschlussbündchen ebenfalls bestickt sind, getragen. Frauen tragen bunte Kopftücher, Mädchen kleine, ›Takhya‹ genannte Käppis.

Auf traditionellen Hochzeiten kann man noch heute den reichbestickten Mantel der Braut, den Gurdä, aus Seide oder Baumwolle sehen, der vom Haaransatz über den Kopf bis zum Boden reicht und dessen Rückseite lange Scheinärmel zieren. Früher gehörten diese Mäntel zum Alltag. Junge Frauen trugen schwarzgrundige Mäntel, gelbgrundige waren den Frauen mittleren Alters und weiße Mäntel den Frauen über 60 Jahre vorbehalten. An den Füßen tragen die Frauen oft gestrickte Wollfüßlinge mit traditionellen Mustern, darüber meist Sandalen oder Hausschuhe, die sie beim Betreten oder Verlassen der Wohnung oder Jurte schnell an- und ausziehen können.

Bei aufmerksamer Beobachtung fällt auf, dass Frauen und Mädchen die Kopftücher in unterschiedlicher Art und Weise gebunden haben. Unverheiratete Frauen tragen kleinere Kopftücher einmal gefaltet, locker hinter dem Kopf geknotet. Um dieses Status noch zu unterstreichen, wurden früher geflochtene Zöpfe nach vorn auf der Brust getragen – im Gegensatz dazu trugen verheiratete Frauen die Zöpfe zusammengebunden auf dem Rücken. Junge Mädchen beginnen mit dem Tragen der Kopftücher ab Einsetzen der Regel als Zeichen der Beendigung ihrer Kindheit.

Dorfältester mit Telpek

Ab der Hochzeit müssen größere Kopftücher getragen werden. Das Tuch wird enger um den Kopf gebunden, ein langer Zipfel bleibt als eine Art Schleier lose nach vorn hängen. In alten Zeiten diente das lose Ende, vor das Gesicht gehalten, ausschließlich als Schutz vor Sonne, Wind und Sand. Später entwickelte sich daraus eine Art Signal, mit dem die Braut Gästen oder männlichen Verwandten des Bräutigams zu verstehen gab, dass sie nicht mit ihnen sprechen wird. Häufig kann man sehen, dass junge Frauen das Tuch mit den Zähnen halten. Noch heute ist es in traditionellen Familien üblich, dass die Braut ihr Schweigen gegenüber älteren Verwandten des Mannes erst dann brechen wird, wenn sie von diesen ein kleines Geschenk erhalten hat. Nur in Gegenwart ihrer eigenen Verwandten darf die Braut das Tuch vom Mund nehmen. Ist diese Phase vorüber, tragen verheiratete Frauen das Kopftuch zu einer Art Turban eng um den Kopf geschlungen, die kurzen Enden werden am Hinterkopf oder über der Stirn verknotet.

Die Männer, die vor allen in Ashgabat und anderen Provinzzentren in Verwaltungen, Schulen, anderen öffentlichen Einrichtungen oder privaten Firmen arbeiten, sind meist mit dunkler Hose und weißem Hemd gekleidet, manche tragen auf dem Kopf ein schwarzes Käppi mit weißen Stickereien. Ältere Turkmenen, zumeist in ländlichen Gebieten, tragen auch heute noch das traditionelle Ensemble. Es besteht aus einer weiten, schwarzen Pluderhose, deren Bündchen in robusten Stiefeln verschwinden. Über der Hose wird ein weites, langes Hemd getragen, das in der Hüfte gegürtet wird. Darüber gehören knielange, wattierte dunkle Mäntel. Auf dem Kopf wird der Telpek, eine voluminöse Mütze aus weißem, dunkelbraunem oder schwarzem zottigen Schaffell, getragen. Unter der Mütze binden sich die Männer weiße Baumwollschals turbanartig um den Kopf. In dieser Kombination stellt der Telpek eine wirkungsvolle Isolierung gegen Hitze im Sommer und Kälte im Winter dar.

Literatur

Wie in nomadischen Kulturen üblich, wurden auch in Turkmenistan Heldensagen, Epen und Märchen über die Jahrhunderte mündlich weitergegeben. Diese Heldenlieder und Epen sind bis heute lebendiges Kulturgut, und die Erzähler genießen große Popularität. Zu den bekanntesten Epen zählen ›Korkut Ada‹ und ›Gurogli‹. Erst im 18. Jahrhundert entwickelte sich eine schriftliche Literatur, anfangs in Chaghatai, einer osttürkischen Sprache mit arabischer Schrift, später in Latein, danach in Kyrillisch und heute wieder in Latein geschrieben.

Der bedeutendste und bis heute verehrte Dichter ist Magtumguly. Turkmenistans Nationaldichter wurde gegen 1730 in der Stadt Kara Kala geboren und starb um 1800. Er gilt als Begründer der klassischen turkmenischen Literatur. Gemeinsam mit seinem Vater studierte er bereits in jungen Jahren die Werke so berühmter Poeten wie Muslih al Din Sa'Di (1213–1292) und Shams al-Din Hafiz (1321–1389). Er besuchte die Shergozi-Chan-Medrese in Chiwa und weitere

Großvater und Enkel

Magtumguly-Denkmal in Ashgabat

berühmte Medresen in der damaligen Bildungsmetropole Buchara, die heute in Usbekistan liegt. Wie viele Gelehrte seiner Zeit sprach er fließend Arabisch, Persisch und mehrere Turksprachen.

Magtumguly brachte erstmals die islamische Bildersprache in Kontakt mit turkmenischen Sprichwörtern und benutzte umgangssprachliche Ausdrücke statt eines gestelzten literarischen Stiles, so dass seine Verse auch vom einfachen Volk verstanden werden konnten.

Die unglückliche Liebe zu Mengli, die während einer seiner Studienreisen einen anderen heiratete, sowie seine eigene, unbefriedigende Ehe und der frühe Tod seiner beiden Söhne beeinflussten sein Werk maßgeblich. Eines seiner berühmtesten Gedichte, ›Die Nachtigall‹, gilt der verlorenen Liebe zu Mengli.

Seine Poesie wurde auch in die turkmenische Volksmusik übernommen. Bis heute werden seine Verse zur Dutar, einer zweisaitigen Gitarre, gesungen.

Die zunehmenden Auseinandersetzungen zwischen den turkmenischen Clans und die Invasionen der benachbarten Khanate im 18. Jahrhundert veranlassten Magtumguly, sich für die Einheit der Turkmenen-Stämme einzusetzen. Zum ersten Mal tauchten nationalistische Themen in der turkmenischen Literatur auf. Seine patriotischen Verse beschwören die Erneuerung des Landes und die Brüderlichkeit der turkmenischen Völker. Präsident Saparmurad Turkmenbashi erklärte die Rückbesinnung auf nationale Werte und Traditionen als unverzichtbar für die Bildung einer Nation, und seit seiner Amtszeit gibt es in jedem Ort, und sei er noch so klein, eine Straße oder öffentliche Einrichtung, die den Namen des Nationaldichters trägt.

Kunsthandwerk

Das turkmenische Kunsthandwerk wird schon seit altersher gerühmt. Vor allem Teppiche, Amulette und Schmuck zeugen von hoher Kunstfertigkeit. Marco Polo, der berühmte Reisende, war so hingerissen von den Teppichen, dass er sie als die schönsten der Welt bezeichnete. In der Tat sind turkmenische Teppiche, ob geknüpft oder aus Filz hergestellt, in vielerlei Hinsicht außergewöhnlich. Der Schmuck der turkmenischen Nomaden ist einzigartig in seiner Reichhaltigkeit, Formenvielfalt und Qualität.

Teppiche

Das Knüpfen von Teppichen hat eine lange Tradition in dieser mittelasiatischen Region. Archäologische Funde belegen, dass bereits im 6. Jahrhundert vor Christus die Kunst der Knüpfens bekannt war. Die Herstellung von Teppichen ist eng mit dem nomadischen Leben der verschiedenen Stämme der Region verbunden. Die Ornamente spiegeln Pflanzen, Tiere und Gebrauchsgegenstände aus dem Umfeld der Künstler wider. Für die turkmenischen Nomaden waren die Teppiche nicht nur Schmuckelemente ihrer Jurten, sie wurden auch im Alltagsleben als Bett, Tisch und Kälteschutz verwendet. Als leicht zu transportierende Habe gehörten ein bis mehrere Teppiche zum Hausstand einer jeden Nomadenfamilie. Die Knüpfkunst sowie die über viele Jahrhunderte entwickelten geometrischen Muster wurden von Generation zu Generation weitergegeben und verfeinert.

Jeder Volksstamm hatte sein eigenes Haupt- und Stammesmotiv, das Göl, an welchem man die Herkunft des Teppichs erkennen konnte. Diese Hauptmotive haben sich bis heute erhalten.

Zu den bekanntesten zählen Tekke, Yomud, Ersari und Saryk. Die Teppiche unterscheiden sich in den Farben (überwiegend tiefrot, aber auch blau, blau-schwarz, braun, Elfenbein), den Mustern, der Dichte (bis zu 400 000 Knoten pro Quadratmeter oder 40 Knoten pro Quadratzentimeter!) und der Höhe des Flors.

Für die Herstellung der Teppiche wird ausschließlich die Wolle der Frühjahrsschur der Saradshiner Schafe benutzt. Die nahrhaften turkmenischen Weiden sorgen für ganz besondere Eigenschaften der Wolle. Durch die spezielle flexible Struktur der Wollfasern kann Feuchtigkeit aus

Teppich im Museum in Ashgabat

der Luft absorbiert und gebunden werden, und ein effektiver Kälteschutz entsteht. Zum Färben der Wolle werden ausschließlich natürliche Produkte verwendet. Fälschlicherweise werden die Teppiche oft als Buchara-Teppiche bezeichnet. Ende des 19. Jahrhunderts wurden die turkmenischen Teppiche von russischen und westlichen Handlungsreisenden auf dem Teppichbasar in Buchara entdeckt und kamen so zu dem Namen, der sich bis heute erhalten hat.

Heute ist das Teppichknüpfen eine professionelle Kunst und ein nicht unwesentlicher Wirtschaftsfaktor. In den 15 Teppichfabriken des Landes sind rund 10 000 Menschen beschäftigt, und jährlich werden etwa 41 000 Quadratmeter Teppich produziert. Auf dem Tolkuchka-Basar (→ S. 113), der dreimal in der Woche in Ashgabat stattfindet, im Verkaufsraum des Teppichmuseums (→ S. 105) und in lizenzierten Geschäften in Ashgabat (→ S. 117) findet sich eine riesige Auswahl an Teppichen und anderen Knüpfprodukten.

Welch große Bedeutung der Tradition sowie der modernen Teppichherstellung zugemessen wird, verdeutlicht die Tatsache, dass in den letzten Jahren ein neues, imposantes Teppichmuseum sowie ein Teppichministerium gebaut wurden.

Die Ausfuhr von Teppichen aus Turkmenistan unterliegt strengsten Regelungen. Teppiche, die älter als 80 Jahre sind, dürfen grundsätzlich nicht aus Turkmenistan ausgeführt werden. Für jeden Teppich, der ausgeführt werden soll, mussin einer Abteilung des Teppichmuseums in Ashgabat eine Ausfuhrlizenz beantragt werden, die pro Quadratmeter ungefähr zwei Dollar kostet. Im günstigsten Fall ist mit einer Bearbeitungsdauer von einem Tag zu rechnen, um sicher zu gehen, sollte man sich auf mehrere Tage einstellen. Auch Touristen werden bei der Ausreise aus Turkmenistan kontrolliert. Schmuggelversuche lohnen sich nicht und werden mit hohen Geldstrafen geahndet. Die Reiseagenturen und großen Hotels bieten einen Versandservice nach Europa und Übersee an. Die Versandkosten sollten genau besprochen werden.

Teppiche kann man auf jedem Basar in Turkmenistan kaufen

Filzteppiche

Neben den geknüpften Teppichen befinden sich in jeder Jurte und in jedem Haushalt auch Teppiche und andere Erzeugnisse aus Filz. Die Filzteppiche haben nicht nur schmückende Funktion, sondern sind bei den Nomaden in der Wüste auch von ganz praktischer Bedeutung. Insekten, Skorpione und Schlangen mögen den Geruch der Wolle nicht und meiden sie. Turkmenische Wüstenprofis behaupten, dass man auf einem Filzteppich in der Wüste übernachten kann, ohne von giftigem Getier heimgesucht zu werden. Ausprobieren wird ausdrücklich nicht empfohlen!

Wie das Knüpfen von Teppichen ist auch das Herstellen der Filzteppiche Aufgabe der Frauen. Die Verarbeitung der Wolle zu Filz ist eine schwere körperliche Arbeit. Die sorgfältig gesäuberte und geschlagene Wolle wird in mehreren Schichten auf einer Schilfmatte ausgebreitet. Anschließend wird die Wolle angefeuchtet und ganz fest in die Schilfmatte eingerollt. Unter ständigem Befeuchten wird die so entstandene Walze solange auf dem Boden hin- und hergerollt, bis der Filz die notwendige Dichte erhalten hat. Zuletzt wird der Filz aus der Matte genommen und nochmals mehrere Stunden gerollt. Den verwendeten Mustern, zum Beispiel stilisierten Adlerkrallen, Schlangen oder Hörnern, wird eine amulettähnliche Wirkung gegen den bösen Blick und andere Unbill zugeschrieben.

Turkmenischer Schmuck

Die Schmuckstücke sind zum einen Kunstwerke, tragbare Symbole, die die Zugehörigkeit zu einem Stamm zeigen. Der Schmuck hat aber auch Schutzfunktion. Er dient als spirituelle Waffe, dessen Kraft noch gesteigert wird durch die Kombination von Formen und Materialien, denen wohltätige Kräfte nachgesagt werden. Die variantenreiche turkmenische Amulett-Tradition geht auf einen vorislamischen, schamanistischen Glauben zurück. Geometrische Formen und stilisierte Motive wie Adlerköpfe, Hörner, Tulpen, Pfeil und Bogen stehen symbolisch für diesen Glauben. Wie weit dieser ›Aberglaube‹ reicht, zeigt die Tatsache, dass auch Pferde und Kamele mit Amuletten vor dem ›bösen Blick‹ und anderen üblen Einflüssen geschützt wurden.

Natürlich stellte der Schmuck auch einen hohen materiellen Wert dar. Neben den Viehherden waren für ein nomadisches Leben hochwertige und dazu transportfähige Güter wichtig, Die Kleinteiligkeit vieler Schmuckstücke erlaubte es, bei Bedarf einzelne Teile zu verkaufen oder zu tauschen. Welch einen hohen Stellenwert der Schmuck im gesellschaftlichen und wirtschaftlichen Leben der Turkmenen von alters her spielte, lässt sich aus der Überlieferung erahnen, dass im mittelalterlichen Merw mehrere tausend Silberschmiede ihr Handwerk ausgeübt haben sollen. Alte Quellen berichten, dass kein Meister seine Stücke verkaufen konnte, bevor nicht eine Art Kommission die Qualität und künstlerische Ausführung überprüft hatte. Die Ausbildung zum Zerger (Silberschmied) dauerte fünf Jahre und unterlag strengen Regeln. Zahlreiche Legenden ranken sich um dieses Handwerk.

Im Leben einer Frau markierte der Schmuck bedeutende Ereignisse wie Geburt, Pubertät, Heirat oder die Geburt des ersten Kindes. Der Schmuck war immer ein Teil der Mitgift und auch des Erbes. So konnte der Brautschmuck einer Turkmenin ein Gewicht von bis zu 16 Kilogramm erreichen, je nach Wohlstand der Familie.

Der bevorzugte Schmuckstein ist der Karneol, ein zur Quarzgruppe gehörender Edelstein, der für Feuer und Blut steht. Das verwendete Metall ist überwiegend Silber. Gold kommt nur recht selten zum Einsatz. Dem Silber wird heilende und antiseptische Wirkung zugeschrieben. In einer nahezu wasserlosen Gegend wie der turkmenischen Wüste diente Silber zum Purifizieren von Wasser, und es wurde auch eingesetzt, um das Gift von Schlangen- oder Skorpionbissen zu neutralisieren. Eine Legende berichtet, dass zwei Zerger-Brüder mit filigranen, silbernen Instrumenten Kugeln aus den Körpern von Verwundeten der Schlacht um Geok Depe von 1881 entfernten und die so Behandelten anschließend gleich wieder in den Kampf ziehen konnten.

Ein Auszug aus dem Buch ›Indian Arts‹ von Sir G. Birdwood gibt Auskunft über die Vielfalt der Schmuckstücke, die von turkmenischen Frauen getragen werden:

»Die turkmenischen Mädchen tragen eine Kappe oder einen Helm aus Stoff, auf dem kleine, aus Silber gehämmerte Blumenmotive angeheftet sind, gekrönt von einer silbernen Agraffe, aus welcher ein rotes Federbüschel hervorkommt. Nach der Heirat, einer Zeremonie, die den alten Brauch einer Entführung der Braut mit Waffengewalt symbolisiert, wird diese Kopfbedeckung abgelegt. Die verheiratete Frau trägt über einer Kopfbedeckung aus Filz und anderem Stoff einen ›Yagluk‹. Das ist eine Art Diadem (eine etwa 5 Zentimeter hohe und 15 Zentimeter breite Silberplatte, über Scharniere mit einem um den Hinterkopf führenden Metallband verbunden), das mit Ornamenten und Schmucksteinen verziert ist. Von diesem Diadem hängen zahlreiche ornamentierte Plättchen und als Abschluss kleine Schellen als Gehänge wie ein Schleier vor dem Gesicht.

Das Haar ist in viele Zöpfe geflochten, welche den Rücken herabhängen; nur einige erscheinen vorn, und am Ende der Zöpfe befindet sich ein kleiner Silberanhänger.

Die Ohrringe, ›Kesurga‹ genannt, variieren in der Länge von 20 bis 45 Zentimetern.

Eine Menge silberner Schmuckstücke wird auf der Brust getragen; das wichtigste ist der ›Husuk‹ eine silberne Platte in der Form zweier nebeneinander angeordneter Herzformen, feuervergoldet, mit Karneolen. An jeder Seite dieser Pektorale hängt ein ›Chanjuk‹ (rombenförmige Silberplatte, vergoldet, mit an der Unterkante angelöteten Kettchen, an denen kleine gepunzte Silberplättchen befestigt sind).

Tiefer noch, genau oberhalb des Bauches, wird ein ›Tumurcha‹ ein Amulettbehälter getragen (dreieckige Platte, durchbrochen mit Karneolen, Spitze nach oben, unten quer der röhrenförmige Behälter für das Amulett).

Schmuck ist eine wichtige Wertanlage für Nomaden

AND CHERO

Schmuckhändlerinnen auf dem Markt

›Bilezik‹ ist der turkmenische Name für die paarweise getragenen Armreifen; sie sind an einer Seite so weit geöffnet, dass ein Hineinschieben des Handgelenkes möglich ist.

›Angustri‹ Ringe, trägt man an allen Fingern, und ein ›Tlik‹ ist eine Art Gewandfibel.

Auf dem Rücken hängt an einer silbernen Kette der ›Ansuk‹ ein herzförmiges Schmuckstück von enormer Größe (bis 40 Zentimeter).«

Männer trugen kaum Schmuck, die Gürtel wohlhabender Turkmenen hatten manchmal silberne Schließen. Wichtig waren die Waffenverzierungen und der Pferdeschmuck. Die Griffe und Scheiden waren mit silbernen Beschlägen verziert. Das Zaumzeug der Pferde war mit vielen kleinen Silberstückchen bestickt. Auch Kopf, Nacken, Hals und Brust der Pferde wurden mit silberbesetzten Lederbändern geschmückt.

Größere Stücke für Brust- oder Rückenplatten wurden gegossen, kleinere Teile für Ohrringe oder Applikationen auf Stoffen wurden aus Silberblech geschnitten oder gestanzt. Die Gestaltung der Oberflächen erfolgte durch Gravieren, Punzen, Durchbrechen und durch das Aufbringen von Filigran und Granulat, Schmucksteine wurden in gelöteten Kastenfassungen montiert. Beim Schmuck der Tekke-Turkmenen findet man häufig auch die Feuervergoldung. Hierbei wird Goldstaub mit Quecksilber vermischt. Diese Mischung wird auf das Schmuckstück aufgetragen. Beim Erhitzen verdampft das Quecksilber, und das Gold verbindet sich mit dem Untergrund.

Die große Vielfalt, stilistische Einzigartigkeit und die elegante Verbindung von Silber, Gold und Karneolen (in neuerer Zeit auch Glasperlen) unterscheidet turkmenischen Schmuck von dem anderer Nationen.

Heirat

Auch heute wird ein großer Teil der Ehen auf traditionelle Art und Weise geschlossen. Etwa 75 Prozent aller Ehen werden immer noch oder vermehrt wieder von den Eltern der Brautleute arrangiert. Die meisten Ehen werden innerhalb derselben Sippe und unter nahen Verwandten angebahnt, um die Blutreinheit zu erhalten. Die Eltern des Bräutigams gehen zu den Eltern der Braut und bitten sie um deren Hand. Die Brauteltern verlangen einen Brautpreis, früher waren dies Schafe, Ziegen, Kamele, Hausrat usw., heute stehen Auto, Eigentumswohnung und moderne Haushaltsgeräte auf der Liste. Ist man sich einig, steht der Hochzeit nichts mehr im Wege. Am Tage der Hochzeit trägt die Braut den Gurdä, den traditionellen Mantel mit langen Scheinärmeln und jede Menge Schmuck. Kleidung und Schmuck werden von den Verwandten des Bräutigams ausgesucht und bezahlt. In den folgenden vier Wochen darf die Braut den Gurdä, der über den Kopf weit ins Gesicht getragen wird, nicht ablegen. Tagsüber ist der Gurdä dunkelrot, am Abend dunkelgrün. Diese Phase kann sich, je nach Finanzkraft der Eltern des Bräutigams, auch länger hinziehen. Bis zur vollen Bezahlung des Brautpreises muss die Braut den Gurdä tragen, schweigen und darf das Haus nicht verlassen, bei ärmeren Familien kann dies bis zu einem Jahr dauern. Im Falle einer Scheidung muss der Brautpreis nicht zurückgegeben werden, es sei denn, ein Betrug kann nachgewiesen werden, zum Beispiel, wenn die Braut keine Jungfrau mehr war. In den Städten werden die Ehen heute zumeist auf dem Standesamt, auf den Dörfern (Auls) von den Mullahs geschlossen.

Ausländische Besucher, die eine traditionelle turkmenische Hochzeit zu sehen bekommen oder eingeladen werden, wundern sich meist über die traurig und niedergeschlagen wirkende Braut, die nur zu Boden schaut. Dies ist keineswegs äußeres Anzeichen einer Zwangsheirat, wie westliche Besucher oft vermuten. Gemäß der Tradition dürfen Bräute am Tage der Hochzeit nicht lächeln, da fröhlich lachende Bräute den Bösen Blick anziehen und ein schlechtes Omen für die Ehe bedeuten.

Bräute in Hochzeitsmänteln

Islamische Architektur

Im Gegensatz zum Nachbarland Usbekistan, wo noch prachtvolle Architekturdenkmäler, vorwiegend aus der Timuridenzeit, zu besichtigen sind, ist in Turkmenistan leider nicht viel erhalten geblieben. Zerstörungen durch Erdbeben und Kriege, aber auch die Abwanderung ganzer Bevölkerungen aus sterbenden Städten, die aus Wassermangel langsam der Wüste anheimfielen, lassen heute nur noch wenig von der einstigen Pracht erahnen. Deswegen soll in diesem Kapitel eher theoretisch auf die wichtigsten Merkmale islamischer Architektur eingegangen werden.

Die Moschee

Das früheste und wichtigste Bauwerk in der islamischen Baukunst ist die Moschee. Das deutsche Wort ist vom arabischen Wort ›masdschid‹ abgeleitet und bedeutet soviel wie ›sich niederwerfen‹.

Eigentlich war laut islamischer Tradition kein bestimmter Platz zum Verrichten des Gebetes notwendig, ein Hadith (Ausspruch Mohammeds) erklärt: »Wo die Stunde des Gebetes dich erreicht, sollst du das Gebet verrichten und das ist ein Masdschid«. Wichtig allein ist, neben der körperlichen Reinheit des Gläubigen,

Moscheeneubau in Geok Depe

die Reinheit des Ortes, das heißt ein von Steinen und Gesträuch gesäuberter Platz und die Ausrichtung gen Mekka.

Die erste Moschee war das Haus Mohammeds in Medina, wohin er nach seiner Flucht aus Mekka mit seinen Anhängern gegangen war. An einen geräumigen, von Lehmmauern umgebenen Hof schloss sich an der Südseite ein Schattendach aus Palmstämmen- und Blättern an, die anderen Seiten waren von Wohnhütten und einem weiteren Schattendach an der Nordseite gesäumt. Das Haus Mohammeds war Treffpunkt der Gemeinde der Gläubigen und bot auch Schutz für die Ärmsten der Armen. Hier wurde nicht nur gebetet, sondern es bildete sich ein soziales Zentrum, das als Versammlungsplatz, Unterrichtsstätte, Gerichtssaal und Herberge diente. Aus diesem einfachen Typus der Hofmoschee entwickelte sich im Laufe der Zeit, auch den klimatischen Bedingungen in den eroberten Gebieten geschuldet, eine neue Form der Moschee. Aus Säulenreihen wurden Arkaden und im Innenhof erhob sich ein überkuppeltes Bauwerk. Mehr und mehr wurde die Moschee zu einem in sich geschlossenen Gebäudekomplex.

Die Kuppel der Ertogul-Gazi-Moschee in Ashgabat

Neben den zahlreichen, verhältnismäßig kleinen Betplätzen in den Wohnvierteln, die der alltäglichen Glaubensausübung dienten, entstanden größere und prächtigere Anlagen, die dem vorgeschriebenen feierlichen Freitagsgebet vorbehalten waren. Wahrscheinlich wurde der Freitag als Wochenfeiertag zur Unterscheidung der Moslems von Christen und Juden festgelegt. Es gehört zur Pflicht eines jeden Gläubigen, zumindest an diesem Tag das Mittagsgebet im Kreis der Gemeinde zu verrichten. Durch ein großes Portal betrat man einen geräumigen Innenhof, der von umlaufenden Säulenhallen (Säuleniwan), die zum Hof hin geöffnet waren, umgeben war. Im Innenhof befanden sich die Becken und Brunnen für die rituellen Waschungen.

Neben diesen Haupt- oder Freitagsmoscheen (Juma) entwickelte sich ein dritter Typ – die Vorstadtmoschee (Namazga). Meist handelte es sich dabei um einen geräumigen Platz vor den Toren der Stadt, umgeben von einer einfachen Begrenzung, der nur in den Sommermonaten oder zu besonderen Anlässen benutzt wurde.

Obwohl Mohammed anfangs keine Gebetsrichtung (Kibla) festgelegt hatte, wurde nach der Hidschra, der Auswanderung Mohammeds und seines Gefolges von Mekka nach Medina, zuerst in Richtung Jerusalem, später in Richtung Mekka gebetet. Anfänglich wurde die Gebetsrichtung durch die in den Boden gerammte Lanze des Propheten markiert. Später kamen halbrunde Gebetsnischen, sogenannte Mihrab auf, möglicherweise inspiriert von der in christlichen Kirchen gängigen Apsis, die die arabischen Eroberer während ihrer Kriegszüge kennenlernten und vielleicht übernahmen. Die auch ›Pforte des Himmels‹ genannte Gebetsnische ist das Allerheiligste einer Moschee, der Platz, an dem der Gläubige Allah wahrnehmen kann. So ist es nicht weiter verwunderlich, dass der Mihrab und seine Umgebung besonders reich geschmückt sind. Rechts neben dem Mihrab befindet sich der Minbar, ein erhöhtes, treppenförmiges Podest, das von allen Gläubigen gut einsehbar ist. Dieser Platz ist dem geistigen und politischen Oberhaupt der Gemeinde vorbehalten. Im Laufe der Zeit, bereits Mohammed benutzte eine Art Kanzel, wurde aus einem hölzernen Tritt oder einfachem Treppengestell ein reich verzierter, schmückender Bestandteil einer jeden Moschee.

Zu jeder Moschee gehören ein oder mehrere Minarette, die an den Ecken der Außenwände plaziert sind. Die frühen Moscheen besaßen noch keine Minarette, und die ersten Muezzine riefen die Gebetsstunden noch in den Straßen oder vom Dach des höchstgelegenen Hauses in der Nachbarschaft aus. Die ersten Minarette, der Name kommt vom arabischen Wort Manara und bedeutet Leuchtturm, entstanden in der Zeit der Omaijaden und dürften ihre Vorbilder wohl in den christlich-syrischen Vierkanttürmen haben. Im islamischen Westen blieb diese Form vorherrschend, im Osten hingegen nahmen die Minarette die Gestalt sich nach oben verjüngender Rundtürme an.

Von der Brüstung des Minarettes rief der Muezzin fünfmal täglich zum Gebet, heute kommt der Ruf aus dem Lautsprecher. In den ersten Jahren nach der Entstehung des Islam hatten die Minarette eine andere Funktion. Da die ersten Moslems um Mohammed erheblichen Anfeindungen ihrer Gegner ausgesetzt waren, mussten sie sich regelmäßig gegen deren Angriffe erwehren. Um diese rechtzeitig zu erkennen, wurden um die Gebetsplätze Mauern mit Wachtürmen errichtet. Später kam dann auch die Funktion als Leuchttürme hinzu. Aufgrund der großen Hitze auf der arabischen Halbinsel reisten die Handelskarawanen überwiegend nachts. In der Laterne genannten Spitze der Minarette wurden Feuer entfacht, die den Karawanen den sicheren Weg wiesen.

Seit der Unabhängigkeit werden in Turkmenistan wieder monumentale Moscheen errichtet so zum Beispiel in Kiptschak (→ S. 118) oder Geok Depe (→ S. 123).

Die Medrese

Neben der Moschee ist die Medrese, die muslimische Hochschule (arabisch Madrasa – Lehranstalt), die wichtigste Architekturform des Islam. Ursprünglich wurden Koran und Hadith nur in den Moscheen unterrichtet. Zwar ist bekannt, dass es bereits früh private Lehranstalten unter der Leitung berühmter Gelehrter gab, aber erst unter der Seldschukenherrschaft, ab der zweiten Hälfte des 11. Jahrhunderts, entstanden die ältesten Staatsmedresen in Nischapur, Bagdad, Basra, Isfahan, Herat und Balch. Hierbei handelte es sich um eine Art Internat, in denen neben dem Koran Mathematik, Philosophie, Astronomie, Medizin und anderes gelehrt wurde und die Studenten auch untergebracht und verpflegt wurden.

Der Grundriss der Medresen ist einfach. Meist besteht die Medrese aus einem vierseitigen Gebäude, das einen rechteckigen oder quadratischen Innenhof umgibt. Jede der vier Seiten wird in der Mitte von einem Iwan, einer zum Hof hin geöffneten Halle, geschmückt (Vier-Iwan-Anlage). Auch das Eingangsportal ist ein prächtiger Iwan. In den Gebäuden sind, meist über zwei Stockwerke, Andachtsräume, Lehrsäle und die Zellen der Studenten und Lehrkräfte untergebracht. Fenster und Tür öffnen sich nur zum Innenhof, entsprechend der Bauweise der islamischen Wohnhäuser und um den Lärm der Umgebung von den Studierenden fernzuhalten. Der Gründer der Medrese, aber auch berühmte Gelehrte wurden in einzelnen Fällen in Mausoleen auf dem Gelände bestattet. Da auch Medresen an den Ecken häufig mit Schmuckminaretten versehen sind, ist es für den Laien oftmals schwer, die Medrese von der Moschee zu unterscheiden.

Das Mausoleum

Die meisten der in Turkmenistan erhalten gebliebenen islamischen Bauten sind Mausoleen. Der architektonische Fachbegriff Mausoleum geht zurück auf König Mausolos von Karien (gestorben 352 vor Christus). Seine Gattin Artemisia ließ in Halikarnassos ein monumentales Grab für ihn errichten, das einst zu den sieben Weltwundern zählte.

Obwohl der Islam eigentlich keine Grabbauten erlaubte, den Bestattungsvorschriften zufolge sollen die Toten in einfache Leintücher gewickelt mit Blick in Richtung Mekka in der Erde begraben werden, entstanden bald Gedenk- und Grabstätten für Herrscher und religiöse Führer, die von den Menschen bis heute mit viel Liebe gepflegt und geschmückt werden. Bei den meisten Mausoleen handelt es sich um kleinere Bauten, oft in Form einer Kuppel über einem quadratischen Sockelbau oder runde, turmähnliche Anlagen. Zuerst recht einfach gestaltet, erhielten mit dem Fortschreiten der Bau- und Dekorationstechnik die Mausoleen auch bald kunstvolle Fassaden und Innendekorationen. Die beiden bekanntesten Mausoleen in Turkmenistan sind das von Sultan Sanjar in Merw (→ S. 161) und das von Sultan Tekesch in Konya Urgench (→ S. 188).

Das Muhammed-Ali-Mausoleum in Konya Urgench

Nach dem Zusammenbruch der Sowjetunion erwachte in Turkmenistan eine viele Jahre lang verbotene und nur heimlich ausgeübte Tradition wieder – die Pilgerfahrten. Im ganzen Land finden sich heilige Stätten, zu denen die Menschen in Scharen pilgern. Meist handelt es sich dabei um Mausoleen über Gräbern besonders verehrter, als heilig angesehener Personen, denen wundertätige Kräfte zugeschrieben werden. Das Mausoleum des Muhammad ibn Said, einem direkten Nachfahren des Propheten in Merw, wird sogar von Pilgergruppen aus dem Ausland besucht (→ S. 164).

Die Hauptstadt ist das luxuriöse Aushängeschild Turkmenistans. Prächtige Paläste, Hochhäuser und großzügige Grünanlagen mit zahllosen Springbrunnen bestimmen das Stadtbild der mitten in der Wüste gelegenen Metropole, die vom Alltag des restlichen Landes weit entfernt scheint.

Ashgabat und Umgebung

Ashgabat

Ashgabat hat 860 000 Einwohner und ist die Hauptstadt der Republik Turkmenistan sowie des Welayates Ahal, in dem sie liegt. Die Stadt liegt am Fuße der Kopet-Dag-Berge, nur 40 Kilometer entfernt von der iranischen Grenze. Wörtlich bedeutet ihr Name ›Stadt der Liebe‹, abgeleitet vom arabischen Wort ›ashk – lieben‹. Hier lebt der Großteil der russischstämmigen Bevölkerung Turkmenistans, und hier befindet sich das administrative, wirtschaftliche, wissenschaftliche und kulturelle Zentrum des Landes. Neue Paläste, luxuriöse, marmorverkleidete Appartement- und Geschäftshäuser sowie Parkanlagen mit grandiosen Wasserspielen sind in den letzten Jahren aus dem Boden gestampft worden und bestimmen heute das Bild der Stadt.

Geschichte

Erste Berichte über eine Siedlung an dieser Stelle stammen aus der Zeit des Partherreiches etwa 200 Jahre vor Christus. Im 1. Jahrhundert vor der Zeitenwende wurde sie durch ein Erdbeben zerstört, dank ihrer strategisch günstigen Lage an der Seidenstraße aber wieder aufgebaut. Sie prosperierte unter dem Namen Konjikala, bis sie vom Mongolensturm im 13. Jahrhundert dem Erdboden gleichgemacht wurde und für viele Jahrhunderte in der Bedeutungslosigkeit versank.

1884 errichteten die Russen nach ihrem Sieg über die Turkmenen bei Geok Depe eine militärische Festung als Vorposten im Süden des Zarenreiches und als strategische Basis gegen das britisch dominierte Persien. Sie lag nahe einem kleinen Dorf mit dem Namen Aßchabad.

Im Zuge der Fertigstellung der Transkaspischen Eisenbahn von Krasnovodsk am Kaspischen Meer (heute Turkmenbashi) nach Tashkent siedelten sich Händler und Unternehmer in Ashgabat an, in der Hoffnung, neue Märkte zu erschließen. Gegen Ende des 19. Jahrhunderts war Ashgabat eine russisch dominierte Stadt mit europäischen Annehmlichkeiten für ihre Bewohner.

1917 übernahmen die Sowjets die Macht, und bald darauf erhielt die Stadt den Namen Poltoratsk zu Ehren des 1918 in Merw erschossenen Arbeiterkommissars Poltoratski. im Jahre 1924, nach der Teilung der ASR Turkestan (die das heutige Usbekistan, Kasachstan und Turkmenistan umfasste) in verschiedene Sowjetrepubliken, wurde Ashgabat die Hauptstadt der Turkmenischen SSR. Zwischen 1924 und 1948 entwickelte sich die Stadt zu einem industriellen Zentrum. Es entstanden etwa 65 Fabriken, in denen hauptsächlich Baumwolle und Metall verarbeitet wurden.

Am 6. Oktober 1948 zerstörte ein Erdbeben der Stärke neun auf der Richterskala die Stadt innerhalb einer Minute nahezu vollständig. 110 000 Menschen fanden den Tod. Die offizielle Anzahl

Eine der zahllosen Brunnenanlagen, hier in Form eines antiken Rhytons

▲ Karte in der hinteren Umschlagklappe

der Todesopfer wurde mit 14 000 angegeben. Das unverständliche Herabsetzen der Opferzahlen lag an der damaligen Staatsführung. Es war die Zeit der stalinistischen Diktatur. Sozialistische Theoretiker propagierten, dass der Mensch die Natur beherrscht, das sozialistische System würde die Voraussetzungen dafür schaffen. Zeigte sich die Realität anders, erlitt das Land Katastrophen, die es überforderte, wurde versucht, dies offiziell zu verharmlosen beziehungsweise zu verschweigen. Fünf Jahre war Ashgabat Sperrgebiet; als Leichen und Ruinen beseitigt waren, begann der Aufbau einer neuen Stadt. Dieser erfolgte nach einem geometrisch anmutenden Plan, deshalb durchziehen heute breite Straßen und Prospekte die Stadt. Von den in der Sowjetzeit errichteten Gebäuden ist heute nicht mehr viel zu sehen. Vor allem öffentliche und repräsentative Gebäude wurden im letzten Jahrzehnt abgerissen oder umgestaltet.

Sehenswürdigkeiten

Ein Zentrum mit Geschäften zum Bummeln und Flanieren im europäischen Sinne gibt es in Ashgabat nicht. Am besten beginnt man eine Stadtbesichtigung auf dem Azadi-Platz, der zu russischer Zeit nach Skobeljev, in sowjetischer nach Stalin und später nach Marx benannt wurde.

Azadi-Platz

Am Azadi-Platz stand einst das monumentale **Neutralitätsdenkmal**. Mit 75 Metern war es das höchste Gebäude in Turkmenistan. Ein 63 Meter hoher Turm, gekrönt von einer 12 Meter hohen goldenen Turkmenbashi-Statue, die sich mit ausgebreiteten Armen in 24 Stunden einmal um sich selbst drehte, war das Wahrzeichen des neuen Turkmenistans

Ashgabat präsentiert sich als moderne Metropole

unter dem verstorbenen Präsidenten Turkmenbashi. Im Jahr 2010 begann der Rückbau des Monuments mit dem Abbau der Statue. Ende 2011 waren im Süden der Stadt, nahe dem Hotel Präsident, Wiederaufbauarbeiten im Gange. Am Azadi-Platz liegen auch die meisten Regierungspaläste aus der Ära Turkmenbashi.

Der **alte Präsidentenpalast** trägt eine goldene, der **Palast des Volksrates** (Rukhyet-Palast) eine blaue Kuppel. Das **Justizministerium**, das 2003 in ›Ministerium für Fairness‹ umbenannt worden ist und vor dessen Eingang eine Justitia mit geöffneten Augen und den Gesichtzügen von Gurbansultan Eje, der Mutter des im Jahr 2006 verstorbenen Präsidenten Nijasow, steht, krönt eine weiße Kuppel. Gegenüber dem alten Präsidentenpalast (Turkmenbashi-Palast) steht die Präsidententribüne, auf der sich an Feiertagen die Elite des Landes versammelt, um die Vorbeimärsche zu beobachten.

Der Palast mit der schwarzen Kuppel ist der **Sitz des Parlamentes.** Alle Paläste wurden von der französischen Firma Bouygues gebaut.

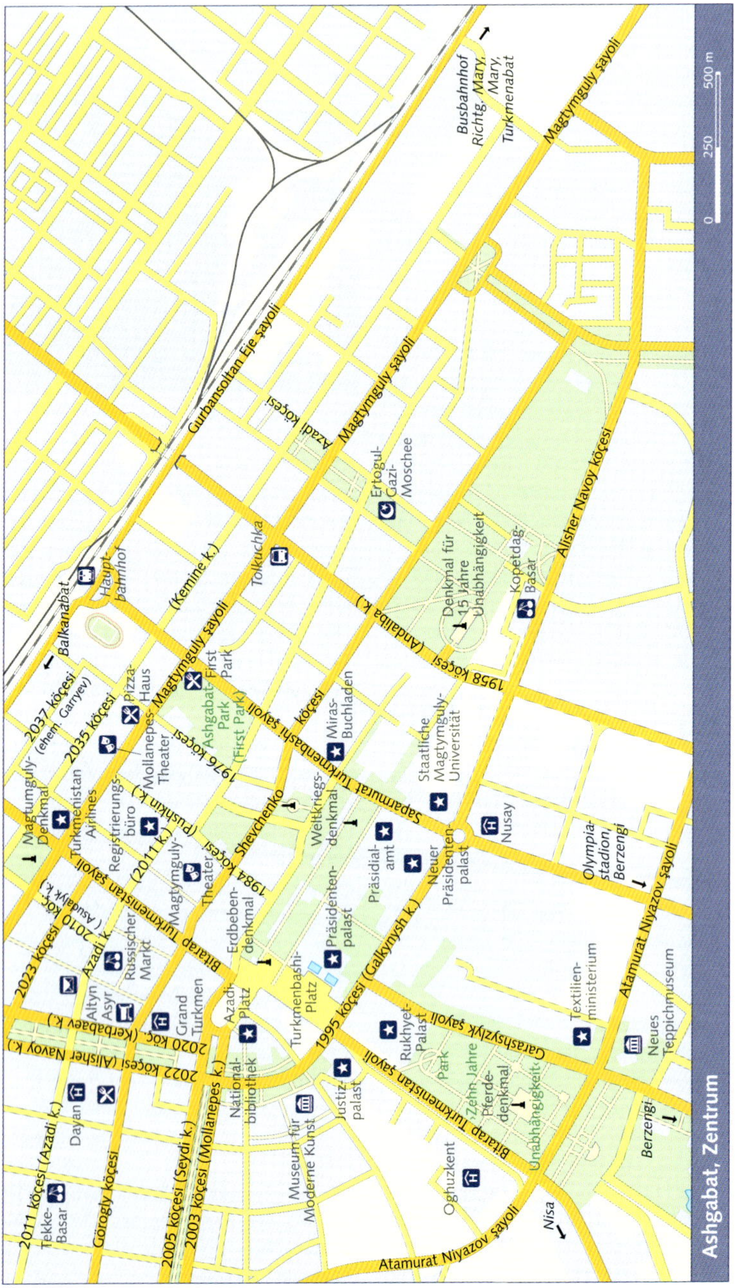

Ashgabat, Zentrum
0
250
500 m
Busbahnhof
Richtg. Mary,
Mary,
Turkmenabat
Magtymguly şayoli
Gurbansoltan Eje şayoli
Azadi köçesi
Magtymguly şayoli
Ertogul-Gazi-Moschee
Alisher Navoy köçesi
Tolkuchka
Haupt-bahnhof
Balkanabat
(Kemine k.)
(Andaliba k.)
1958 köçesi
Denkmal für 15 Jahre Unabhängigkeit
Kopetdag-Basar
Magtymguly şayoli
Pizza-Haus
First Park
Ashgabat-Park (First Park)
2037 köçesi (ehem. Garryev)
2035 köçesi
Mollanepes-Theater
1976 köçesi
Miras-Buchladen
Saparmurat Turkmenbashi şayoli
Staatliche Magtymguly-Universität
Magtumguly-Denkmal
Turkmenistan Airlines
Registrierungsbüro
(Pushkin k.)
(2011 k.)
Shevchenko köçesi
Weltkriegs-denkmal
Präsidial-amt
Neuer Präsidenten-palast
Nusay
Olympia-stadion, Berzengi
Atamurat Niyazov şayoli
Bitarap Turkmenistan şayoli
Magtymguly-Theater
1984 köçesi
Erdbeben-denkmal
Präsidenten-palast
(Galkynysh k.)
1995 köçesi
2023 köçesi
2010 köç.
(Asudalyk k.)
Azadi k.
Russischer Markt
Altyn Asyr
Grand Turkmen
Azadi-Platz
Turkmenbashi-Platz
Rukhyet-Palast
Garashsyzlyk şayoli
Textilien-ministerium
Neues Teppichmuseum
2020 köç. (Kerbabaev k.)
2022 köçesi (Alisher Navoy k.)
National-bibliothek
Justiz-palast
Bitarap Turkmenistan şayoli
Park „Zehn Jahre Unabhängigkeit“
Pferde-denkmal
Berzengi
2011 köçesi (Azadi k.)
Dayan
Tekke-Basar
Görogly köçesi
2005 köçesi (Seydi k.)
2003 köçesi (Mollanepes k.)
Museum für Moderne Kunst
Oghuzkent
Nisa
Atamurat Niyazov şayoli

Direkt neben dem ehemaligen Neutralitätsdenkmal steht das **Denkmal für die Opfer des Erdbebens von 1948**. Ein gewaltiger bronzener Stier trägt eine zerrissene Erdkugel zwischen seinen Hörnern. Aus einer der klaffenden Spalten reicht eine bis zur Hüfte versunkene Frau ein goldenes Kind, Symbol für die goldene Zukunft Turkmenistans, empor. Ein angrenzendes kleines **Museum** beherbergt Exponate, die das Drama der Naturkatastrophe dokumentieren. Fotos zeigen Bilder von den Zerstörungen durch das Beben, der Aufräum- und Wiederaufbauarbeiten und der Beisetzungen der mehr als 100 000 Opfer.

Im Park hinter dem Erdbebenmuseum befindet sich das **Denkmal für die Opfer des Zweiten Weltkriegs** mit der ewigen Flamme, das in jeder größeren sowjetischen Stadt obligatorisch war.

Rechterhand der ewigen Flamme liegt das **Präsidialam**t. Zu Sowjetzeiten befand sich hier der Sitz des Zentralkomitees der Turkmenischen Kommunistischen Partei.

Wie sein Vorgänger entfaltet auch der neue Präsident Gurbanguly Berdymuchamedow eine erstaunliche Bautätigkeit. Auf dem riesigen Gelände des Präsidialamtes ließ er einen noch größeren, mit drei Kuppeln gekrönten **neuen Präsidentenpalast** errichten.

Am Ende der Anlage steht das alte Gebäude der **Staatlichen Universität** Ashgabat, direkt daneben stehen neue, palastartige Bauten, die auch zur Universität gehören. Die Kreuzung der beiden Hauptstraßen Turkmenbashi şayoli (an der Universität) und Atabayev köçesi (neuer Präsidentenpalast) wurde neu gestaltet. Riesige Leuchter säumen die Straßen, und in der Mitte der Kreuzung steht eine Art Obelisk mit turkmenischen Nationalsymbolen.

Teppichmuseum

Das Teppichmuseum im imposanten Neubau am Südrand des Stadtzentrums gibt einen sehr gelungenen Überblick über Geschichte, Tradition und Herstellungsweise turkmenischer Teppiche. Es befindet sich an der Kreuzung Garashsyzlyk şayoli und Atamurad Nijasow şayoli (► Karte in der hinteren Umschlagklappe).

Der Rundgang beginnt mit einer ausführlichen Einführung in Materialkunde und Verarbeitung der Wolle. Die nomadische Lebensweise machte es erforderlich, Habseligkeiten wie Hausrat und Lebensmittel praktisch lagern und transportieren zu können. So erfährt man im Museum, dass in bestimmten Taschen aus Teppich nur Salz aufbewahrt und transportiert wurde, andere wiederum zur Aufbewahrung von Kleidungsstücken dienten. Auch Pferde und Kamele wurden mit Teppichprodukten geschmückt. Das Hauptaugenmerk der Ausstellung liegt natürlich auf der Präsentation von Teppichen aus verschiedenen Jahrhunderten und unterschiedlich feiner Verarbeitung. Eine besondere Kunst, die im Museum vorgestellt wird, ist die

Erdbebendenkmal und Erdbebenmuseum

Die Ertogul-Gazi-Moschee wurde der Blauen Moschee Istanbul nachempfunden

Herstellung von beidseitig geknüpften Teppichen. Eine Knüpferin arbeitet von vorn, die andere von hinten an einem vertikalen Webstuhl. Auf jeder Seite entsteht ein anderes Motiv. Der größte Teppich, den das Museum beherbergt, wurde zum zehnten Jahrestag der Unabhängigkeit Turkmenistans anfertigt. Der Teppich ist 301 Quadratmeter groß (14 mal 21,5 Meter) und wiegt 1200 Kilogramm. Auf einen Quadratmeter kommen 304 000 Knoten, insgesamt sind es 125 Millionen Knoten. 40 Knüpfer (39 Frauen und ein Mann) arbeiteten vom 19. Februar bis zum 27. Oktober 2001 an diesem Teppich, der einen Eintrag als weltgrößter handgewebter Teppich ins Guiness-Buch der Rekorde erhalten hat.

Im ersten Stock ist ein weiterer ›Super-Teppich‹ in einem goldenen Rahmen ausgestellt. Es handelt sich um den am dichtesten geknüpften Teppich, der mit 1,355 Millionen Knoten pro Quadratmeter wasserdicht ist! Rechts vom Eingang hängt ein 196 Quadratmeter großer Teppich, der von 1941 bis 1942 als Vorhang für das Bolschoi-Theater in Moskau geknüpft wurde. Da er aber zu schwer war und nicht aufgehängt werden konnte, ist er heute in Ashgabat zu sehen.

In der großen Halle in der Mitte ist die Replik eines der ältesten Teppiche der Welt zu bestaunen. Das stark beschädigte Original wurde 1949 bei Ausgrabungen im Altaigebirge gefunden und hatte bereits 400 000 Knoten pro Quadratmeter. Es ist heute in der Eremitage in Sankt Petersburg ausgestellt.

Das Büro des Teppichministeriums, das Ausfuhrgenehmigungen erteilt, befindet sich ebenfalls im Museum. Das Teppichministerium selbst liegt gleich nebenan.

Ertogul-Gazi-Moschee

Die 1998 fertiggestellte Moschee ist ein Geschenk des türkischen Volks an das turkmenische Volk. Beide Völker führen ihre Abstammung auf Oghuz Khan zurück und sind seit der Unabhängigkeit Turkmenistans freundschaftlich miteinander verbunden. Die Moschee ist eine Kopie der Blauen Moschee in Istanbul, mit einem Unterschied. Die Blaue Moschee in Istanbul hat sechs, die Ertogul-Gazi-Moschee nur vier Minarette. Die Minarette haben eine Höhe von 63 Metern, die für die Lebensjahre Mohammeds stehen. Die 40 Meter hohe Kuppel symbolisiert das Lebensalter, in welchen sich Mohammed in eine Höhle des Berges Hira zurückzog, um asketisch zu leben. In der Mitte des großen Innenraumes steht eine Nachbildung der Kaaba in Mekka, und am Boden liegen 5000 Gebetsteppiche. Errichtet wurde die Moschee im osmanischen Stil, der verwendete Marmor stammt aus Italien und Spanien. Bunte Glasfenster schmücken die Fassaden. Frauen, auch Touristinnen, müssen beim Besuch der Moschee eine **Kopfbedeckung** tragen.

▶ Karte S. 104

Museum für Moderne Kunst

Im Jahre 2005 wurde in Ashgabat das Museum für Moderne Kunst eröffnet. Es befindet sich in einem neuen, imposanten Kuppelbau aus weißem Marmor und Granit. In mehreren Etagen sind Kunstwerke aus verschiedenen Epochen und Ländern zu sehen. Im Erdgeschoss werden zeitgenössische turkmenische Kunst, Keramiken, Teppiche, Gemälde aus der Sowjetära sowie einige Artefakte aus Altyn Depe und Gonur gezeigt. Im zweiten Stock können englische, deutsche, französische und russische Bilder und Porzellan besichtigt werden, unter anderem Bilder von den russischen Malern Repin und Levitan. Es zeigt auch eine kleine Sammlung exzellenter turkmenischer Schmuckstücke und traditionelle Kleidung. Das Museum befindet sich neben dem Justizministerium westlich des Turkmenbashi-Platzes.

Denkmäler für die Eltern Turkmenbashis

Das Denkmal für die Mutter Turkmenbashis heißt Ene Mahri, was soviel bedeutet wie Mutterliebe. Es liegt in einer kleinen, schattigen Parkanlage. Eine Statue der Mutter Gurbansultan Eje hält ihren Sohn zärtlich im Arm. In der Regierungszeit Turkmenbashis war es üblich, dass Regierungsmitglieder an hohen Feiertagen hier Blumen ablegten.
Westlich davon, in einer ebenfalls sehr gepflegten Anlage wird der Vater von Nijasow, Atamurad, geehrt. Der Vater ist als Kämpfer der Roten Armee im Zweiten Weltkrieg dargestellt, daher werden hier am 9 Mai, dem Tag des Sieges, Blumen niedergelegt.

Vergnügungspark

Anlässlich der Feierlichkeiten zum 15. Jahrestag der Unabhängigkeit Turkmenistans im Jahr 2006 wurde der Vergnügungspark ›Welt der turkmenischen Märchen‹ eröffnet. Der Freizeitpark im Stile Disneylands kostete 50 Millionen Dollar und verfügt über zahlreiche Attraktionen. Auf einer Karte Turkmenistans kann man die bekanntesten Bauwerke sehen und in einem künstlich angelegten Berg werden in verschiedenen Räumen berühmte turkmenischen Legenden und Märchen mit mechanischen Figuren nachgestellt. Eine Achterbahn fährt über eine Nachbildung des Kaspischen Meeres. Der Komplex beherbergt auch das Nationale Puppentheater. (► Karte in der hinteren Umschlagklappe)

Das Nationale Puppentheater im Vergnügungspark

Berzengi

Südlich des Stadtzentrums liegt der Stadtteil Berzengi am Fuß der Berge. Hier gibt es eine Reihe von kleinen Hotels und auch einige Sehenswürdigkeiten wie den Unabhängigkeitspark, den wiederaufgebauten Neutralitätsbogen, das Nationalmuseum und den ›Palast des Wissens‹. Von hier ist es nicht weit zu den Wanderwegen im Kopet-Dag-Gebirge und zum Staatsgestüt.

Unabhängigkeitsdenkmal

Zum Unabhängigkeitsdenkmal, das inmitten des sehr gepflegten Unabhängigkeitsparkes steht, führt eine mit Wasserspielen und großen Standbildern historischer turkmenischer Persönlichkeiten, zum Beispiel Stammvater Oghuz Khan, geschmückte Allee. Im Brunnen am Anfang der Allee steht eine goldene Statue Turkmenbashis. Wachsoldaten flankieren den Brunnen und stündlich finden Wachablösungen statt. Das Denkmal selbst ist ein großes Gebäude in Form einer weißen, fünfseitigen Pyramide, die an eine Jurte erinnert. Auf dem Dach steht eine goldene Standarte mit fünf fünfköpfigen Adlern, die jeweils eine Schlange halten, Symbol für die fünf Welayate (Bezirke). An den fünf Außenfronten strömen kaskadenartig Wasserfälle in Becken herab. Im oberen Stockwerk gibt es ein **Restaurant**, von dem Besucher bei Dunkelheit einen sehr guten

Im Unabhängigkeitspark

Überblick über das beleuchtete Ashgabat haben. Zudem befindet sich im Inneren eine ethnologische Ausstellung und ein im Aufbau befindliches Einkaufszentrum.

Die zum Unabhängigkeitsdenkmal gehörende Grünanlage ist ein beliebter Treffpunkt für Hochzeitsgesellschaften. Sie kommen hierher, um zu filmen, zu fotografieren und zu tanzen. Es kann vorkommen, dass mehrere Gesellschaften gleichzeitig dort erscheinen.

Kurios ist das **Denkmal für die Rukhnama,** das Hauptwerk des verstorbenen Präsidenten im westlichen Teil des Parks. In grellem Pink und Grün steht dort eine gigantisch große Replik des Buches, das zu besonderen Anlässen geöffnet werden konnte. Auf einem riesigen Monitor wurden Ereignisse aus der Zeit nach der Unabhängigkeit gezeigt. Ob dieses Spektakel noch immer stattfindet, ist nicht bekannt.

Palast des Wissens

Der aus drei Gebäuden bestehende Palast dient als Nationales Kulturzentrum und beherbergt eine Bibliothek, eine Konzerthalle und das Turkmenbashi-Museum, in dem alle Geschenke und Auszeichnungen, die der erste Präsident Turkmenistans aus dem In -und Ausland während seiner Amtszeit erhalten hat, ausgestellt sind. Der Palast befindet sich südlich des Unabhängigkeitsparks an der großen Kreuzung.

Eissportpalast

Die einzige Eissportanlage im Wüstenstaat Turkmenistan öffnete im Mai 2006 ihre Türen. Die 21 Millionen Dollar teure Eishalle fasst etwa eintausend Besucher und verfügt über einen Eishockeyring europäischen Standards, eine Eisaufbereitungsanlage und einen Verleih für Eislaufausrüstung, da die Sportgeschäfte der Stadt klimabedingt derartige Artikel nicht verkaufen. Der damalige Präsident Turkmenbashi empfahl den Mitgliedern seiner Regierung, einmal wöchentlich Eis zu laufen, da ›Eislaufen gesund für Jung und Alt sei‹.

Nationalmuseum

Das Nationalmuseum, 1998 eröffnet und malerisch gelegen am Fuße der Kopet-Dag-Berge, ist auf jeden Fall einen Besuch wert. Die Architektur im gewaltigen, neu-turkmenischen Stil – monumental und mit sehr viel Marmor – ist gewöhnungsbedürftig, aber einige Exponate und deren Präsentation sind erstklassig.

Genau genommen beherbergt das Museum die Sammlungen dreier Museen. Im Erdgeschoss des Museums befindet sich das **Präsidentenmuseum.** Im ersten und zweiten Stock präsentieren das **Historische** und das **Natur- und Ethnographische Museum** ihre Objekte, unter anderem historische Werkzeuge aus Westturkmenistan, deren Ursprünge bis ins Neolithikum zurückreichen. Die bronzezeitlichen Funde aus Altyn Depe, Namazga Depe und Margiana – Siegel, Spiegel, Schmuckstücke, Amu-

Denkmal für die Achal-Tekkiner-Pferde

Ashgabat und Umgebung

Am südlichen Stadtrand beginnt der Gesundheitspfad

lette, Tonwaren – zeugen vom hohen Entwicklungsstand dieser Kulturen. Die Attraktion der Ausstellung sind die **restaurierten Rhyta,** rituelle Trinkhörner aus Elfenbein, die bei Ausgrabungen in Alt-Nisa gefunden wurden.

Turkmenischer Silberschmuck, Teppiche, traditionelle Kleidung sowie Informationen über Flora und Fauna des Landes runden die gelungene und gut präsentierte Ausstellung ab.

Flaggenmast

Der weltweit höchste, freistehende Flaggenmast ist ebenfalls in Ashgabat zu bewundern. Der Mast hat eine Höhe von 133 Metern, die Abmessungen der Flagge betragen 52 mal 35 Meter. Die Fahne aus Seide wiegt eine halbe Tonne.

Die turkmenische Flagge ist grün mit einem vertikalen roten Streifen, der Teppichmotive, sogenannte Göls, der fünf turkmenischen Hauptstämme zeigt. Außerdem sind fünf weiße Sterne und ein weißer Halbmond abgebildet. Die grüne Farbe und der weiße Halbmond symbolisieren den Islam, die fünf Sterne stehen für die fünf Welayate (Regionen) Turkmenistans. Die Göls sind als Zeichen der nationalen Identität gedacht und reflektieren die uralte nomadische Tradition der Teppichherstellung. Der Mast steht in der Nähe des Nationalmuseums in der Archabil sayoli.

Gesundheitspfad

Lässt man beim Aussteigen aus dem Flugzeug seinen Blick Richtung Berge schweifen, ist mit bloßem Auge ein Wegenetz im Gelände zu erkennen. Das gleiche trifft auch bei Nacht zu, denn diese Wege sind hell erleuchtet.

Zu Beginn des 21. Jahrhunderts verordnete der Präsident Nijasow seinem Volk mehr Bewegung und ließ diese Wanderwege, 8, 15 und 35 Kilometer lang, in die Berge betonieren. Im Abstand von einigen Kilometern befinden sich kleine Rasthäuschen, allerdings ohne gastronomischen Service. Einmal im Jahr begab sich der Präsident mit seinen Ministern, Regierungsmitgliedern und tausenden Beamten in die Berge, um auf einem der Pfade zu wandern (► Karte in der hinteren Umschlagklappe).

▲ Karte in der hintere Umschlagklappe

Turkmenbashi-Seilbahn

Am Fuße der Kopet-Dag-Berge (südlich des Nationalmuseums) beginnt auch die 2006 eröffnete Seilbahn. Die 3,5 Kilometer lange Bahn bringt Besucher auf eine Höhe von 1293 Metern. Die Fahrt dauert etwa zehn Minuten und am Ende erwartet die Touristen ein spektakulärer Blick auf Ashgabat und Umgebung. Die Bergstation bietet ein Restaurant, ein Café, Picknickplätze, Souvenirshops und einen 80 Meter hohen künstlichen Wasserfall (► Karte in der hinteren Umschlagklappe).

Staatsgestüt

Schon von alters her gehörten Pferde zur turkmenischen Tradition. So ist es nicht verwunderlich, dass die Turkmenen auch heute noch ausgesprochene Pferdenarren sind. Ende 2004 wurde eine neue Staatsfarm mit dem Namen ›Der Große Saparmurat Turkmenbashi Ahalteke-Pferde-Komplex‹ für die Zucht der berühmten Pferde eingeweiht. Die wertvollen Pferde sind in hochmodernen Ställen untergebracht und werden Besuchergruppen nach Anmeldung gerne präsentiert. Für Pferdefreunde gibt es in der Umgebung von Ashgabat andere Möglichkeiten, diese Tiere zu bewundern oder auch selber zureiten.

Achal-Tekkiner im Staatsgestüt südlich von Ashgabat

Für andere, nicht ganz so Wagemutige, empfiehlt sich ein Besuch der spannenden Pferderennen auf der zum Komplex gehörenden Rennbahn. Die Rennen finden immer sonntags statt, in der Frühjahrssaison von Ende März bis zum ersten Sonntag im Juni und in der Herbstsaison vom letzten Sonntag im August bis zum zweiten Sonntag im November.

Der Pferdekomplex befindet sich bei Pervomajskij etwa sieben Kilometer südöstlich des Unabhängigkeitsparkes (► Karte in der hinteren Umschlagklappe).

Reitausflüge

Für Interessierte gibt es einige Möglichkeiten, selbst zu reiten. Am besten organisiert man Ausflüge über die lokalen Agenturen, die von Tagesausflügen bis zu mehrtägigen Exkursionen in die Berge oder in die Wüste alles arrangieren können.

Frau Katja Kolestnikova betreibt nicht weit von Ashgabat auf dem Gelände der ehemaligen Kolchose Karl Marx am Fuße der Kopet-Dag-Berge ein kleines Gestüt mit etwa 25 Pferden. Eine eigene Anreise zum Gestüt wird nicht empfohlen, da der Weg schwer zu finden ist. Katja kann gegen eine Gebühr einen Transfer zwischen Ashgabat und dem Gestüt organisieren. Sie ist über die Telefonnummer 800/64076967 zu erreichen.

Tagesausritte organisiert Katja selbst, eine Stunde kostet 80 Manat. Mehrtagestouren müssen über eine Agentur gebucht werden, da die Routen in Grenzgebiete führen, für die spezielle Genehmigungen notwendig sind. Reitequipment kann vor Ort ausgeliehen werden.

Achal-Tekkiner Pferde

Die Geschichte dieser faszinierenden Pferderasse ist etwas geheimnisumwittert. Die ersten Wüstenpferde wurden nachweislich vor etwa 6000 Jahren in den mittelasiatischen Steppengebieten domestiziert. Archäologische Funde bestätigen, dass schon im Jahre 1000 vor Christus in der Nähe des heutigen Ashgabat Pferde gezüchtet wurden, die weithin berühmt waren und aufgrund ihrer besonderen Eigenschaften außerordentlich geschätzt wurden. Die Heere von Alexander dem Großen und König Darius von Persien sollen auf ihren Eroberungszügen turkmenische Pferde zu Zehntausenden geritten haben.

Der Name der Pferderasse geht auf den Volksstamm der Tekke zurück, der sich in der großen Oase Achal der Vieh- und Pferdezucht widmete. Das in den Oasen Turkmenistans lebende Wüstenpferd gilt als äußerst genügsam, widerstandsfähig und ausdauernd. Es kann lange Strecken in schwierigem Gelände mit äußerst geringen Wasserrationen zurücklegen. Im Jahre 1935 fand ein denkwürdiger Ausdauertest statt. Eine Expedition ritt zu Pferde von Ashgabat nach Moskau. Dieser 4128 Kilometer lange Ritt – etwa 1000 Kilometer davon nur Wüste, in der es so gut wie kein Wasser gab – war nach 84 Tagen beendet. Diese Meisterleistung wurde bis heute nicht wiederholt.

Die wunderschönen und sehr temperamentvollen Pferde haben ein Stockmaß von 147 bis 157 Zentimetern, einen besonders langen Hals und einen sehr schlanken Körper. Das feine, meist braune bis hellbraune Fell hat einen schönen Goldschimmer.

Das größte Gestüt befindet sich in der Nähe von Ashgabat, Besichtigungen sind auf Anfrage möglich. Vom Präsidenten Nijasow wurden die wertvollen Tiere gerne als Geschenke an andere Staatsoberhäupter überreicht. Der damalige russische Präsident Putin durfte sich anlässlich der Unterzeichnung des bilateralen Freundschaftsvertrages das schönste Pferd aus dem persönlichen Bestand von Nijasow aussuchen. Der neue Präsident hat im Jahr 2011 einen Schönheitswettbewerb für Achal-Tekkiner ins Leben gerufen.

Turkmenen schätzen und lieben ihre Pferde über alles. Bis zur Oktoberrevolution nannte nahezu jede Familie ein bis zwei Pferde ihr eigen. Mit der Abschaffung des Privateigentums fand diese tiefverwurzelte Tradition ein Ende. Seither werden die wertvollen Achal-Tekkiner ausschließlich in dazu autorisierten Gestüten gezüchtet.

Auch in Deutschland gibt es Züchter dieser wertvollen Pferderasse, nähere Informationen gibt es unter www.achal-tekkiner.de.

Auch auf offiziellen Paraden dürfen die edlen Pferde nicht fehlen

Tolkuchka-Basar

Der Tolkuchka-Basar (vom russischen Wort ›tolkat‹ – schieben) ist einer der größten und buntesten Märkte in ganz Mittelasien (► Karte in der hinteren Umschlagklappe). Für viele Besucher ist er die Hauptattraktion in Ashgabat. Dreimal in der Woche – dienstags, donnerstags und sonntags – treffen sich hier am nördlichen Stadtrand Käufer, Verkäufer und Schaulustige aus ganz Turkmenistan. Auf dem riesigen Gelände am Rande der Stadt kann nahezu alles erworben werden. Tiere, Lebensmittel, Waren des täglichen Bedarfs, Autoersatzteile, alte und neue Teppiche, turkmenischer traditioneller Schmuck, Amulette, Kleidung und Haushaltsgeräte werden angeboten.

Am Sonntag ist das Treiben besonders rege und das Warenangebot am größten. Auf dem Tiermarkt werden hunderte von Schafen und Ziegen, dutzende Kamele und viele Kleintiere den potentiellen Käufern präsentiert. Nach harten, oft stundenlangen Verhandlungen und genauer Prüfung – bei den Schafen wird vor allem der für Asien typische Fettschwanz untersucht – wechseln die Tiere ihren Besitzer. Schafe und Ziegen werden direkt von den Lastwagen der Verkäufer in die Autos ihrer neuen Besitzer verladen. Unter heftigem Gebrüll werden die Kamele mit Verladekränen auf die Ladeflächen der Transporter gehievt. Gegen Mittag neigt sich das Markttreiben seinem Ende zu.

Besonders pittoresk ist ein anderer Teil des Marktes. Buntgekleidete Frauen verkaufen traditionelles Kunsthandwerk. Über Gestelle oder am Boden ausgebreitet, werden alte und neue, große und kleine Teppiche angeboten. Nicht alle davon sind aus Schafwolle, immer mehr Teppiche aus Kunstfaser finden wegen der günstigen Preise ihren Weg zum Käufer. Mittendrin bieten die Frauen

Die Teppichabteilung des Basars

traditionellen Silberschmuck und Amulette aus Wolle und Kamelhaar an. Männer verkaufen die traditionellen Telpeks, voluminöse Mützen aus Schaffell.

Um den Preis sollte in jedem Fall gehandelt werden, dies ist Teil der Tradition. Beim Kauf von Teppichen und Silberschmuck müssen unbedingt die strengen Ausfuhrbestimmungen beachtet werden (→ S. 90). Wie auf allen Märkten dieser Welt ist das dichte Gedränge ein Paradies für Taschendiebe, daher sollten alle Wertsachen möglichst im Hotel verbleiben oder gut gesichert am Körper getragen werden.

Der Markt liegt nördlich des Flughafens und ist schnell und günstig mit dem Taxi zu erreichen. Die beste Zeit zum Besuch ist der Vormittag zwischen neun und elf Uhr.

Zum Zeitpunkt des letzten Besuches der Autorin in Ashgabat waren etwa drei Kilometer nördlich auf einem riesigen Areal Bauarbeiten für einen neuen Basar im Gange. Ob der Charakter des alten Basars erhalten bleiben wird, darf bezweifelt werden, da aus der Entfernung, typisch turkmenisch, monumentale Bauten in weißem Granit und Marmor zu erkennen waren.

Ashgabat

Vorwahl: aus dem Ausland 0993/12 + Teilnehmernummer, innerhalb Turkmenistans 800/12 + Teilnehmernummer.

In Ashgabat gibt es mehrere **Reiseagenturen**, die Touristen mit allen notwendigen Informationen zur Planung, Beförderungsmöglichkeiten, Fahrplänen und Öffnungszeiten versorgen. Alle Agenturen vermitteln die zur Visabeantragung notwendigen Einladungen, Guides, verkaufen Flugtickets und nehmen Hotelbuchungen vor. Die Mitarbeiter der Agenturen sprechen Englisch, in einigen Agenturen auch Deutsch.

Ayan Travel, Magtymguly şayoli 108–2/4, Tel. 936075, 935944, Fax 936555, www.ayan-travel.com, ayan-tour@online.tm.

Owadan-Tourism, Azadi köçesi (2011 köçesi) 65, Tel. 930748, Fax 930486, owadantour@online.tm.

Stantours Oleg Manakov, Tel. 942927 oder +993/65/684033, Stantours@gmx.net, Tonyamail@yandex.ru. Oleg Manakow ist ein hervorragender, englischsprechender Guide. Er ist auf archäologische Touren und Wüstenexpeditionen spezialisiert.

DN Tours, Magtymguly şayoli 36A, Tel. 270439 oder 270621, Fax 270420, admin@dntours.com

Dagsyyahat, Hotel Dayan, Azadi köçesi (2011 köçesi) 69, Tel. 930463, www.dagtravel.net, hannah@dagtravel.net. Die sehr gut Deutsch sprechende Mitarbeiterin Anna Maksimowa begleitet auch Touren im ganzen Land. Sie ist auch privat unter Tel. +993/65/801896 oder anna_maxim@bk.ru oder erreichbar.

Der Flughafen liegt am nordwestlichen Stadtrand und ist am besten mit dem Taxi zu erreichen. Der Preis für eine Fahrt in die Stadt sollte zwei bis drei Euro nicht übersteigen. Am besten einigt man sich vorher über den Preis, um hinterher keine böse Überraschung zu erleben.

Das **Büro der Lufthansa** befindet sich im Hauptgebäude des Flughafens, Tel. 232037, 233947, Fax 233957, www.lufthansa.com, asbqutea@dhl.de. Die Lufthansa fliegt dreimal wöchentlich von Frankfurt über Baku nach Ashgabat. Ab und bis Baku sind die Flüge gut gebucht, bis Ashgabat hat man die Maschine fast für sich alleine.

Das zentrale **Verkaufsbüro von Turkmenistan Airlines** liegt in der Magtymguly şayoli 82, Tel. 940039, www.turkmenistanairlines.com (► Karte S. 104). Die Preise für Flugtickets im Inland sind günstig. Daher sind die Flüge oft ausgebucht und sollten möglichst weit im Voraus gebucht werden. Besondere Bestimmungen für Ausländer siehe Reisetipps Flüge (→ S. 213). Turkmenistan Airlines fliegt in Europa Frankfurt, London und Birmingham an.

Mit **Turkish Airlines** gibt es über Istanbul eine tägliche Verbindung nach Ashgabat. Das Büro befindet sich im Gebäude des **Yimpas-Einkaufszentrums**, Turkmenbashi şayoli 56, Tel. 456647/48/49/50, www.turkishairlines.com (► Karte hintere Umschlagklappe).

Der neue Bahnhof liegt am Ende der Turkmenbashi şayoli, Tel. 940438. Von Ashgabat fahren täglich Züge nach Turkmenbashi (15 h), Mary (8 h), Dashogus (20 h) und nach Turkmenabat (12 h). Zweimal wöchentlich verkehren Züge von und nach Seraghs (9 h) an der iranischen Grenze. In den letzten Jahren hat die turkmenische Regierung viel Geld für neue, komfortable Züge aus China ausgegeben, so dass das Reisen mit dem Zug eine gute Alternative zum Fliegen ist. Allerdings muss etwas mehr Zeit eingeplant werden, aufgrund des veralteten Streckennetzes sind die Züge sehr langsam. Das Ticketoffice befindet sich nicht direkt im Hauptgebäude, sondern auf dem Bahnsteig.

Busverbindungen gibt es in alle Teile des Landes.

Die Busse in **Richtung Balkanabat und Turkmenbashi** fahren vom Alten Flughafen (Stary aeroport); dieser liegt südlich des Flughafens (► Karte hintere Umschlagklappe). Busse in **Richtung Dashogus und Konya Urgench** fahren vom Dashogus-Basar (Azatlyk-Basar) am östlichen Stadtrand (► Karte hintere Umschlagklappe). Busse nach **Mary und Turkmenabat** verkehren von der Station Mariiskaya stoyanka, drei Kilometer östlich des Stadtzentrums an der Hauptstraße aus der Stadt gelegen (► Karte hintere Umschlagklappe).

Neben den Bussen gibt es die Möglichkeit, sogenannte **Marshrutki** (Kleinbusse) oder Sammeltaxis zu benutzen. Sie bedienen die selben Strecken, sind zwar etwas teurer, aber schneller und halten an den gewünschten Stellen.

Ashgabat verfügt über eine Vielzahl von Hotels unterschiedlicher Kategorien.

Grand Turkmen Hotel, 5 Sterne, Görogly köçesi 7, Tel. 510555, Fax 511324, grandhtl@online.tm. Zentral gelegen, alle Sehenswürdigkeiten sind zu Fuß oder schnell mit dem Taxi zu erreichen. 120 komfortable Zimmer unterschiedlicher Kategorien; Preise zwischen 85 US-Dollar für ein EZ und 100 US-Dollar für ein DZ. Alle Zimmer haben Aircondition, Telefon, Fernseher, Kühlschrank und Haartrockner, einige einen eigenen Internetanschluss. Die Restaurants des Hotels bieten turkmenische, türkische und europäische Speisen an. 24-Stunden-Zimmerservice, Fitnesscenter, Wechselstube, Wäschereiservice, Business-Center, Nachtclub, Pool und ein Casino (► Karte S. 104).

Ak Altyn Hotel, 5 Sterne, Magtymguly şayoli 141/1, Tel. 363700, Fax 363494, akaltyn@online.tm. Etwas abseits des Stadtzentrums direkt gegenüber dem Zirkusgebäude. Das Personal ist sehr freundlich und hilfsbereit. Im Hotel befinden sich auch die **Deutsche und die Englische Botschaft**. Preise von 70 (EZ) bis 100 USD (DZ). Aircondition, Satellitenfernsehen, Telefon, Minibar und Fön. Zudem Business-Center, 24-Stunden-Zimmerservice, Wäschereiservice, Swimmingpool, Schönheitssalon und Wechselstube Das Restaurant serviert nationale und europäische Küche. Im ersten Stock gibt es eine nette Bar (► Karte hintere Umschlagklappe).

Sofitel Oguzkent, 5 Sterne, Bitarap Turkmenistan şayoli, Tel. 449500-1.www.sofitel.com. DZ 150 Euro. 300-Zimmer Luxushotel gegenüber dem Unabhängigkeits-Park. Bei der Buchung über eine der Reiseagenturen in Turkmenistan bekommt man bis zu 50 % Rabatt Die Restaurants im Hotel sind sehr hochpreisig (► Karte S. 104).

Hotel President, Archabil şayoli 54, Tel. 400000, Fax 400041, presidenthotel@online.tm. Das relativ neue 5-Sterne-Hotel liegt etwas außerhalb im Stadtteil Berzengi am Fuße der Berge. Vom italienischen Hotelrestaurant im obersten Stockwerk hat man einen schönen Ausblick. Das Hotel beeindruckt mit Dekoration und Ausstattung und verfügt über alle Annehmlichkeiten eines 5-Sterne-Hotels. Nachteilig ist die Lage im Süden der Stadt, nahezu alle Sehenswürdigkeiten, Restaurants und Shoppingmöglichkeiten sind nur mit dem Taxi oder dem öffentlichen Bus zu erreichen. Die Preise für ein Einzelzimmer liegen bei 180, für ein Doppelzimmer bei 200 US-Dollar pro Nacht (► Karte S. 108).

Nusay Hotel, 1995 (ehemals Atabayev) köçesi 70, Tel. +993/12/221025, Fax 221034. Das rekonstruierte Hotel Nissa liegt im Regierungsviertel der Hauptstadt. Wie vorher steht das Hotel unter italienischem Management. Hervorragender Service, geschultes Personal, das außerdem sehr gut Englisch spricht. Im Hotel gibt es 128 Zimmer; Preise zwischen 160 US-Dollar für EZ und 240 US-Dollar für DZ (► Karte S. 104).

Im **Stadtteil Berzengi** im Süden Ashgabats gibt es entlang der Hauptstraße mindestens 15 kleine Hotels. Die Hotels befinden sich zehn Minuten Taxifahrt vom Zentrum entfernt und kosten zwischen 20 und 50 US-Dollar. Das im Jahr 2009 renovierte **Hotel Aziya**, Archabil şayoli 31, Tel. 480180, verfügt über acht geräumige Zimmer und ein sehr gutes chinesisches Restaurant. Preise bei 40–50 US-Dollar (► Karte S. 108).

Es gibt einige gute Restaurants in der Stadt. Da sich aber vor allem auf dem Gastronomiesektor ständig etwas ändert, soll hier nur eine kleine Auswahl präsentiert werden. Die Mitarbeiter der Reiseagenturen oder die Rezeptionisten der Hotels geben gerne Auskunft. ► Karte S. 104

Besonders zu empfehlen ist das Restaurant **Asuda Nusay**, Alisher Navoy köçesi 54a, Tel. 352288. Fischliebhaber können hier Stör aus dem Kaspischen Meer probieren. Im selben Gebäude befindet sich der **City Pub**, eine nach westlichem Vorbild eingerichtete Bar, die auch westliche Gerichte auf der Karte hat. Die Preise, insbesondere für Bier vom Fass, entsprechen ebenfalls westlichem Standard (Tel 352288).

Reisenden, die partout nicht auf Pizza und Pasta verzichten wollen, sei das **Pizza-Haus**, Magtymguly şayoli 72, Tel. 395600, empfohlen. Zu den Gerichten westlicher Art kann man aus einem sehr reichhaltigen Salatbuffet wählen. Rot-weiß karierte Tischdecken sorgen für italienisches Ambiente.

First Park, Magtumguly şayoli/Turkmenbashi şayoli, Tel. 940033/44. Eines der besten Restaurants der Stadt. Hervorragende Vorspeisen, Salate und Kebabs. An warmen Abenden kann man wunderbar unter alten Bäumen im Freien sitzen.

Fischrestaurant Ayna, Kemine köçesi 156a, Tel. 391056. Alle Zutaten werden frisch aus Dubai und Moskau eingeflogen. Neben Sushi wird sogar Hummer Thermidor angeboten (ca.10 Euro pro 100 Gramm).

Restaurant Eisberg, Kemine köçesi/Revrowköçesi, Tel. 361808. Biergarten in der Nähe des Hotels Ak Altyn. Bier vom Fass und Schaschlik unter alten Bäumen.

Minara Restaurant, in der Pyramide im Unabhängigkeitspark (→ S. 108), Tel. 472286. Das Essen ist sehr gut, die Speisekarte ist riesig und das Personal sehr freundlich. Besonders am Abend ist der Blick aus dem im fünften Stock gelegenen Restaurant über die beleuchtete Stadt atemberaubend.

Yimpas-Einkaufszentrum, Turkmenbashi şayoli. In der oberen Etage des Einkaufszentrums befindet sich ein Restaurant, besonders geeignet für kleine Snacks. Hier wird guter türkischer Kaffee serviert.

Paytagt, 10 Yyl Abadançylyk köçesi 60, Tel. 477422; im obersten Stock des Einkaufszentrums Paytagt. Schöner Blick besonders am Abend, feine Gerichte, guter Service; relativ teuer.

Maral (Berghirsch), Tel. 375462. Schönes Gartenrestaurant bei Archabil am Eingang der Firuza-Schlucht (→ S. 122), ca. 20 Autominuten vom Zentrum. Hier trifft sich im Sommer die deutsche Gemeinde Ashgabats. Es gibt Schaschlyk, gegrilltes Gemüse, turkmenische Spezialitäten sowie Bier vom Fass. Reservierung empfohlen.

Die großen Hotels verfügen über Bars, die hauptsächlich von ausländischen Geschäftsleuten und neureichen Einheimischen besucht werden. Die meisten schließen um 23 Uhr.

Das **Kumush Ay** oder **Florida**, Görogly köçesi 8, Tel. 393351, gegenüber dem Grand Turkmen Hotel gelegen, ist eine laute und geschäftige Bar, die ein Anlaufpunkt der kleinen Ausländergemeinde ist. Meist ist die Musik zu laut, um sich unterhalten zu können, aber Tanzfreudige sind hier richtig. Der **City Pub** (siehe Restaurant Asuda Nusay) ist ein Alternative zum lauten Florida. Hier kann man gemütlich bei gezapftem Bier oder anderen Getränken sitzen.

Nationalmuseum, Archabil şayoli 30, Tel. 482590, Mi–Mo 10–17 Uhr.
Teppichmuseum, Atamurad Nijasow şayoli 158, Tel. 446809, So–Fr 10–8 Uhr, Mittagspause von 13–14 Uhr, Sa 10–15 Uhr, Mittagspause von 13–14 Uhr, Mo geschlossen.
Museum für Moderne Kunst, Alisher Navoi köçesi, Tel. 396142, Mi–Mo 9–18 Uhr.

2002 wurden viele Theater mit der Begründung geschlossen, Oper und Ballett gehörten nicht zur turkmenischen Tradition. Einzig das Russische Dramentheater Puschkin, das Nationale Drama-Theater Mollanepes und das Magtumguly-Theater spielen noch. 2003 wurde das neue Nationaltheater eröffnet, es widmet sich ausschließlich turkmenischer Kunst und Folklore. Ein ähnliches Schicksal erlitten die Kinos. Es gibt heute kein einziges herkömmliches Kino mehr in Ashgabat. Ein DVD-Kino im Yimpas-Kaufhaus zeigt Filme in englischer, russischer und türkischer Sprache. Die meisten Turkmenen kaufen die billig angebotenen DVDs und schauen sich die Filme zu Hause an.
Mollanepes-Theater, Magtumguly şayoli 79, Tel. 940407. Turkmenische Dramen.
Magtumguly-Theater, Shevchenko köçesi, Tel. 350564. Turkmenische Musik.
Puschkin-Theater, Magtumguly şayoli 142, Tel. 364281. Russische Theaterstücke.
Spielpläne können im Hotel oder bei lokalen Reiseveranstaltern erfragt werden.

Ashgabat hat eine ganze Reihe von **Märkten**. Jeder Stadtteil verfügt über einen Markt, der alle Dinge des täglichen Lebens anbietet.
Besonders zentral gelegen, nicht weit vom Grand Turkmen Hotel, ist der **Russische Basar** oder auch Gulustan-Basar. Der Name stammt noch aus dem 19. Jahrhundert, als hauptsächlich russische Händler hier ihre Waren angeboten haben. Hier werden auf zwei Etagen Lebensmittel, aber auch Kleidung, Elektrogeräte, Spielwaren und vieles mehr angeboten. Frischer, nicht in Dosen abgepackter Kaviar kann hier erworben werden.
Der **Tekke-Basar** westlich des Stadtzentrums eignet sich besonders zum Erwerb von Obst und Gemüse.
Die türkische Kaufhauskette Yimpas betreibt den größten Supermarkt der Stadt: **Yimpas Shopping Center**, Turkmenbashi şayoli 54; 9–23 Uhr. Im Erdgeschoss werden Lebensmittel westlichen Standards verkauft. Viele türkische Produkte liegen in den Regalen, aber auch Joghurt und andere Milchprodukte westlicher Hersteller. Im Obergeschoss wird neben Ramsch aus China alles mögliche verkauft, von Möbeln bis zu Kleidung und Spielzeug. Die Preise sind für turkmenische Verhältnisse exorbitant, dies ist wohl der Grund, weshalb das Kaufhaus manchmal wie ausgestorben scheint.
Das **Einkaufszentrum Altyn Asyr**, Görogly köçesi 77, gegenüber dem Hotel Grand Turkmen bietet Teppiche und Textilien an. Die Teppichläden sind lizensiert und liefern bei Kauf die für die Ausfuhr benötigten Papiere mit.
Souvenirs kauft man am besten auf dem **Tolkuchka-Basar** (→ S. 113).
Miras-Buchladen, Turkmenbaschi şayoli 29, nahe der Magtumguly Universität. Im größten Buchladen der Stadt kann man englischsprachige Bücher über turkmenische Geschichte, Archäologie, Kunst, Pferde, Schmuck, Teppiche und die Werke des verstorbenen und auch des neuen Präsidenten kaufen.

Die Umgebung von Ashgabat

Ashgabat ist ein guter Ausgangspunkt für eine Reihe von Ausflügen, sowohl zu den Naturschönheiten des Kopet-Dag-Gebirges als auch zu einigen interessanten Ausgrabungsstätten. Dabei ist der Begriff Umgebung zwangsläufig etwas weiter als üblich gefasst, denn durch den Mangel an touristischer Infrastruktur außerhalb der Städte ist es sinnvoll, auch weiter entfernte Ziele wie Geok Depe, Bakharly, die Feuerkrater bei Darwaza oder Altyn Depe von Ashgabat aus zu besuchen.

Kiptschak

In Kiptschak, dem Geburtsort des Jahr 2006 verstorbenen Präsidenten Nijasow, etwa 15 Kilometer nordwestlich von Ashgabat entfernt, wurde Ende 2004 die **größte Moschee Turkmenistans** fertiggestellt. Der prachtvolle Bau aus feinstem Marmor und Granit mit seiner imposanten, vergoldeten Kuppel wurde an der Stelle des Ortes errichtet, an der im Jahr 1948 die Mutter und zwei Brüder Turkmenbashis beim schwersten Erdbeben in der jüngeren Geschichte Turkmenistans ums Leben kamen.

Schon beim nächtlichen Landeanflug auf Ashgabat erweckt der riesige, in gleißendes Licht getauchte Bau den Eindruck, als sei soeben ein riesiges Ufo gelandet. Die goldene Kuppel ist 60 Meter hoch und hat einen Durchmesser von 50 Metern. Unterhalb der Kuppel sind 48 Fenster angeordnet, die das Jahr 1948, das Jahr des verheerenden Erdbebens, symbolisieren. Den Boden der Moschee schmückt ein riesiger, handgeknüpfter Teppich in Form des achteckigen Seldschukensterns, Säulen und Gesimse sind mit Sprüchen des Präsidenten aus seinem Buch ›Rukhnama‹ verziert. In der Moschee finden bis zu 20 000 Menschen gleichzeitig Platz.

Die vier Minarette der Moschee sind mit 91 Metern die höchsten Mittelasiens und stehen für das Jahr 1991 – das Jahr der Unabhängigkeit. Auch sie sind mit umlaufenden Sprüchen aus der Rukhnama verziert.

Kiptschak, die größte Moschee Turkmenistans

▲ Karte S. 119

Direkt neben der Moschee steht ein Mausoleum, in dem die Gebeine des Vaters, der Mutter und der beiden Brüder des Präsidenten beerdigt sein sollen. Im Inneren des Mausoleums sind vier Kenotaphe zu sehen, die die Namen der Vier tragen. Am 24.Dezember 2006 wurde hier unter großem Pomp Turkmenbashi – der erste Präsident Turkmenistans – beigesetzt.

Nisa

20 Kilometer westlich von Ashgabat, in der Nähe des Dorfes Bagir, liegt Nisa. Als hier 1930 gründliche archäologische Forschungen begannen, fand man heraus, dass es sich bei den Überresten um eine Residenz aus der Partherzeit handelt. Wahrscheinlich wurde Alt-Nisa im 2. Jahrhundert vor Christus besiedelt. Die Stadt trug zu jener Zeit den Namen

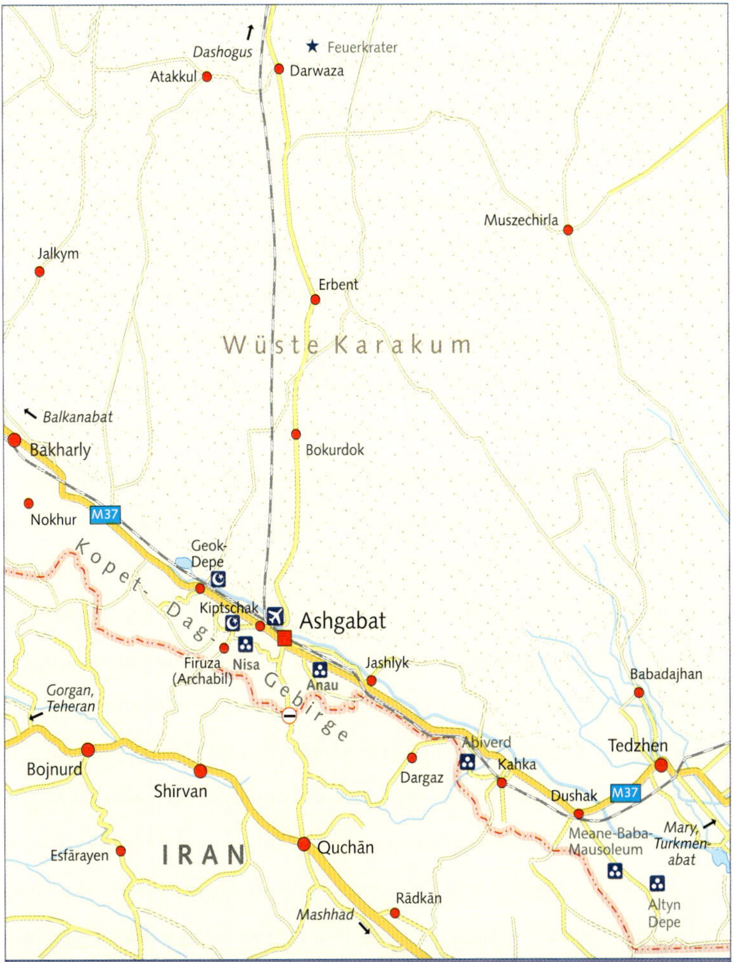

Die Umgebung von Ashgabat

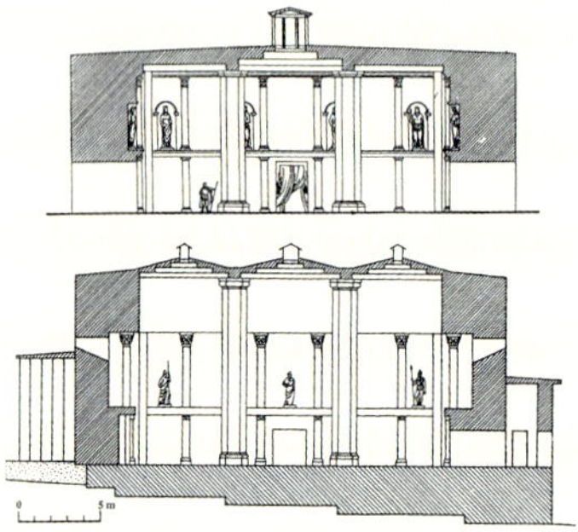

Rekonstruktionszeichnung der Quadrathalle

Mithridatkart, wie Schriftfunde belegen. Mithridates I. war der Name eines berühmten parthischen Königs, der 171 bis 138 vor Christus lebte. Bereits bei den ersten Grabungen zeigte sich, dass man es hier nicht mit einer gewöhnlichen Festung zu tun hatte. Die Anlage hat einen für Mittelasien ungewöhnlichen, fünfeckigen Grundriss, und es wurden mehrere luxuriöser Gebäude im hellenistischen Stil entdeckt.

Nisa wurde auf einem natürlichen Hügel errichtet. Acht bis neun Meter dicke Wälle aus Stampflehm (Pachsa) mit gewaltigen Wachtürmen umgaben die Siedlung. Bis heute ist nicht genau geklärt, wo sich die Tore befanden. Wahrscheinlich ist, dass es nur einen Eingang in der westlichen Mauer gab. Heute betritt man Alt-Nisa von Osten her. Im Zentrum der Festung befanden sich mehrere große Wasserbecken, deren Mulden noch zu sehen sind. Hierher wurde das Wasser von den Berghängen des Kopet-Dag-Gebirges geleitet und gesammelt. Direkt dahinter befand sich der Tempelkomplex. Im Norden lag die Wohnsiedlung mit Werkstätten und Lagerhäusern.

Noch ist nicht ganz klar, zu welchem Zweck Nisa gebaut worden ist. Es könnte sich um eine Nekropole parthischer Könige oder um eine königliche Residenz gehandelt haben. Hinzu kommt die neuere These, dass Nisa ein Kultzentrum war, das der Untermauerung der Vorstellung von der göttlichen Abstammung der parthischen Herrscherdynastie – die parthischen Könige sahen sich selbst als Brüder von Sonne und Mond – diente. Sehr wahrscheinlich ist eine Synthese aller Vermutungen. Seit Mitte der neunziger Jahre graben italienische, russische und turkmenische Archäologen in jährlichen Kampagnen intensiv in Nisa. Konnte man vor einigen Jahren nur mit viel Phantasie erahnen, welche Pracht sich einst hier entfaltete, kommen jetzt immer mehr Details ans Licht. Man hat begonnen, einige Gebäude wieder zu rekonstruieren, so dass der heutige Besucher schon einen recht guten Eindruck von der Partherresidenz Nisa erhält.

Tempelkomplex

Der Tempelkomplex bestand aus mehreren Gebäuden. Ein wichtiges Gebäude war die ›Quadrathalle‹. Der Bau hatte eine Seitenlänge von 29 mal 36 Metern, und die Mauern waren etwa fünf Meter dick. In der Fassade befanden sich acht fensterartige Öffnungen, im Inneren des Baus der sogenannte ›Quadratraum‹ mit einer Grundfläche von 400 Quadratmetern. Die Wände schmückten im unteren Teil Halbsäulen, im oberen Teil standen bis zu zwei Meter hohe, mehrfarbige Tonstatuen in Nischen. Der obere Wandteil war hellrot ausgemalt, Farbreste belegen dies. Bei Ausgrabungen fand man einen besonders schönen, helmgeschmückten Männerkopf aus Ton, der sehr an hellenistische Vorbilder erinnert. Forscher nehmen an, dass die ›Quadrathalle‹ Zeremonienzwecken diente. Die Statuen stellten sowohl Männer als auch Frauen dar. Wahrscheinlich handelte es

▶ Karte S. 119

sich um synkretistische Gottheiten, denen die parthischen Könige huldigten.
In südwestlicher Richtung schloss sich ein turmähnliches Gebäude an. Ein säulengeschmückter Eingang führte durch zwei düstere, mit kleinen Fensterschlitzen nur spärlich beleuchtete Korridore zur Mitte. Hier erhob sich eine große Plattform aus Adobeziegeln von 20 mal 20 mal 7 Metern, auf der sich einst die wichtigsten Tempelräumlichkeiten befanden. Unmittelbar daneben befinden sich die Überreste der ›Runden Halle‹. Der Raum hatte einen Durchmesser von 17 Metern, und die Wände waren weiß gekalkt. Ähnlich wie im ›Quadratraum‹ standen in der zweiten Reihe Terrakottafiguren, wie Funde belegen. Obwohl es wahrscheinlich ist, dass auch dieser Raum kultischen Handlungen diente, kann bis heute nicht gesagt werden, ob es sich um einen Tempel, ein Mausoleum oder einen Platz zur Heldenverehrung handelte.

Königspalast

Der griechische Gelehrte Philostrat (170–245) schrieb über den Königspalast: »Sein Dach war mit Kupfer gedeckt und leuchtete hell. Im Inneren waren Räume für Männer und Räume für Frauen und Portiken, die von Gold- und Sil-

Säulenfundamente in der Quadrathalle

Einige Gebäude wurden rekonstruiert

berverzierungen strahlten. Tafeln aus reinem Gold waren wie Bilder in die Wände eingelassen. Es gab Stickereien, die Motive aus der griechischen Mythologie und den griechisch-persischen Kriegen abbildeten. Einer der Räume für Männer hatte eine Kuppeldecke, die das Himmelsgewölbe nachahmte. Die Kuppel war vollständig mit blauen Kacheln ausgekleidet, deren Farbe und Strahlenglanz an den Himmel gemahnte.«
Bis heute ist unklar, wo sich dieser Palast befunden haben könnte, denn in keinem der bisher untersuchten Gebäude ließen sich Räumlichkeiten ausmachen, welche königliche Gemächer gewesen sein könnten.

Großes Quadrathaus

Im Norden des Komplexes befand sich einst das ›Große Quadrathaus‹. Um einen Innenhof lagen 20 gleich große Räume. Offensichtlich diente das Gebäude einst als Schatzkammer. Es gab nur einen einzigen versteckten Eingang. Im Inneren der Räume standen entlang der Wände Regale aus Adobeziegeln, die wahrscheinlich der Aufbewahrung von Geschenken an den Tempel oder als königliche Schatzkammer dienten. War ein

Raum gefüllt, wurde er von den Wärtern mit Ziegeln verschlossen. In den Ruinen der ›Schatzkammer‹ machten Archäologen bei Ausgrabungsarbeiten 1948 einen sensationellen Fund. Sie fanden etwa 40 Rhyta (Singular Rython), große zeremonielle Trinkhörner aus geschnitztem Elfenbein, verziert mit hellenistischen Darstellungen aus dem Dionysos-Kult, mit Göttern und Göttinnen vom Olymp, aber auch mit Fabelwesen und Tiermenschen, die an den Stil der Achämeniden und die Steppenkultur erinnern. Noch bevor man die Rhyta in Sicherheit bringen konnte, wurden viele während des schweren Erdbebens von 1948 zerstört. Heute sind die meisten wieder restauriert und können im Nationalmuseum in Ashgabat besichtigt werden.

Weinkeller

Östlich der ›Schatzkammer‹ befand sich der Madustan (parthisch für ›Weinkeller‹). Große Tonkrüge, sogenannte Chum, wurden im Boden eingegraben. Sie konnten mehrere hundert Liter Wein fassen. Über Lieferung und Verbrauch des Weines wurde akribisch Buch geführt. Kenntnis davon geben über 2500 beschriftete Tonscherben, sogenannte Ostraka, die in Nisa gefunden wurden. In aramäischer Schrift wurde Lieferdatum, Lieferant und Menge des Weines vermerkt. Diese Ostraka stellen das älteste bisher bekannte ›Literaturdenkmal‹ Mittelasiens dar und geben der Forschung wertvolle Details über die Ökonomie, Kultur und Geschichte.

Firuza-Schlucht

▶ Karte S. 119

Ein beliebtes Ausflugsziel der Hauptstädter ist die 27 Kilometer westlich von Ashgabat gelegene Firuza-Schlucht am Fuße der Kopet-Dag-Berge. Kühle, klare Gebirgsbäche fließen durch die malerischen Canyons. Besonders im Sommer entfliehen die Bewohner Ashgabats der mörderischen Hitze der Stadt und kommen hierher, um Picknicks zu veranstalten, zu wandern oder auszureiten. Im fünf Kilometer entfernten Gestüt des Dorfes Vanovskiy ist es möglich, Achal-Tekkiner-Pferde für einen Ausritt auszuleihen. Zu Sowjetzeiten war die Schlucht ein bevorzugtes Ziel für Leistungssportler, die sich hier in Trainingslagern auf ihre Wettkämpfe vorbereiteten. Kletterrouten unterschiedlicher Schwierigkeitsgrade in den Felsen der Schlucht zogen Bergsteiger an, um hier zu trainieren.

Im **Dorf Firuza,** welches vor einigen Jahren in **Archabil** (Archa ist der Wacholderbaum) umbenannt worden ist, gibt es viele Hotels mit Swimmingpools, Saunen, Tennisplätzen, Cafés und Restaurants. Eine besondere Attraktion des Dorfes ist der angeblich größte Baum Mittelasiens, der ›Chinar‹. Sieben einzelne Stämme vereinen sich zu einem Stamm mit einem Durchmesser von vier Metern, weshalb er auch ›Sieben Brüder‹ genannt wird. In einem der Täler befindet sich die Präsidentendatscha.

Die Moschee von Geok Depe

Der unterirdische Köv-Ata-See in Bakharly

Geok Depe

Auf halber Strecke zwischen Ashgabat und Bakharly liegt das kleine Dorf Geok Depe (Grüner Hügel). Hier standen sich im Jahre 1881die Truppen des russischen Zaren unter Führung von General Michael Skobeljev und die vereinten Kampfverbände der turkmenischen Stämme gegenüber.

Nachdem die zaristischen Truppen 1879 in einem ersten Gefecht von den turkmenischen Kampfverbänden besiegt worden waren, entschied sich der ›Weiße General‹ Skobeljev (er trug im Gefecht immer eine weiße Uniform) für eine Belagerung des Forts Geok Depe, die 23 Tage andauerte. Da die massiven Mauern des Forts durch die russische Artillerie nicht zu durchbrechen waren, ordnete der General den Bau eines Tunnels unter den Mauern an. Am 12. Januar 1881 brachten die Russen eine Mine zur Detonation und rissen damit ein gewaltiges Loch in die Mauer. Das Fort wurde gestürmt, und in dem darauf folgenden brutalen Gemetzel fielen etwa 15000 Turkmenen, darunter viele Kämpfer, aber auch eine große Zahl Zivilisten (→ S. 48). Das Fort Geok Depe wurde geschliffen. In der Sowjetära gehörte das Gelände zu einer Kolchose. Nach der Unabhängigkeit und dem damit verbundenen Drang, ein nationales Bewusstsein zu schaffen, wurden die Reste der Festung zu einem Platz nationaler Heldenverehrung. Präsident Nijasow ließ hier eine große Moschee mit blauen Kuppeln errichten, die den Namen ›Saparmurat-Hadj-Moschee‹ trägt. Diesen Namen erhielt die Moschee, nachdem Turkmenbashi Mitte der neunziger Jahre an einer Hadj (Pilgerfahrt) nach Mekka teilgenommen hatte.

Bakharly

Etwa 150 Kilometer westlich von Ashgabat liegt Bakharly, ein kleines Dorf am Fuße der Kopet Dag-Berge. Bekannt ist der Ort für den unterirdischen See **›Köv Ata‹** mit seinem heißen Thermalwasser. Der Eingang zur Höhle liegt am Fuße eines Hügels. Hölzerne Treppen führen etwa 65 Meter steil hinunter zum See. Die Luft ist mit Schwefelgeruch angefüllt. Gegen ein für Ausländer überteuertes Eintrittsgeld ist es möglich, im See zu baden. Am Höhleneingang befinden sich Umkleidekabinen. Bis vor wenigen Jahren war die Höhle der Schlafplatz einer großen Fledermauspopulation. Inzwischen nimmt die Anzahl der Besucher ständig zu, und kleine Restaurants, Schaschlikbratereien und Cafés wurden eröffnet. Besonders an den Wochenenden kommen die Hauptstädter hierher, um zu baden und zu entspannen. Seitdem die Besucherzahl stark angestiegen ist, sind die Fledermäuse fast verschwunden. Für Herzkranke ist ein Bad im See nicht zu empfehlen.

Nokhur

Das Dorf Nokhur liegt im Südwesten Turkmenistans, in den Tälern des Kopet-Dag-Gebirges, etwa 180 Kilometer von Ashgabat entfernt. In Nokhur haben sich für Turkmenistan einzigartige Sitten und Gebräuche erhalten. Die Bewohner behaupten von sich selbst, Nachfahren der makedonischen Eroberer zu sein. Tatsächlich kann man hier hellhäutigen Menschen mit blauen Augen und rötlichen Haaren begegnen.

In der isoliert im Kelet-Tal gelegenen Siedlung leben etwa 5000 Bewohner, viele noch in Häusern, die in traditioneller Lehmbauweise errichtet wurden. Die Häuser haben die für Mittelasien typischen Iwane (dreiseitige Höfe oder Terrassen), geschmückt mit Holzsäulen, deren Kapitelle in Form von Hörnern geschnitzt sind. An Stangen befestigte Bergziegenschädel sollen die Höfe und deren Hausbewohner vor schlechten Einflüssen bewahren.

Ein besonders beeindruckendes Zeugnis der außergewöhnlichen Kultur ist der örtliche Friedhof. Hunderte verwilderte Grabhügel sind zu sehen, jeder schmückend und schützend bestückt mit möglichst großen und imposanten Gehörnen von Bergziegen, welche an einfachen Holzpfählen befestigt sind. Überwiegend weiße, um die Pfähle gewickelte Bänder zeugen von den Besuchen der Verwandten am Grab des Verstorbenen. Das Betreten des Friedhofes durch Besucher ist nicht erwünscht, aber auch von außerhalb hat man einen guten Überblick über die Begräbnisstätte.

Auf dem Friedhof von Nokhur

Kyz Bibi

Etwas oberhalb des Friedhofes befindet sich die muslimische Pilgerstätte Kyz Bibi. Für die Pilger, die aus dem ganzen Land hierherkommen, wurde eine Chanaka (Pilgerherberge) errichtet. Hier können die Pilger schlafen und essen, wenn sie bei den oft mehrtägigen Besuchen vor Ort verweilen.

Das eigentliche Ziel der Besucher ist eine Höhle, die über einen schmalen Pfad, vorbei an einem heiligen Baum, der mit zahlreichen bunten Wunschbändern versehen ist, erreicht werden kann. Der Legende nach lebte Kyz Bibi, in der vorislamischen Zeit die Schutzgöttin der Frauen und Göttin der Fruchtbarkeit, in

▶ Karte S. 119

dieser Höhle. Deshalb verwundert es nicht, wenn heute besonders Frauen diesen Ort aufsuchen, deren Wunsch nach Kindern bisher unerfüllt blieb.

Die Umgebung von Nokhur ist landschaftlich außerordentlich reizvoll. Vier malerische Wasserfälle, deren Größe jahreszeitlich bedingt stark schwankt, können während eines Tagesausfluges besucht werden. Allerdings ist ein solcher Ausflug nur mit einem Geländewagen und einem ortskundigen Führer möglich. Die Pisten sind nicht gefährlich, aber Vorsicht ist immer geboten, denn nach Regenfällen kann es auch zu Bergrutschen kommen.

Karakala-Reservat

In der Nähe liegt das Karakala-Reservat, eines der bedeutendsten Schutzgebiete für den Persischen Leoparden. Unterstützt wird dieses Projekt vom World Wildlife Fund.

In dem Naturschutzgebiet sind 37 Arten Säugetiere und 217 verschiedene Vogelarten zu Hause. 150 der hier beheimateten Pflanzen sind endemisch, also nur in diesem Gebiet vorkommend. Für einen Besuch sollten mindestens zwei Tage eingeplant werden. Eine spezielle Genehmigung ist erforderlich, die 14 Tage vor dem geplanten Besuch beantragt werden muss. Die Reiseagenturen in Ashgabat helfen hier weiter.

Mädchen in Nokhur

i Nokhur

Candybill Turbaza, einfaches Gästehaus, 10 km von Nokhur, Buchung über ›Stantours‹ in Ashgabat, Tel. 0993/12/397027 oder 0993/12/348115, stantours@gmx.net. Preis pro Person: 17 US-Dollar inklusive Frühstück, Vollpension kann gebucht werden.

Es gibt mehrere Familien, die Privatunterkünfte anbieten. Es empfiehlt sich, im Voraus zu buchen. Am besten wendet man sich an die Agentur ›Owadan‹ in Ashgabat, Tel. 0993/12/930748, Fax 930486, trowadan@online.tm. Das englischsprechende Personal hilft gerne weiter.

Bokurdok

An der Straße nach Erbent und Dashogus liegt etwa 90 Kilometer von Ashgabat das Dorf Bokurdok inmitten der Wüste Karakum. Das Dorf ist Teil eines Projektes des Bundesministeriums für wirtschaftliche Zusammenarbeit und Entwicklung. Hier wird mit einfachen Mittel versucht, dem Fortschreiten der Versandung von Dörfern und landwirtschaftlichen Flächen Einhalt zu gebieten (siehe auch → S. 22).

Oase Erbent

Drei Stunden Autofahrt von Ashgabat entfernt, an der Straße nach Dashogus, liegt die Oase Erbent. Die hier siedelnden Tekke haben sich ihre traditionelle Lebensweise bis heute zum großen Teil erhalten. Die Bewohner der Oase leben

Volksfest in Erbent

in einstöckigen Häusern aus Lehmziegeln, neben nahezu jedem Haus steht auch noch eine Jurte.
Erbent ist für die Herstellung von Filzprodukten besonders hoher Qualität bekannt.

Ein Feuerkrater in der Wüste

In der Nähe der ehemaligen Siedlung Darwaza, nördlich von Erbent, ist inmitten der Wüste Karakum eine besondere Attraktion zu bewundern. Auf der Suche nach Erdgas wurden hier in den siebziger Jahren Erkundungsarbeiten ausgeführt. Das Gestein an der Bohrstelle war instabil und stürzte während dieser Arbeiten ein. Es entstand ein Krater mit einem Durchmesser von etwa 200 Metern und einer Tiefe von zirka 50 Metern. Aus hunderten Spalten im Gestein tritt Erdgas aus. In den folgenden Jahren verendeten viele Tiere in der Umgebung des Kraters. Entweder starben sie an Gasvergiftungen, oder sie stürzten in den Krater, der bis an die Abbruchkante bewachsen ist. Später entzündete sich das ausströmende Gas, warum weiß niemand mehr genau. Am wahrscheinlichsten ist die Geschichte vom Viehhirten, der, um weitere Verluste in seinen Herden zu vermeiden, einen brennenden Autoreifen in den Krater warf. Sofort entzündeten sich an den Austrittsstellen des Gases Feuer, die bis heute brennen. Seither halten sich die meisten Tiere vom Krater fern. Es wurden bislang keine Versuche unternommen, die Feuer zu löschen.
Besonders in der Nacht bietet der brennende Krater ein gigantisches Schauspiel. Bereits aus einigen Kilometern Entfernung ist der Feuerschein zu sehen. An der Abbruchkante stehend könnte man meinen, direkt in die Hölle zu blicken. Hunderte, vielleicht auch tausende kleine und größere Feuer lodern.
Der Weg zum Krater ist nur mit einem geländegängigen Fahrzeug zu bewältigen, und ein ortskundiger Führer sollte unbedingt dabei sein. In der gesamten Umgebung des Kraters gibt es keine Übernachtungsmöglichkeiten, aber Zelten ist erlaubt. Das Camp muss allerdings wegen möglicher ausströmender Gase und Funkenflug in sicherem Abstand zum Krater errichtet werden. Bei der Auswahl des Lagerplatzes unbedingt auf die Windrichtung achten!

▶ Karte S. 119

Anau

15 Kilometer südöstlich von Ashgabat liegt Anau, am Fuße des Kopet-Dag-Gebirges. 1904 grub der amerikanische Archäologe Raphael Pumpelli hier. Seine Forschungen brachten zutage, dass dieses Gebiet bereits im 4. Jahrtausend vor Christus besiedelt war. Die beiden Hügel Anau I und Anau II können besichtigt werden, viel ist allerdings nicht zu sehen. Östlich der neolithischen Siedlung liegen die Ruinen der mittelalterlichen Stadt Anau, damals als Bagabad bekannt. In der Timuridenzeit war Anau eine größere Stadt mit eigener Zitadelle. Berühmt war ihre Moschee, die sich mit den prächtigen Moscheen Bucharas durchaus messen konnte. Laut überlieferten Inschriften an der Fassade und im Inneren wurde die Moschee in den Jahren 1455/56 errichtet. Zu jener Zeit herrschte Abdulkasim Babur über Chorasan. Finanziert wurde der Bau der Moschee von seinem Gouverneur Muhammad Khudaidot, der diesen Standort nahe dem Grab seines Vaters, Scheich Dschamaleddin, auswählte. Die Moschee war Teil eines großen religiösen Komplexes mit einer Trauerhalle, einem Kloster für Sufi-Mönche, Räumen für Pilger und einer Medrese.

Brennendes Gas in der Wüste bei Darwaza

Die Ruinen von Anau

Gebaut wurde die Moschee auf den Ruinen der ehemaligen Festung. Die Hauptfassade bildete ein 21 Meter hoher Pischtak, den zwei Minarette krönten. Hinter dem Portal befand sich ein quadratischer Saal (10,5 mal 10,5 Meter), den eine flache Kuppel überdachte und der von einer dreiseitigen Säulenhalle umgeben war. Besonders bemerkenswert aber war die Ausschmückung des Portalbogens. Auf dem Tympanon waren auf blauem Grund zwei schwarzweiße Drachen abgebildet. Die Köpfe der Drachen mit ihren gelockten Mähnen waren einander zugewandt, die Körper schlangenförmig dargestellt. Jeder Drache zeigte vier mit Krallen bestückte Klauen. Die Rückenzacken der Tiere waren honiggelb. Die langen, herausgestreckten Zungen verbanden sich wunderbar mit dem floralen Muster, das die Drachen umgab.

Bereits gegen Ende des 19. Jahrhunderts begann der Verfall der gesamten Anlage durch Erdbeben, Bodenerosion und kriegerische Auseinandersetzungen. 1948 wurde die Moschee durch das große Erdbeben vollends zerstört. Das Tympanon mit dem Drachenmosaik stürzte aus einer Höhe von mehreren Metern herab und zerbrach in viele Teile. Die Trümmer der einstürzenden Mauern begruben die Reste des Mosaikes unter einer drei Meter hohen Schuttschicht. Nur einige wenige Fragmente konnten geborgen werden.

Mit Hilfe des amerikanischen ›Cultural Preservation Fund‹ wurden 2001 bis 2002 die Trümmer systematisch geräumt und weitere Reste des Mosaiks geborgen. Etwa 30 Prozent konnten gefunden werden. Die Teile sollen demnächst in einer Ausstellung nahe der Moschee gezeigt werden. Letzten Berichten zufolge gibt es bereits Pläne, die Moschee komplett wieder aufzubauen.

Auf dem Platz vor der Moschee stehen zwei gemauerte **Kenotaphe** (Erinnerungsgrabmale), die keiner bestimmten Person zugeordnet werden können. Rechts vom Hauptportal befindet sich das kleine **Mausoleum von Scheich Dschamaleddin,** das häufig von Pilgern besucht wird. Vor allem Frauen, die um Nachwuchs bitten, kommen hierher. Kleine Wiegen und Babyutensilien werden auf den Mauern des Mausoleums abgelegt und Wunschbänder angeknüpft. Rund um das Mausoleum führt

Die Reste der großen Moschee von Anau

Das Mausoleum von Scheich Dschamaleddin mit Gaben von Pilgerinnen

ein gut sichtbarer Pilgerpfad, der dreimal abgeschritten werden muss, soll der Wunsch in Erfüllung gehen. Am Fuße des Hügels gibt es heute wieder eine Pilgerherberge mit Kochstellen und Ruheplätzen für die Gläubigen.

Nur wenige Meter von den Ruinen der Moschee entfernt können die **Überreste einer Sardoba** aus dem Jahre 1456 besichtigt werden. Das Reservoir konnte 300 Kubikmeter Wasser fassen.

In einer Legende wird erzählt, wie es zum Bau der Moschee kam: Anau war einst eine blühende Stadt und wurde von einer gütigen Königin regiert. Am Eingang zu ihrem Palast befand sich eine große Glocke, die jeder, der sich in Gefahr befand oder Hilfe benötigte, läuten durfte. Eines Abends begannen die Glocken laut zu klingen. Die Königin schickte einen Boten zum Tor, der nachschauen sollte, was passiert war. Das Tor wurde geöffnet, und der Bote erschrak. Vor dem Tor saß ein riesiger Drache. Schnell lief der Bote zurück zu seiner Herrin und berichtete. Die mutige Königin begab sich zum Tor und fragte den Drachen nach seinem Begehr. Der Drache berichtete, dass seine Drachen-

▶ Karte S. 119

frau eine Ziege verschluckt habe. Die Ziege war mit ihren Hörnern im Rachen der Drachenfrau steckengeblieben, und sie drohe zu ersticken. Daraufhin sandte die Königin starke Männer in die Berge, um ihr zu helfen. Mit ihren Werkzeugen gelang es den Männern, die Ziege aus dem Schlund der Drachenfrau zu entfernen und sie so vor dem sicheren Tod zu bewahren. Aus Dankbarkeit über die Rettung schenkten die Drachen der Königin einen großen Schatz. Die gütige Königin beschloss, zum Andenken an diese Begebenheit eine prachtvolle Moschee zu errichten. Seitdem sind Menschen und Drachen Freunde.

Die Ruinen von Abiverd

In der Region um **Kahka** wurden mehr als 200 historische, archäologische und architektonische Monumente gemacht und ausgegraben. Die Orte Abiverd, Namazga-Depe, Altyn Depe, Ak Depe und Gara Depe sind die ältesten Plätze, an denen Menschen 5000 bis 2000 Jahre vor Christus in dieser Region siedelten, Ackerbau und Viehzucht betrieben und exzellente Handwerker hervorbrachten.

Einige Kilometer westlich von Kahka befinden sich die Ruinen der Stadt Abiverd. Sie sind von der Straße nach Ashgabat aus gut zu sehen.

Abiverd, früher auch unter den Namen Baverd, Pavart oder Peshtak bekannt, war einst ein bedeutendes Handelszentrum an der Seidenstraße zwischen Nisa und Merw. Außerdem bestand eine Verbindung ins südliche, jenseits des Kopet-Dag-Gebirges gelegene Nischapur.

Alte Quellen beschreiben Abiverd als ›Stadt der fruchtbaren Felder und reichen Ernten, berühmt für ihre prachtvollen Basare und Moscheen‹.

Die Stadt, die über ein ausgeklügeltes Wasserversorgungssystem, ein eigenes Münzwesen und über hervorragende Handwerker, besonders bekannt für ihre Keramikprodukte, verfügte, wurde 1221 von den Mongolen überfallen und nahezu zerstört. Nach diesem Angriff konnte Abiverd nie mehr zu alter Größe zurückfinden.

Ausgrabungen brachten Funde zutage, die die einstige Bedeutung der Stadt bestätigen. Die Ruinen der Stadtmauer und der Zitadelle, die der Besucher heute zu sehen bekommt, lassen vom früheren Glanz kaum noch etwas erahnen.

Meane-Baba-Mausoleum bei Dushak

In der Nähe des kleinen Ortes Dushak steht das Mausoleum von Abu Said Makneyi. Es wurde im 11. Jahrhundert unter der Herrschaft der Seldschuken über dem Grab dieses berühmten Sufisten und großen Philosophen erbaut. Die Doppelkuppel des Bauwerkes ist ein bemerkenswertes architektonisches Zeugnis dieser Epoche. Im 15. Jahrhundert wurde das Mausoleum renoviert, aber große Teile der originalen Konstruktion blieben erhalten. Das Innere ist mit arabischen Inschriften dekoriert, und das Portal ist mit mehrfarbigen Mosaiken ausgelegt.

Die Reste der Stadtmauer von Abiverd

Die heutige Wissenschaft geht davon aus, dass Abu Said Makneyi zwischen 968 und 1049 gelebt hat. Geboren wurde er in der Stadt Makneyi, die an der Handelsroute Abiverd–Seraghs lag. Sein Vater war ein wohlhabender Gewürzhändler, der seinem Sohn bereits seit frühester Kindheit eine sehr gute Ausbildung ermöglichen konnte. Mit zwölf Jahren soll er in der Lage gewesen sein, 3000 Zeilen in arabischer Schrift wiederzugeben. Er studierte unter anderem in Merw und Seraghs, seine Lehrer waren berühmte Persönlichkeiten wie Abu Zahir und Abul Fazil. Nach vielen Jahren des Lernens kehrte er nach Makneyi zurück und spielte eine bedeutende Rolle im politischen und spirituellen Leben der gesamten Region. Die Seldschukenherrscher Togrul Beg und Chagry Beg baten um seine geistige Unterstützung beim ihrem Kampf gegen die Ghaznawiden.

Über sein Leben und Wirken existieren viele Geschichten, so zum Beispiel diese Begebenheit: Eines Tages war Abu Said in der Moschee zu Nishapur. Plötzlich betrat der berühmte Gelehrte Abu Ali Ibn Sina (bei uns bekannt als Avicenna) die Moschee. Die beiden trafen sich und begannen ein Gespräch, das drei Tage währte. Als Abu Said die Moschee verlassen wollte, trat ein Mann an ihn heran und fragte: ›Wie findest Du Ibn Sina?‹ Er antwortete: ›Ibn Sina weiß alles, was ich sehe.‹ Auf dieselbe Frage, gestellt an Ibn Sina, antwortete dieser: ›Abu Said sieht alles, was ich weiß.‹

Altyn Depe

Archäologische Ausgrabungen der Karakum-Expedition des Archäologischen Institutes der Akademie der Wissenschaften der UdSSR zwischen 1970 und 1980 ließen im Süden des heutigen Turkmenistans Ruinen von Städten ans Licht der Welt treten, die bereits 2100 Jahre vor Christus existierten. Funde deuten auf enge Verbindungen mit dem altorientalischen Kulturkreis, aber auch mit der Harappa-Kultur im Indus-Tal hin. Heute liegt Altyn Depe (Goldener Hügel) in einem Wüstengebiet, aber vor 4000 Jahren war diese Region bewässert und bewirtschaftet. Die Bewohner lebten in Wohlstand, der auf Ackerbau, Viehzucht und Handwerk basierte. Das Wasser für die Felder wurde über Kanäle geleitet, die aus den Flüssen im Gebirge gespeist wurden.

Die Stadt selbst, heute ein riesiger Hügel mit einer Fläche von 46 Hektar und einer Höhe von 22 Metern, stellte ein für damalige Verhältnisse fortschrittliches, komplexes Stadtgebilde dar. Die Ausgrabungen ließen ein ›Handwerksviertel‹, ein ›Adelsviertel‹ und einen großen Kultkomplex zutage treten.

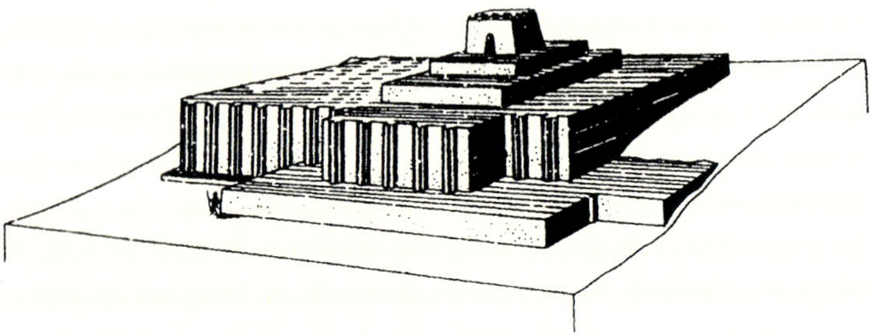

Rekonstruktionszeichnung der Stufenturms von Altyn Depe

▲ Karte S. 119

Freunde

Im **Handwerksviertel** wurden zahlreiche, zweietagige Töpferöfen gefunden. Die Reste der Gefäße lassen auf einen besonders hohen Entwicklungsstand dieses Handwerks schließen. Die engen Gassen des Handwerkerviertels stehen im krassen Gegensatz zur großzügigen Anlage des ›Adelsviertels‹. Geräumige, planmäßig angelegte Häuser mit einer Grundfläche von 70 bis 100 Quadratmetern und wertvolle Grabbeigaben zeugen vom Wohlstand der Bewohner.

Im **Kultzentrum** von Altyn Depe wurden die Reste einer gewaltigen Zikkurat (Stufenturm) ausgegraben. Das zentrale Gebäude hatte vier Stufen, insgesamt eine Höhe von 12 Metern und eine Seitenlänge von 26 Metern. Wahrscheinlich war diese Anlage dem männlichen Mondgott in der Erscheinungsform des Stieres geweiht. Die Ähnlichkeiten in der Architektur der Tempelanlage und der Fund eines goldenen Stierkopfes mit einem halbmondförmigen Türkis auf der Stirn deuten auf enge kulturelle Verbindungen mit Mesopotamien hin. Der Stufentempel folgt deutlich dem Vorbild der Zikkurate in Alt-Sumer, und die Darstellung des Mondgottes in Form eines Stieres ist ebenfalls aus Mesopotamien bekannt.

Im 18. bis 17. Jahrhundert vor unserer Zeit hörte die Stadt auf zu existieren – ohne erkennbare Spuren von Katastrophen oder Überfällen. Über die Ursache besteht Unklarheit. Möglicherweise führte Wassermangel zu einer Abwanderung in andere Gebiete, vielleicht gab es auch innere soziale oder ökonomische Spannungen. Aber auch das Auftauchen von Viehzüchterstämmen in Mittelasien zu jener Zeit könnte die Menschen von Altyn Depe zur Aufgabe ihrer Stadt veranlasst haben.

Im Welayat Balkan findet man die Zentren der turkmenischen Öl- und Gasindustrie ebenso wie antike Ausgrabungen und aus dem Nichts gestampfte Erholungsressorts am Kaspischen Meer.

Balkanabat und Umgebung

Balkanabat

Balkanabat ist die Hauptstadt des Welayates Balkan im Westen des Landes. Die Stadt ist jung, sie wurde erst vor 60 Jahren unter dem Namen Nebit Dag gegründet. 1874 wurde in der Umgebung Öl gefunden und eine kleine Raffinerie gebaut. Die Konkurrenz aus Baku (Aserbaidschan) war aber so groß, dass sie gleich darauf geschlossen wurde und 50 Jahre außer Betrieb blieb. Heute ist Balkanabat wieder ein Zentrum der Ölindustrie.

Die Stadt bietet wenig Sehenswertes, aber dient Touristen als Ausgangspunkt für Besichtigungen in Dekhistan oder Trekkingtouren in die nahegelegenen Balkanberge.

Balkanabat

Vorwahl: aus dem Ausland 0993/222 + Teilnehmernummer, innerhalb Turkmenistans 800/222 + Teilnehmernummer.

Der kleine Flughafen befindet sich 2 km außerhalb der Stadt. Es gibt drei Flüge pro Woche von und nach Ashgabat, am Dienstag, Donnerstag und Samstag. Das **Buchungsbüro** befindet sich im Stadtzentrum in der Magtumguly şayoli, Tel. 33525.

Täglich fährt ein Zug nach Turkmenbashi und zwei Züge nach Ashgabat, von denen einer nach Dashogus weiterfährt.

Busse, Minibusse und Taxis fahren vom Bahnhofsvorplatz mehrmals täglich Richtung Ashgabat und Turkmenbashi.

Hotel Nebitchi, Kvartal 198, Tel. 453-65/40, Fax 45339. Überraschenderweise gibt es in Balkanabat ein 5-Sterne-Hotel. Es verfügt über geräumige Luxuszimmer und mehrere Restaurants und eine Bar, die sehr schmackhaftes Essen anbieten. Für die Gäste des Hotels stehen Swimmingpool, Sauna, Tennisplatz, Wäscherei und Internet zur Verfügung. Die Zimmerpreise sind hoch, für Einzel- und Doppelzimmer müssen 70–100 US-Dollar be-

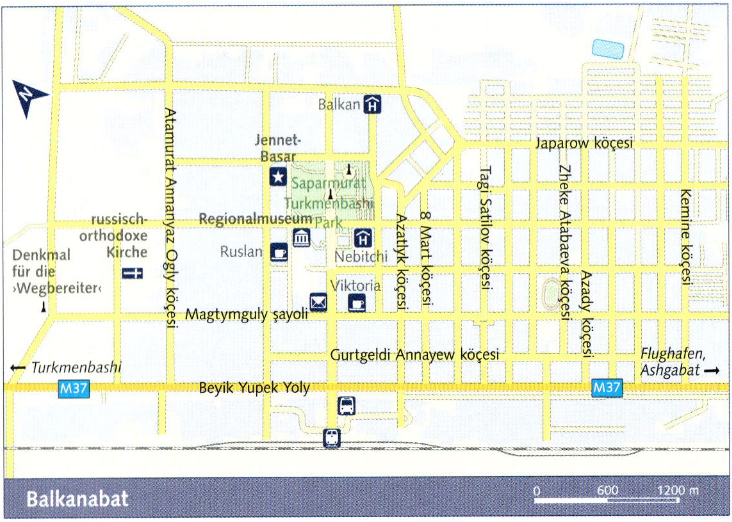

zahlt werden. Bei Buchung über eine Reiseagentur sind die Preise deutlich niedriger.

Hotel Balkan, Kvartal 225, Tel. 43293. Das Hotel ist klein und dunkel und ähnelt eher einem Gästehaus, aber die Zimmer sind annehmbar. In nächster Zeit soll eine Renovierung erfolgen. Es gibt einen schönen Garten. Die Preise liegen zwischen 30 und 60 Dollar, aber sie sind verhandelbar.

Wer nicht im Hotel Nebitchi essen möchte, kann das kleine private **Kafe Viktoria**, Kvartal 197, Tel. 40306, probieren. Das Lokal hat nur vier oder fünf Tische, ist aber sehr gemütlich. Es wird hauptsächlich sehr wohlschmeckende russische Küche angeboten. Das Lokal ist von außen nicht gekennzeichnet, es ist in einem kleinen Haus direkt neben dem ehemaligen Kino untergebracht. Im Sommer kann man gut draußen sitzen.

Das **Kafe Ruslan** liegt westlich des Zentrums im Kvartal 200, Tel. 44007. Es bietet ebenfalls gute russische und einheimische Küche sowie Pizza.

Der **Nachtclub Titanic** im Kvartal 199 bietet eine Disco und eine Bar.

Der **Jennet-Basar** nordwestlich des Hotels Nebitchi ist der Hauptbasar in Balkanabat. Jedes Wochenende findet außerhalb ein großer Basar statt, westlich der Stadt am Fuße der Berge Balkan.

Gözli Ata

Etwa 160 Kilometer nördlich von Balkanabat in Richtung Kara-Bogaz-See liegt inmitten der Wüste eine der heiligsten Pilgerstätten Turkmenistans. Von der Asphaltstraße führt eine etwa neun Kilometer lange Sandpiste (ausgeschildert) hin zu den Mausoleen, die inmitten eines Canyons aus orangerotem Kalkstein liegen. Gözli Ata war ein berühmter Sufi-Lehrer des 12 Jahrhunderts. Er bereiste viele arabische Länder und gründete hier eine Sufi-Schule. Gözli bedeutet Auge (Ata heißt Vater) und ihm wurde nachgesagt, dass er die Fähigkeit besaß, ins Innere der Menschen zu schauen und das Gute oder Schlechte darin zu erkennen. Gözli Ata wurde von den Mongolen getötet und hier begraben. Direkt neben seinem Mausoleum steht das seiner Frau Bibi Aysulu. Schon zu seinen Lebzeiten soll er verfügt haben, das seine geliebte Frau direkt neben ihm bestattet wird.

Heute stehen die beiden schlichten Mausoleen, die im Laufe der Jahrhunderte immer wieder renoviert wurden, auf einem Friedhof. Es sind neuere kasachische sowie alte Gräber des Salor-Stammes mit ihren typischen Grabsteinen – stilisierte Krieger in Drohgebärde – zu sehen. Besonders Frauen kommen heute hierher, um Nachwuchs zu erbitten. Auf einem kleinen, mit Feldsteinen begrenzten Areal von etwa drei Metern im Durchmesser liegen knapp über dem Boden dicke Saxaulstämme, geschmückt mit bunten Bändern. Man kann die Frauen dabei beobachten, wie sie im Glauben an den Segen Gözli Atas und an die Erfüllung ihrer Kinderwünsche mehrere Male unter diesen Stämmen hindurchkriechen. Überall sind kleine, selbstgebastelte Wiegen, Püppchen oder Babyspielzeuge verstreut. Besonders an den Wochenenden im Frühjahr, Sommer und Herbst kommen oft mehrere hundert Menschen an einem Tag hierher. Die Pilgerstätte verfügt über große Gemeinschaftsräume zum Schlafen und Kochen.

Etwa zweihundert Meter von der Pilgerstätte entfernt können die Überreste einer alten Medrese aus der Zeit Gözli

Atas besichtigt werden. Obwohl bereits stark zerfallen, gewinnt man angesichts der winzigen, niedrigen Räume, in denen ein Mensch nicht aufrecht stehen kann, einen Eindruck davon, was die Sufi-Philosophie vermitteln will: der Mensch ist nichts, Gott ist alles.

Jangy Kala

Weitere 60 Kilometer nördlich erheben sich wie aus dem Nichts beeindruckende Kalksteinfelsen. Wahrscheinlich handelt es sich bei diesen Felsen um Überreste riesiger Korallenriffe aus dem Urmeer Tetis. Deutlich sind die unterschiedlichen Schichten zu sehen. Im unteren Bereich sind die Felsen rötlich-orange gefärbt, darüber fast strahlend weiß. Besonders bei Sonnenuntergang bietet diese mehrere Quadratkilometer große Landschaft ein einmaliges Schauspiel. Die Felsen erreichen eine Höhe von 150 bis 200 Metern. Auf dem Plateau können versteinerte Muscheln und Ammonite wie am Strand aufgesammelt werden. Vom Plateau bietet sich ein phantastischer Blick hinab in die Canyons.

Die farbigen Felsen von Jangy Kala

Karte S. 137

Die Pilgerstätte Gözli Ata

Dekhistan

Archäologische Ausgrabungen brachten zutage, dass die Gegend um Dekhistan bereits 3000 Jahre vor Christus von Menschen besiedelt war. Es wurden Überreste eines Bewässerungssystems gefunden, die auf eine landwirtschaftliche Nutzung des Gebietes schließen lassen. Seit 1970 beschäftigt sich der Archäologe Egen Atagarrieyw ausführlich mit Dekhistan. Seine Untersuchungen brachten ihn zu der Überzeugung, das Dekhistan drei große Siedlungsperioden erlebt haben muss. Die erste Periode dauerte von etwa 3000 vor Christus bis 100 nach Christus, und die Menschen betrieben Landwirtschaft. Die zweite Periode im frühen Mittelalter reichte von 300 bis 800 nach Christus. Das Gebiet wurde von viehzüchtenden Nomaden, ersten türkischen Stämmen, bewohnt. Noch heute kann man die Umrisse ihrer Grabhügel in den Senken des Misrian-Plateaus erkennen.

Ihre Blütezeit, die dritte Siedlungsepoche, erlebte Dekhistan oder Misrian, wie die Stadt auch genannt wurde, im Mittelalter während der Regierungszeit der Choresm-Schahs. In dieser Zeit gehörte sie zu den größten und bedeutensten Städten des Reiches. Die Mongolen zerstörten die Stadt im 15. Jahrhundert, aber endgültig verlassen wurde sie, als die Wasserversorgung nicht mehr gewährleistet war. Das Wasser kam aus den Bergen des Kopet-Dag-Gebirges. Über Jahrhunderte schlugen die Menschen Holz für Hausbau und Feuerung an den Hängen des Gebirges und Viehhirten vergrößerten die Weideflächen durch Brandrodung. Der freiliegende Boden erodierte immer stärker und konnte letztendlich das Wasser nicht mehr halten. Er verwandelte sich in eine wasserlose ›Mondlandschaft‹. Die Menschen waren gezwungen, sich neue Siedlungsgebiete zu suchen.

Dekhistan erstreckte sich über 200 Hektar und war umgeben von einem doppelten Ring aus Verteidigungsmauern. Wie die meisten Städte dieser Zeit war sie unterteilt in eine Festungsanlage (Shakhristan) mit einer Zitadelle und eine Vorstadt (Rabat). In der dicht besiedelten Vorstadt befanden sich die Basare und Karawansereien. Das Shakhristan-Areal war geschützt von zwei Reihen Festungsmauern mit halbrunden Wachtürmen.

Die Bewohner des Territoriums waren ackerbauende Viehzüchter. Ein künstlich angelegtes Bewässerungssystem ermöglichte gute Erträge. Drei Karawansereien lassen darauf schließen, dass Misrian auch ein bedeutender Handelsort war.

Das Welayat Balkan

Die Ruinen von Minaretten, Moscheen und Medresen, die heute zu sehen sind, zeugen vom hohen Stand der islamischen Architektur und der Kunstfertigkeit der Erbauer. besonders der Zeit der Herrschaft der Choresm-Schahs. Im Gegensatz zu anderen bedeutenden Städten wie Merw, Konya Urgench oder Samarkand waren die meisten Gebäude in Dekhistan aus gebrannten Ziegeln und nicht wie üblich aus Adobe-Ziegeln errichtet und hatten ihren ganz eigenen Stil und Charakter.

Zwei Minarette beherrschen heutzutage das Bild von Dekhistan. Das 20 Meter hohe **Minarett Abu-Jafar Akhmed** (Nördliches Minarett oder Abu-Jafar-Minarett) wurde 1004 bis 1005 vom Architekten Abu Bini Ziyad erbaut und erreichte einst eine Höhe von über 40 Metern. Die glatte Oberfläche war geschmückt mit zwei Ringen aus geschnitzten Ziegeln mit arabischen Inschriften, die Auskunft über die Erbauer und die Zeit des Entstehens geben. Die Spitze eines jeden Minaretts krönte ein breiter Gürtel aus geometrischen Motiven.

Das **zweite Minarett**, dessen Basis einen Durchmesser von sieben Metern hat, wurde etwa 200 Jahre später errichtet und befindet sich zirka 120 Meter vom ersten entfernt. Es gehörte zur Moschee des Choresm-Shahs Mukhammad. Von dieser Moschee sind nur zwei 18 Meter hohe Pylone mit blauen Glasierungen erhalten. Die Inschriften geben die Namen der Choresm-Shahs und den Namen des Architekten wieder.

Sieben Kilometer nördlich von Dekhistan sind auf einem Friedhof namens Mashat noch die **Überreste von fünf halbzerstörten Mausoleen** aus dem 11. bis 12. Jahrhundert zu besichtigen. Am besten erhalten ist das Mausoleum von Shir-Kabir, das wahrscheinlich bereits zwischen dem 9. und 10. Jahrhundert gebaut wurde und das älteste Mausoleum auf turkmenischem Territorium ist. Ursprünglich war es eine Moschee, denn im Inneren sind noch sehr gut und im Original erhaltene Überreste der Mihrab zu sehen.

▶ Karte S. 137

Dekhistan, an der Grenze von Nomadensteppe und besiedeltem Oasengebiet, war einst ein Ort intensiven Kulturaustausches und Handels. Eine internationale Karawanenroute, die Choresm mit den arabischen Ländern verband, führte durch Dekhistan. Heute füllt kein Handelstreiben mehr die Stadt. Sie ist ein Ort der Stille geworden, schwer zugänglich inmitten der Wüste gelegen. Von Balkanabat gelangt man Richtung Süden über eine Wüstenpiste nach Dekhistan. Diese Piste ist nur mit geländegängigen Allradfahrzeugen zu befahren, und bei Regen verwandelt sie sich in eine schmierige, nahezu unpassierbare Rutschbahn.

Minarett in Dehkhistan

Paraw-Bibi-Schrein

Dieser Schrein ist der populärste unter vielen im ganzen Land und liegt etwa 20 Kilometer nordwestlich von Gyzylarbat im Dorf Paraw.

Einige hundert Meter hoch in einem Felsmassiv gelegen, besteht der Schrein heute aus einem Gebäude, welches einem Mausoleum gleicht (historische Quellen sprechen von einer Moschee). Am Fuße des Berges befindet sich ein einstöckiges Haus, das als Pilgerherberge (mihmanhana) dient. Ein überdachter Vorplatz wird als Versammlungs- und Essplatz genutzt. In der Nähe des Gästehauses sind die Ruinen der alten Stadt Ferava, auch Afraw genannt, aus dem 9. Jahrhundert zu sehen. Historische Quellen berichten, dass die Stadt einst eine arabische Grenzfestung war, die zur Verteidigung gegen die vorrückenden Oghusen diente und später ein florierender Handelsplatz an der Straße nach Choresm wurde.

Eine Legende erzählt,wie der Schrein von Paraw Bibi entstand. Danach gab es einst ein besonders schönes Mädchen. Ihr Name war Paraw Bibi. Viele Frauen waren eifersüchtig auf ihre Schönheit. Es gab eine Zeit, da wurde die Stadt von Feinden bedroht. Eine der missgünstigen Frauen bot den Eroberern einen Handel an. Sie würde ihnen Paraw Bibi übergeben, wenn sie im Gegenzug darauf verzichten, die Stadt anzugreifen. Bibi aber hatte geheime Kräfte. Sie hörte von der Verschwörung und verwandelte daraufhin die Frau in einen schwarzen Stein. Als sie sich kurz danach einmal in den Bergen aufhielt sah sie, dass die Feinde im Begriff waren, anzugreifen. Sie erkannte den Ernst der Situation und befahl dem Berg, sich zu öffnen, damit sie in ihm verschwinden könne. So bewahrte sie sich ihre Reinheit und Jungfräulichkeit. Nach diesem Wunder befahl Gott den Bewohnern der Stadt, an der Stelle, wo sich der Berg geöffnet hatte, einen Schrein zu bauen. Fortan glaubten sie an Paraw Bibi als eine wahre Heldin, die mit dem Atem Gottes gesegnet wurde.

Selbst in sowjetischer Zeit, als Pilgerreisen streng untersagt waren, kamen Menschen aus ganz Turkmenistan an diesen Ort. Heute kommen täglich viele hundert Pilger hierher, die meisten sind um Fruchtbarkeit bittende Frauen. Am Fuße der Treppe hinauf zum Schrein befindet sich ein ›wundertätiger‹ Felsen mit den ›Hand- und Knieabdrücken‹ von Paraw Bibi. Die pilgernden Frauen legen ihre Hände in diese Abdrücke und hoffen, dass ihre Wünsche wahr werden.

Oben am Schrein liegen auf einem kleinen Mäuerchen mehrere, etwa handtellergroße Steine. Die Steine werden auf Daumen und Fingerspitzen gelegt. Beginnt ein Stein zu kreisen, bedeutet dies die Erfüllung der Wünsche. Manchmal wird etwas nachgeholfen. Dem Schrein von Paraw Bibi wird auch nachgesagt, er könne Menschen vom Wahnsinn heilen.

Unweit der Pilgerherberge ist ein noch **funktionsfähiges Bewässerungssystem** zu sehen. Diese Kerys genannten Systeme sind nur auf persischem und turkmenischem Gebiet bekannt. Einige Meter unter der Erde befindet sich ein Wasserkanal, der aus gebrannten Ziegeln gemauert ist. Alle 20 bis 30 Meter gibt es Einstiegsschächte, ähnlich unseren Gullis, durch die man nach unten gelangt, um das System zu warten. Die Kerys wurden immer am Fuße von Bergen angelegt, um ein natürliches Gefälle zu gewährleisten. In alten Zeiten zählten die Familien eines Kerys-Spezialisten zu den angesehensten der ganzen Stadt. Sie waren sehr wohlhabend, denn ihre Arbeit wurde gut bezahlt, außerdem waren sie von Steuerzahlungen befreit.

Poker um turkmenisches Gas

Am 14. Dezember 2009 flog der chinesische Staatsprädident nach Samandepe in der Provinz Lebap, um persönlich die erste, 1833 Kilometer lange Gaspipeline nach China zu eröffnen. Über Usbekistan und Kasachstan verlaufend, transportiert die neue Pipeline turkmenisches, aber auch usbekisches und kasachisches Gas ins energiehungrige China. Ab 2013 sollen jährlich 40 Milliarden Kubikmeter in das Reich der Mitte gelangen. Ein Zusatzabkommen sichert langfristig weitere 10 Milliarden Kubikmeter Liefermenge zu.

Auch der iranische Ministerpräsident Mahmud Ahmadinedschad reiste zur Eröffnung einer zweiten Pipeline ins Nachbarland. Die erste Pipeline in den Iran wurde im Jahr 1997 gebaut und speist jährlich etwa 8 Milliarden Kubikmeter ins iranische Netz. Mit der neuen Gasleitung wird die Liefermenge auf 20 Milliarden Kubikkilometer erhöht.

Der jüngste Vertrag wurde im Dezember 2010 in Ashgabat unterzeichnet. Er sieht vor, über eine 1600 Kilometer lange Pipeline Gas nach Afghanistan, Pakistan und Indien zu liefern. Über die Pipelines des sogenannten TAPI-Projektes (Turkmenistan–Afghanistan–Pakistan–Indien) sollen jährlich etwa 33 Milliarden Kubikmeter exportiert werden.

Bislang war Russland der größte Abnehmer turkmenischen Gases. Aufgrund des einseitig ausgerichteten, alten sowjetischen Pipelinenetzes in Mittelasien war Turkmenistan gezwungen, 90 Prozent des geförderten Gases nach Russland zu exportieren. Schon länger gab es Streitigkeiten zwischen beiden Ländern, Russland kaufte das Gas billig in Turkmenistan ein und verkaufte es teuer weiter, unter anderem nach Westeuropa. Die gestiegene Nachfrage in den letzten Jahren ließ Turkmenistan immer selbstbewusster auftreten und höhere Preise von Russland verlangen. Zudem ließ eine Explosion an der Gasleitung zwischen Turkmenistan und Russland den Gasfluss zeitweise zum Erliegen kommen. Zum endgültigen Eklat kam es im Jahre 2008. Die Finanzkrise führte zu einem massiven Absatzverlust des russischen Monopolisten Gazprom in Europa, der daraufhin seine Zukäufe in Turkmenistan drastisch drosselte. Turkmenistan erlitt monatliche Einbußen von rund einer Milliarde Dollar und musste sich nach neuen Abnehmern umzusehen. Dies war nicht schwer, da sich seit der Unabhängigkeit im Jahr 1991 alle großen internationalen Öl- und Gaskonzerne in Turkmenistan tummeln. Turkmenistan soll über die viertgrößten Erdgasvorkommen der Welt verfügen. Die neuen Pipelines nach China, in den Iran und nach Indien könnten für Russland langfristig einen Rückgang der Lieferungen aus Turkmenistan um 50 Prozent bedeuten.

Die größten Verlierer der neuen Situation sind möglicherweise die Türkei und die Europäische Union, da für das geplante Nabucco-Projekt nicht mehr genügend Gas vorhanden sein könnte. Die EU verhandelt seit Jahren mit mehreren zentralasiatischen Ländern über erhebliche Einspeisungen in eine Pipeline, die über das Kaspische Meer, Aserbaidschan und die Türkei nach Westeuropa führen und eine größere Unabhängigkeit von russischem Gas garantieren soll. Die Unterzeichnungen der Lieferverträge mit den Transitländern Türkei, Bulgarien, Rumänien, Ungarn und Österreich und der deutschen RWE sowie der Baubeginn verschieben sich aufgrund russischer Interventionen immer wieder.

Immer neue Entdeckungen großer Gasvorkommen, das größte ist das Gasfeld von Süd-Yolotan-Osman und soll mit 14 Trillionen Kubikmetern das viert- oder fünftgrößte Gasvorkommen weltweit sein, stärken die Position Turkmenistans im internationalen Handel mit Ressourcen enorm und lassen das Land immer selbstbewusster, vor allem gegenüber Russland, auftreten.

Turkmenbashi

Turkmenbashi ist das administrative Zentrum des Welayates Balkan. 60 000 Menschen leben in der 560 Kilometer von Ashgabat entfernten Stadt am Kaspischen Meer. Trotz Abwanderung ist auch heute der Anteil der russischen Bevölkerung noch sehr hoch, eine andere große Volksgruppe sind die Aseris (Aserbaidschaner). Die Stadt beherbergt den größten Hafen Turkmenistans. Über das Kaspische Meer ist Turkmenistan mit dem europäischen Teil Russlands und über die Wolga sowie das Asowsche Meer mit dem Schwarzen und dem Mittelmeer verbunden. Täglich fahren Fähren von Turkmenbashi nach Baku in Aserbaidschan, allerdings ohne festen Fahrplan und nicht immer nehmen sie Fahrzeuge und Passagiere mit. Wenn man auf diesem Weg aus Turkmenistan ausreisen möchte, sollte man genügend Zeit einplanen.

Im Jahre 1717 entstand hier eine erste Siedlung, als russische Truppen unter der Führung von Prinz Alexander Bekovich anlandeten mit der Intention, weiter nach Chiwa zu ziehen. Der Ort war ideal, denn das alte Bett des Amu Darja, der einst in das Kaspische Meer mündete, bot den besten Weg, die Wüste Karakum zu durchqueren. Die Mission scheiterte, Prinz Alexander wurde enthauptet, und erst 150 Jahre später betraten die Russen wieder dieses Gebiet. 1869 landete zaristisches Militär dort und baute die Festung Krasnovodsk, ›Rotes Wasser‹. Die Festung wurde zur Operationsbasis gegen das feindliche Khanat von Chiwa und Ausgangspunkt zur Unterwerfung der turkmenischen Stämme. Mit dem Bau der Transkaspischen Eisenbahn im Jahre 1884 wurde Krasnovodsk auch zum bedeutenden Warenumschlagplatz. Dank der Ölfunde im Kaspischen Meer wurde Turkmenbashi zum Ölhan-

Am Ortseingang von Turkmenbashi

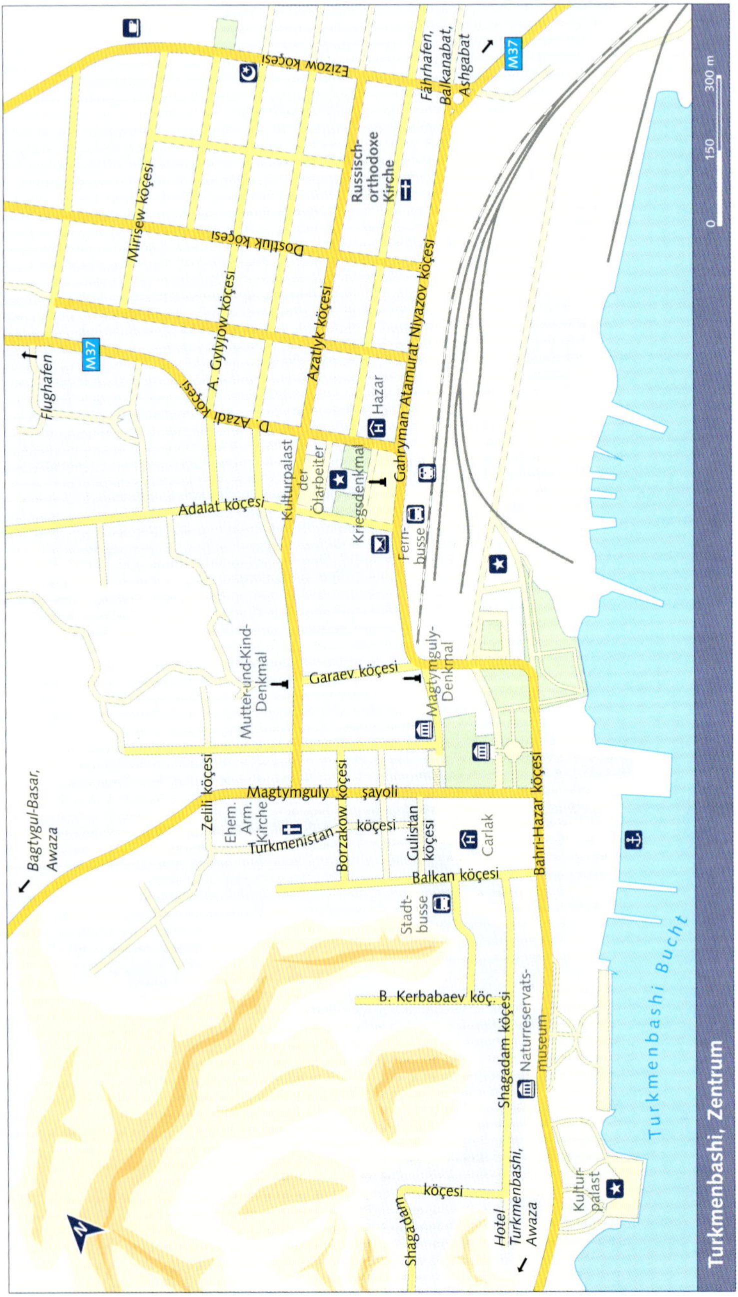
Turkmenbashi, Zentrum
0 150 300 m
Ezizow köçesi
Mirisew köçesi
Dostluk köçesi
A. Gylyjow köçesi
Azatlyk köçesi
Gahryman Atamurat Niyazov köçesi
D. Azadi köçesi
Adalat köçesi
M37
Flughafen
Fährhafen, Balkanabat, Ashgabat
Russisch-orthodoxe Kirche
Hazar
Kulturpalast der Ölarbeiter
Kriegsdenkmal
Fern-busse
Mutter-und-Kind-Denkmal
Garaev köçesi
Magtymguly-Denkmal
Zelili köçesi
Magtymguly şayoli
Bagtygul-Basar, Awaza
Ehem. Arm. Kirche
Turkmenistan köçesi
Borzakow köçesi
Gulistan köçesi
Carlak
Balkan köçesi
Bahri-Hazar köçesi
Stadt-busse
B. Kerbabaev köç.
Shagadam köçesi
Naturreservats-museum
Shagadam köçesi
Hotel Turkmenbashi, Awaza
Kultur-palast
Turkmenbashi Bucht

delsplatz. Heute befindet sich die größte Ölraffinerie Turkmenistans hier.

Das Zentrum der Stadt befindet sich um den Bahnhof herum. Das **Bahnhofsgebäude** ist ein hübscher, verspielter Bau aus dem 20. Jahrhundert. Direkt gegenüber liegt der Kulturpalast.

Zehn Minuten Fußweg vom Bahnhof entfernt, in der Garajewa köçesi, beherbergt das **Museum für Regionale Geschichte** interessante Ausstellungsstücke über das nomadische Leben der Turkmenen, einige ausgestopfte Tiere sowie Karten und Modelle des Kaspischen Meeres. 2011 war es allerdings geschlossen. An die Zeit als russisches Fort erinnern heute nur noch eine **russisch-orthodoxe Kirche**, 200 Meter östlich des Bahnhofes in der Rylov köçesi, und die **Tore des ehemaligen Forts**.

Die Stadt ist ein beliebtes Ferienziel für die Turkmenen. Das Wasser des Kaspischen Meeres ist sauber. Das populärste Ferienressort ist ›Awaza‹, das zehn Kilometer von Turkmenbashi entfernt auf einer Halbinsel liegt. Ein Teil der Bucht von Turkmenbashi und die vorgelagerten Inseln sind Teil eines staatlichen Reservates zum Schutz der hier heimischen 280 Spezies. Hier leben unter anderem Flamingos und Pelikane, aber auch Robben und Schildkröten.

Turkmenbashi

Vorwahl: aus dem Ausland 0993/243 + Teilnehmernummer, innerhalb Turkmenistans 800/243 + Teilnehmernummer.

Der Flughafen liegt 8 km außerhalb, inmitten der Berge, die die Stadt umgeben. Am besten gelangt man mit dem Taxi dorthin. Mehrmals täglich gehen Flüge nach Ashgabat und montags, mittwochs, freitags und sonntags nach Dashogus.

Das **Verkaufsbüro der Turkmenistan Airlines** befindet sich im Stadtzentrum im Hotel Hazar, Azadi köçesi, Tel. 25474.

Täglich fahren zwei Nachtzüge nach Ashgabat vom Bahnhof in der Atamurad Niyazov köçesi.

Vor dem Bahnhof fahren die Busse und Langstreckentaxis nach Ashgabat und Balkanabat ab. Von hier verkehren auch die Minibusse nach Kasachstan.

Der Fährhafen liegt am östlichen Ende des Hafens, Tel. 24491. Nähere Informationen dazu unter Reisetipps/Schiffslinien (→ S. 218).

Hotel Turkmenbashi, Bahri-Hazar köçesi, Tel. 21308, Fax 21317, etwa 2 km westlich des Bahnhofs. Es verfügt über einen Swimmingpool, die Zimmer sind modern ausgestattet. Im Hotelrestaurant kann man gut essen. Die Zimmerpreise liegen zwischen 50–75 Dollar. Von Juni bis September steigen die Preise um 20–30 Prozent.

Hotel Hazar, Azadi köçesi, Tel. 24633, Fax 24636. Gute Lage direkt im Stadtzentrum. Im Jahr 2009 wurde das aus Sowjetzeiten stammende Hotel renoviert, einige Bäder sind aber noch immer in einem schlechten Zustand. Die Zimmer kosten 20–40 US-Dollar.

Hotel Carlak, Bahri-Hazar köçesi 8, Tel. 21362, Fax 21375. Der neue, pompöse Bau aus weißem Marmor hat internationalen Standard. Alle Räume verfügen über Aircondition und Minibar. Das Hotel hat einen Indoorpool, mehrere Restaurants, eine Diskothek, Wechselstube und Souvenirshop. Wifi wird vom Hotel zur Verfügung gestellt. Einziger Nachteil des Hotels ist die nahegelegene Fischfabrik, je nach Windrichtung kann man sie mehr oder weniger riechen. Die Zimmerpreise liegen zwischen 50 und 100 US-Dollar.

Deniz Patisserie Café, Azadi şayoli 54, Tel. 28851. Das nördlich des Bahnhofs gelegene Café ist ein netter Platz zum Entspannen. Es gibt nicht nur Backwaren, sondern auch russische Küche. Das Personal ist sehr freundlich.

Kafe Jeren, Magtymguly şayoli 80, Tel. 14111. Momentan das beliebteste Café. Im schönen Biergarten gibt es Fassbier.

Denis Garlagy, Magtymguly şayoli 50, Tel. 25653. Modernes, westlich eingerichtetes Restaurant mit internationalem Speisenangebot. Im Obergeschoss gibt es eine nette Bar mit Diskothek, entsprechend laut ist die Musik.

Museum für Regionale Geschichte, Garajewa köçesi, Tel. 25994.

Bagtygul-Basar, Magtumguly şayoli. Der Basar, auch bekannt unter dem Namen Cheryomushki, ist heute der größte Basar der Stadt, nachdem der alte Basar im Stadtzentrum den Stadtplanern zum Opfer gefallen ist. Hier bekommt man alles, auch Kaviar und Stör.

Awaza

»Dieser Tag wird in das Geschichtsbuch unseres Landes als goldene Seite, als der wahre Beginn von Awaza, dem internationalen Erholungsort mit dem Status einer freien Touristenzone, eingetragen.« Mit diesen Worten eröffnete der turkmenische Präsident Gurbanguly Berdymuchamedow am 15. Juni 2009 das neue Erholungszentrum am Kaspischen Meer.

Awaza, was soviel bedeutet wie ›Singende Welle‹, soll das neue, internationale Touristenparadies Turkmenistans werden. Westlich von Turkmenbashi, der großen Hafenstadt am Kaspischen Meer, sollen auf einer Küstenlänge von 17 Kilometern Hotels und Vergnügungsparks entstehen. 2007 startete das ehrgeizige Projekt, geplant sind auf einer Fläche von 5000 Hektar 60 unterschiedliche Hotels, Restaurants, Vergnügungsparks, Sportanlagen, Yachtclubs, Casinos und vieles mehr. Bis heute belaufen sich die Investitionen der turkmenischen Regierung bereits auf 1,5 Milliarden Dollar. Insgesamt wird mit Kosten in Höhe von 14 Milliarden Dollar gerechnet.

▲ Karte S. 137

In der ersten Ausbauphase wurden auf rund 800 Hektar sieben 4 und 5-Sterne-Hotels (turkmenische Sterne) für circa 2000 Gäste gebaut.

Ein sieben Kilometer langer, 50 bis 60 Meter breiter Kanal, durchfließt das gesamte Areal. Dessen Uferzonen sollen einst von Restaurants, Cafés und Bars gesäumt werden. Ende 2010 waren einige schon fertiggestellt, aber noch nicht für das Publikum zugänglich.

Um den erwarteten Touristenansturm bewältigen zu können, wurde der Flughafen von Turkmenbashi, der bislang nur als Inlandsflughafen fungierte, ausgebaut. Nach seiner Fertigstellung hat er eine Kapazität von 800 Fluggästen pro Stunde. Entstanden ist ein sehr modernes Gebäude, welches leider wenig Annehmlichkeiten für die Reisenden bietet. Auch eine Eisenbahnlinie und eine Schnellstraße entlang der kaspischen Küste nach Kasachstan sind bereits im Bau.

Die ambitionierten Pläne der turkmenischen Regierung, aus der Region ein ›kleines Dubai‹ zu machen, könnten aber auch an verschiedenen Problemen scheitern. So liegt zum Beispiel die Durchschnittstemperatur in sieben Monaten des Jahres unter 20 °Celsius, die Badesaison dauert nur vier Monate, mit Durchschnittstemperaturen von über 40° Celsius in zwei Monaten. In unmittelbarer Nähe des Ressorts befinden sich chemische Fabriken und Ölraffinerien, deren Abgase die Gäste belästigen könnten. Die turkmenische Regierung plant, die Region in eine ›Touristenfreizone‹, in welche ausländische Touristen ohne vorherige Beantragung und Erteilung eines Visums einreisen können, zu verwandeln. Allerdings ist es den Gästen dann nicht erlaubt, den Awaza-Komplex zu verlassen. Dies wiederum bringt eine weitere Schwierigkeit mit sich. Es ist nicht zu erwarten, dass eine andere als die turkmenische Airline direkte Flüge nach Turkmenbashi-Awaza anbieten wird. Somit ist weiterhin Ashgabat der einzige internationale Airport des Landes. Da die Straße von Ashgabat nach Turkmenbashi nur teilweise ausgebaut ist, benötigt man für die 500 Kilometer etwa acht Stunden.

Vom Flughafen zu den Hotels (ca. 45 Minuten) gibt es keine Transferbusse, die Hotels können aber auf Anfrage Transfers organisieren. Da die Taxipreise nicht hoch sind, ist dies eine unkomplizierte Alternative. Von Turkmenbashi gelangt man in einer etwa 20-minütigen Autofahrt über eine neu gebaute Straße zu den Hotels.

Awaza

Die sieben bislang eröffneten Hotels liegen alle in Sichtweite zueinander. Die Strände sind überwiegend steinig, nur wenige sandige Abschnitte sind zu finden. Alle Hotels gleichen sich in der Bauweise. Die Fassaden sind überwiegend mit weißem Marmor verkleidet. Die Hotelhallen sind pompös-protzig mit viel Gold, Marmor und schweren Polstermöbeln gestaltet.

Alle Hotels verfügen außer eigenem Strandzugang auch über Außenpools. Die Anlagen sind nicht sehr einladend, ausreichend Liegen und Sonnenschirme sind nicht überall vorhanden. Fast alle Hotels bieten All-inklusive-Preise mit Vollverpflegung an. Alle Zimmer sind mit IDD-Telefonen, Fernsehgeräten, Minibar, Fön etc. ausgestattet.

Hotel Serdar, Tel. (800243)7-01-81, 93, Fax 7-01-25. EZ 43 US-Dollar, DZ 57 US-Dollar, jeweils inklusive Frühstück. Das Hotel verfügt über eine große Poolanlage und eine Seebrücke. Es ist das älteste Hotel in Awaza und wurde bereits 2002 eröffnet. Es gibt zudem Geldwechsel, Innenpool, Sauna, Fitnesszentrum, Sportanlagen, Spa, Wäscherei, Friseur, Internetzugang uvm.

Hotel Nebitci, Tel. (800243)7-0281, 82,83, Fax 7-02-85. EZ 50 US-Dollar, DZ 70 US-Dollar, Suite 100 US-Dollar, jeweils All-inklusive. Sehr pompöse Eingangshalle mit 24 hohen Säulen und 18 riesigen Kristalllüstern. Auch dieses Hotel verfügt über einen Innen- und Außenpool. Fitnesszentrum, Spa mit Schlammbad, Massagesalon, Friseur, Billard, Spielautomaten, Diskothek uvm.

Hotel Watancy, Tel. (800243)7-03-48, 50. EZ 50 US-Dollar, DZ 70 US-Dollar, Suite 100 US-Dollar, jeweils All-inklusive. Riesige Kristallleuchter in der Eingangshalle. Große Außenpoolanlage mit Rutsche und Süßwasserduschen. Einzige Gartenanlage mit altem Baumbestand. Zudem gibt es einen Innenpool, Gesundheitszentrum, Akupunktur, Physiotherapie, Sauna, Sportanlagen uvm.

Hotel Hazyna, Telefon (800243)7-02-26, 27, Fax 7-02-25. EZ 50 US-Dollar, DZ 70 US-Dollar, Suite 100 US-Dollar, jeweils All-inklusive. Das Hotel verfügt über eine gut bestückte (nach unseren Maßstäben) Hallenbar und außerdem über den einzigen Geldautomaten in Awaza.

Die Hauptattraktionen der Region sind die inmitten der antiken Region Margiana gelegenen Ruinen von Merw und Gonur, die teilweise auf das 6. vorchristliche Jahrhundert zurückgehen.

Mary und Umgebung

Mary

Mary ist das zweitgrößte Industriezentrum Turkmenistans und Hauptstadt des gleichnamigen Welayates. Heute leben hier 156 000 Menschen. Von hier aus lassen sich **Touren zu den Ruinen von Merw und Gonur** unternehmen. Aufgrund der Lage am Murgab-Fluss entwickelte sich Mary zu einem Zentrum des Baumwollanbaus. In den 1960er Jahren wurden nahe der Stadt große Gasreserven entdeckt. Das Bild der Stadt wird dominiert von sowjetischer Architektur. In den letzten Jahren kamen einige neue Gebäude hinzu, zum Beispiel der neue glasüberkuppelte Basar. Seit einiger Zeit wird an einer gigantischen Moschee gebaut, die Arbeiten sind aber noch nicht abgeschlossen.

Mary-Museum

Außer dem sehr informativen und gut präsentierten Mary-Museum hat die Stadt nicht viel Sehenswertes zu bieten. Das Museum wurde 1948 in einem Gebäude aus dem Jahre 1908 eröffnet, das ursprünglich einem russischen Ziegelfabrikanten gehörte. 1998 wurde dort mit finanzieller Unterstützung der Vereinten

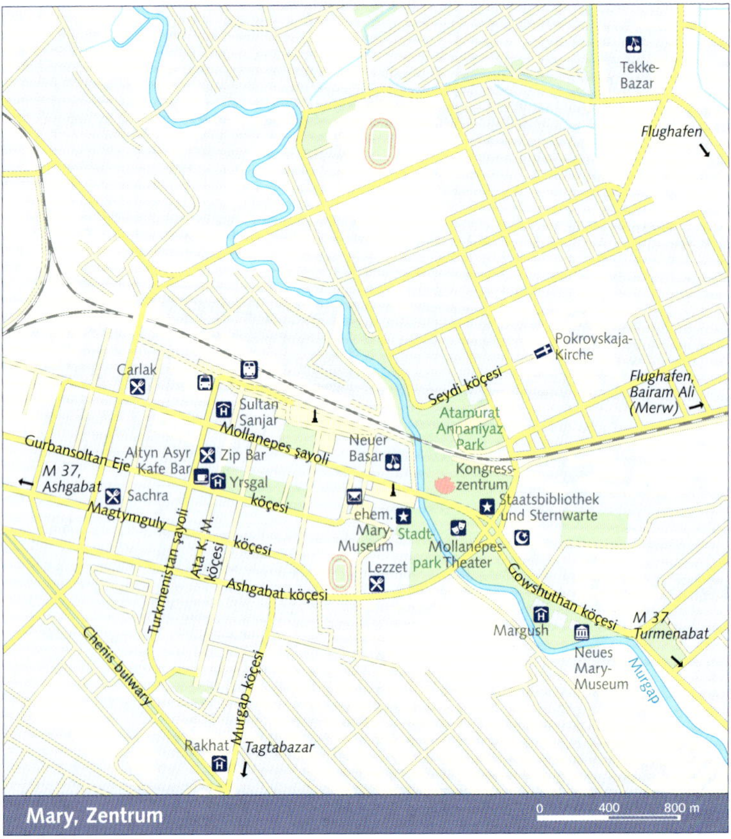

Mary, Zentrum

Das alte Gebäude des Mary-Museums

Nationen eine permanente archäologische Ausstellung eröffnet. Im Jahre 2011 zog die Sammlung in einen Museumsneubau in der Nähe des Hotels Margush (s.u.) um, und das alte Gebäude wurde geschlossen.

Die meisten Exponate stammen von den Ausgrabungen des russischen Professors Sarianidi aus dem bronzezeitlichen Gonur sowie aus Merw und Altyn Depe. Gezeigt werden verschiedene Objekte aus Bronze, darunter Siegel und Schminkgefäße. Figuren und Töpferwaren aus Ton bilden einen weiteren Schwerpunkt der Ausstellung. In einer Vitrine liegt die Nachbildung eines Skeletts einer Priesterin aus Margiana. Früher lag das Original darin, aber nachdem es unter dem Museumspersonal zu mehreren Todesfällen und Unglücken kam, drängten die Angestellten darauf, das Skelett wieder an seinen ursprünglichen Platz außerhalb des Museums zurückzubringen.

Außerdem beherbergt das Museum eine interessante Sammlung zum Thema ›Leben der Turkmenen‹. Neben vielen schönen Teppichen, traditioneller Kleidung, Brautgewändern und Silberschmuck für Frauen und Pferde, wird eine komplett ausgestattete Jurte gezeigt.

Mary

Vorwahl aus dem Ausland 0993/522 + Teilnehmernummer, innerhalb Turkmenistans 800/522 + Teilnehmernummer.

Das **Verkaufsbüro der Turkmenistan Airlines** ist in der Magtymguly köçesi 11, Tel. 32777. Der **Flughafen** liegt 5 km außerhalb der Stadt an der Straße nach Bairam Ali und ist am besten mit dem Taxi zu erreichen, das nicht mehr als 2 US-Dollar kosten sollte. Täglich gibt es mehrere Flüge zwischen Ashgabat und Mary.

Der Bahnhof befindet sich nur wenige Meter hinter dem Hotel ›Sultan Sanjar‹. Täglich fahren mehrere Züge nach Ashgabat. Außerdem gibt es Verbindungen nach Turkmenbashi, über Turkmenabat nach Dashogus und nach Gushgi.

Der Busbahnhof liegt direkt neben dem Bahnhof. Täglich gibt es mehrere Verbindungen in alle Landesteile. Es fahren Busse nach Ashgabat, Turkmenabat, Gushgi, Seraghs und Kerki.

Hotel Margush, Gowshuthan köçesi 20, Tel. 53976, Fax 34965. Das im Jahr 2004 eröffnete Hotel liegt direkt am Ufer des Flusses Murgab, etwa einen Kilometer vom Stadtzentrum entfernt. Die Zimmer verfügen über Aircondition, Satelliten-TV und Kühlschrank. Außenpool und Sauna. Preise zwischen 50 und 70 US-Dollar.

Sultan Sanjar, Mollanepes şayoli, Tel. 57644. Siebenstöckiges Hotel in zentraler Lage. Das alte Intourist-Hotel ist mittlerweile völlig heruntergekommen, vor allem die sanitären Anlagen. Es verfügt über ein Restaurant, das sehr ungemütlich ist, aber recht schmackhaftes Essen serviert. Außerdem gibt es im Hotel eine Nachtbar, in der bis 23 Uhr sehr laute Musik gespielt wird, sowie ein kleines Café. Die überhöhten Preise der Zimmer liegen zwischen 30 und 70 Dollar.

Motel Rakhat, Murgab shossesi, Kilometer 2, Tel. 64204. Etwas außerhalb des Stadtzentrums gelegen, direkt neben einem türkischen Truckstop. Das Hotel verfügt über saubere, geräumige Zimmer mit akzeptablen Bädern und Satellitenfernsehen. In jedem Zimmer steht ein Kühlschrank. Im Erdgeschoss werden in einer kleinen Bar Getränke und einfache Gerichte serviert. Die Zimmer kosten ab 40 US-Dollar.

Hotel Yrsgal, Ata Köpek Mergana köçesi 2, Tel. 53976. Neuerbautes 3-Sterne-Hotel im Zentrum mit Restaurant und Bar, gute Alternative zum Hotel Sanjar. Zimmer 40–80 US-Dollar.

Hotel Dayanch, im Dorf Sakarchage, etwa 15 Kilometer westlich von Mary. Neues, freundliches 3-Sterne-Hotel.

▲ Karte S. 148

Sachra, Magtymguly köçesi 40, Tel. 56177. Das beste Restaurant der Stadt, in dem in zwei mit schweren Vorhängen abgedunkelten Räumen sowohl russische als auch turkmenische Küche angeboten wird. An den Tischen stehen zum Teil plüschige Couchgarnituren, in denen die Gäste während des Essens fast versinken. Vor dem Restaurant wird Schaschlik gebraten. Das Personal ist sehr freundlich und bemüht, alle Wünsche zu erfüllen.

Die **Altyn Asyr Kafe Bar** ist ein neues, freundliches, kleines Restaurant in der Nähe des Hotels Sultan Sanjar, Gulistan şayoli, Tel. 39350. Neben Schaschlik werden russische und turkmenische Gerichte serviert. Im Restaurant gibt es Bier vom Fass.

Restaurant Lezzet, Ashgabat köçesi, Tel. 35767. Türkisches Restaurant, es werden türkische Pizza und Kebabs serviert. Kein Alkohol.

Ambassador, Pobedy köçesi, geöffnet bis 3.30 Uhr. Der angesagte Platz, um ins turkmenische Nachtleben einzutauchen.

Das Mary-Museum ist von Dienstag bis Sonntag, jeweils von 10–13 und 14–17 Uhr geöffnet. Seit einiger Zeit ist der Umzug in ein neues Gebäude nahe des Hotels Margush geplant, bitte im Hotel oder der Reiseagentur nachfragen.

Das umfangreichste Warenangebot hält der **neue Basar** in der Mollanepes şayoli bereit. Das Hauptgebäude wird von einer großen blauen Kuppel gekrönt, so dass der Basar schon von weitem zu sehen ist.

Immer sonntags findet etwa vier Kilometer außerhalb der Stadt der **Tekke-Basar** statt. Ähnlich wie in Ashgabat kann man hier nahezu alles käuflich erwerben. Die Auswahl an Teppichen ist groß, und die Preise sind niedriger als in Ashgabat.

Die Ruinen von Merw

Neben Bagdad, Damaskus und Kairo war Merw einst eine der größten Städte in der islamischen Welt und ein wichtiges Handelszentrum an der Seidenstraße. Das Ruinenfeld, welches die Besucher heute vorfinden, wird umgeben und durchzogen von endlosen Mauern aus Lehmziegeln oder Stampflehm und umfasst etwa 120 Quadratkilometer. Es liegt nördlich der Kleinstadt Bairam Ali, etwa 30 Kilometer östlich von Mary.

Merw ist in seiner Anlage einzigartig. Die Stadt besteht aus einer Reihe mehrerer, im Laufe der Jahrhunderte nicht übereinander – wie allgemein üblich –, sondern nebeneinander erbauter Städte. Da die einmal verlassenen Städte nicht mehr besiedelt wurden, entstanden gewissermaßen städtische ›Zeitkapseln‹, die die Geschichte der einzelnen Besiedlungsperioden wiedergeben. Die älteste Stadt ist **Erk Kala**, eine zwölf Hektar große Wohnsiedlung mit Zitadelle und Befestigungsmauern aus dem 6. Jahrhundert vor Christus. Unter dem Seleukiden Antiochus I. wurde Erk Kala die Zitadelle der neuen Stadt **Giaur Kala**. Die Seldschuken fügten dem bereits vorhandenen Ensemble wiederum eine neue Stadt hinzu – **Sultan Kala**. Im späten Mittelalter wurden **Abdullah Khan Kala**, im 18. Jahrhundert **Bairam Ali Kala** angefügt.

Kriege und Zerstörungen, unter anderem im 13. Jahrhundert durch die Mongolen, der Rückgang des Handels auf der Seidenstraße und die witterungsanfällige Lehmbauweise vieler Gebäude ließen nur wenige, dafür großartige Monumente die Zeit überdauern. Seit dem 19. Jahrhundert forschen und graben Archäologen, um die Geschichte der Stadt wieder lebendig zu machen. Der erste Plan der Städte wurde vom Korrespondenten der ›Daily News‹ Edmund O`Donovan Mitte des 19. Jahrhunderts, in der Zeit des ›Great Game‹, publiziert. 1890 unternahm der russische Gelehrte Valentin Zhukovsky die ersten Grabungen, ihm folgte der amerikanische Archäologe R. Pumpelly 1904. Nach dem Ende des Zweiten Weltkriegs gab es mehrere Grabungskampagnen unter dem berühmten russischen Archäologen Mikhail Evgenievich Masson und seiner Schülerin G. Pugatschenkowa. 1992 wurde das ›Internationale Merw Projekt‹ zur Erforschung und Erhaltung der historischen Stätte, mit Unterstützung britischer, turkmenischer und russischer Wissenschaftler, ins Leben gerufen. Von der UNESCO wurde Merw als Weltkulturerbe anerkannt.

Geschichte

Die Oase Merw war ein Teil des Landes Margush oder **Margiana** (→ S. 167). Der Name stammt aus dem Altiranischen und bedeutet ›Grasland‹. Die ersten Zeugnisse einer Besiedlung stammen aus der frühen Bronzezeit, dem Beginn des 2. Jahrtausend vor Christus und die ersten Bewohner waren vermutlich Stämme, die von den Siedlungen am Fuße des Kopet-Dag-Gebirges in diese Gegend kamen. Durch Ausgrabungen von Professor Sarianidi wurden im Norden der Oase, wo der Fluss Murgab in sein Delta ausläuft, bevor er in der Wüste versickert, die Siedlungen Gonur und Togolok freigelegt. In der Eisenzeit (1. Jahrtausend vor Christus) wurden die Siedlungen entlang des Flussbettes und künstlicher Kanäle gebaut.

Die frühesten schriftlichen Zeugnisse über die Existenz Margianas finden sich in der berühmten Behistun-Inschrift des

Das Ibn-Said-Mausoleum

Achämenidenkönigs Darius I. (522–486 vor Christus): »Ich bin Darius, der König. Das Land Margush ist rebellisch geworden. Sie wählten einen Mann namens Frada zu ihrem Anführer. Später schickte ich nach einem Perser, Dadarschisch mit Namen, mein Sklave und Satrape von Baktrien. Geh und besiege die Armee, welche sich nicht meine Armee nennt. Dadarschisch ging und kämpfte gegen die Marguscher. Ahuramazda half mir. Mit der Gnade Ahuramazdas besiegte meine Armee die Aufständischen. Ich bin Darius, der König: so wurde das Land eines meiner Länder. Dies ist, was ich tat in Baktrien.«

Unter den Achämeniden wurde die Zitadelle Erk Kala, umgeben von gewaltigen Mauern aus gestampftem Lehm, das administrative Zentrum der Oase. Nach dem Sieg Alexanders über die Achämeniden wurde Margiana Teil seines Imperiums. Bis heute gibt es keine konkreten Belege, dass Alexander die Stadt jemals selbst betreten hat. Beim römischen Autor Plinius dem Älteren ist nur eine Stadt namens Alexandria in Margiana erwähnt, gegründet von Alexander dem Großen und zerstört von den ›Barbaren‹ in den unruhigen Jahren nach dem Tode Alexanders im Jahr 323 vor Christus.

Die östlichen Teile des Reiches fielen in der Folge an Seleukos, der mit einer sogdischen Prinzessin verheiratet war (siehe ›Das gräko-baktrische Reich‹, → S. 26). Deren Sohn Antiochus I. baute Merw wieder auf und nannte es Antiocha Margiana. Erk Kala war jetzt nur noch die Zitadelle einer großen Metropole Giaur Kala. Funde seleukidischer und gräkobaktrischer Münzen belegen dies.

Im 3. Jahrhundert vor Christus fiel die Macht über weite Gebiete des gräkobaktrischen Reiches an die Parther, und auch Margiana wurde Bestandteil ihres Reiches. Nur wenige Zeugnisse belegen die Anwesenheit der Parther. Westliche Chronisten berichten von 10 000 römischen Soldaten, die in der Schlacht von Carrhae 53 vor Christus von den Parthern gefangengenommen und nach Margiana gebracht worden waren. Der russische Professor G. Koshelenko konnte einige in Lehm konservierte Abbildungen parthischer Siegel ausgraben.

▲ Karte S. 153

Mit dem Niedergang des Partherreiches konnte Merw für kurze Zeit unabhängig werden. Aufgrund ihrer günstigen Lage weckte die Stadt die Begehrlichkeiten neuer Eroberer und so war die Unabhängigkeit nur von kurzer Dauer. Zu Beginn des 3. Jahrhunderts nach Christus übernahmen die Sassaniden die Macht im Reich der Parther. Unter deren Herrschaft erlebte Merw eine Blütezeit; der Handel florierte und Merw wurde ein militärisches Hauptquartier. Obwohl König Shapur II. die Christen (Nestorianer) in seinem Reich verfolgen ließ, konnte sich in Merw im 4. Jahrhundert eine christliche Gemeinde etablieren. Kirchen und Klöster wurden errichtet, deren Bischöfe im 5. Jahrhundert sogar Metropoliten wurden. Judaismus und Buddhismus konnten sich ebenfalls entfalten. Die Stupa in Giaur Kala ist das westlichst gelegene, bekannte buddhistische Monument.

Ständige Auseinandersetzungen mit Nomadenvölkern aus dem Osten (Hunnen, Hephtaliten), später mit den aus dem Altai vorrückenden Türken und dem byzantinischen Reich im Westen, leiteten den Niedergang des Sassanidenreiches ein. Der endgültige Zusammenbruch kam mit den Niederlagen gegen die aus dem Westen vorrückenden Araber und

Mary und Umgebung

der letzte Sassanidenkönig Yazdigird III. floh in Richtung Osten und wurde in der Nähe von Merw 651 getötet.

Der Tod Yazdigirds III. markierte den Beginn einer neuen Ära – der Islam wurde nicht nur die vorherrschende Religion, sondern auch dominante kulturelle Kraft. Der sassanidische Statthalter wurde durch einen arabischen ersetzt. Ansonsten änderte sich zunächst nicht viel, die Administration blieb dieselbe. Giaur Kala blieb weiterhin bewohnt, allerdings mussten die Siedlungen etwas weiter westlich angelegt werden – wahrscheinlich, um die Wasserversorgung der Stadt sicherzustellen, da sich der Verlauf des Murgab, wie immer mal wieder zuvor, verändert hatte.

Im 8. Jahrhundert entwickelte sich die Provinz Chorasan mit der Hauptstadt Merw zum Zentrum des Widerstandes gegen die Omaijaden. Die Abbasiden besiegten die Omajaden und übernahmen die Macht in Bagdad. Merws Status als Hauptstadt Chorasans wurde gestärkt. Für kurze Zeit regierte der Kalif al Mamun (Regierungszeit von 813–833) sogar von Merw aus, bevor er nach Bagdad ging.

Goffrierte Mauern

▲ Karte S. 153

Das Mausoleum von Sultan Sanjar

Vom Ende des 9. bis zur Mitte des 11. Jahrhunderts regierten zuerst die Samaniden, dann die Ghaznawiden über das Territorium von Chorasan. Im Jahre 1040 wurden die Ghaznawiden von den Seldschuken (siehe ›Die Seldschuken‹ → S. 40) geschlagen, die Merw zur Hauptstadt ihres Weltreiches machten. Die Sultane Toghrol Beg (1040–1063), Alp Arslan (1063–1072) und Malik Schah (1072–1092) regierten in Merw, und ihre Mausoleen wurden hier gebaut. Malik Schah ließ die Mauern von Sultan Kala errichten.

Unter Sultan Sanjar (1118–1157) erlebte Merw eine Blütezeit. Großartige Gebäude, sein Mausoleum mit einer Moschee, das richtungsweisend für die spätere islamische Architektur wurde, und der Shahriyar Ark (königliche Zitalle) entstanden während seiner Regierungszeit. Viele große Wissenschaftler – Astronomen, Philosophen, Historiker und Poeten – kamen während der Seldschukenherrschaft nach Merw, um hier ihren Studien und Arbeiten nachzugehen. Der berühmte Poet und Astronom Omar Khayam soll im 11. Jahrhundert im Observatorium von Merw seine berühmten astronomischen Tabellen, bekannt als ›Jalal ad-din-Kalender‹ zusammengestellt haben. Yaqut al-Hamavi hatte im frühen 13. Jahrhundert in Merw die Idee zu einem ersten, umfassenden geographischen Wörterbuch. In den beiden großen Bibliotheken der Freitagsmoschee, die zusammen 12 000 Bände besessen haben sollen, sammelte er das Material.

Nach dem Tod Sultan Sanjars begann die Macht der Seldschuken zu schwinden, und die Choresm-Schahs, eine türkische Dynastie vom südlichen Aralsee, übernahmen die Macht vom ausgehenden 12. Jahrhundert bis zum Eintreffen der mongolischen Eroberer. 1221 wurde Merw von den Mongolen geplündert und zerstört. Trotz der Zerstörungen blieb die Stadt am Leben. Es gab einen Gouverneur und eigene Münzen wurden geprägt. Im 14. Jahrhundert wurde sie in das Reich Timurs eingegliedert. Unter seinem Nachfolger Schah Rukh (1408–1447) wurde eine neue Stadt gebaut. Diese Stadt, die heute den Namen des Usbeken-Khans Abdullah aus dem 16. Jahrhundert trägt, wurde nach dem Vorbild anderer Städte aus der Timuriden-Ära gebaut. Trotzdem schwand der Einfluss von Merw, da die Timuriden Städte in Transoxanien (heute Usbekistan), wie Samarkand und Buchara, bevorzugten. Außerdem nahm der Seehandel zwischen Europa und China zu, so dass Merw seine bedeutende Rolle als Handelsmetropole an der Seidenstraße immer mehr einbüßte.

Im 16. Jahrhundert kam Stadt unter die Kontrolle des Khanats von Buchara. Im ausgehenden 17. Jahrhundert unterwarfen die persischen Safawiden Merw. Konflikte um die Stadt führten zu Beginn des 18. Jahrhunderts zur Zerstörung des lebenswichtigen Sultan-Band-Dammes, wodurch die Wasserzufuhr unterbrochen wurde. Die Einwohner mussten die Stadt verlassen. Unter dem Perser Nadir Schah (1736–1747), der das Khanat von Buchara 1740 unterworfen hatte, kehrten die Einwohner wieder zurück, und Bairam Ali Kala wurde gebaut. Merw konnte sich im 19. Jahrhundert von der persischen Herrschaft befreien und war von 1850 bis 1890 unabhängig. Sogar eigene Münzen wurden herausgegeben. 1890 eroberten die Russen die Stadt. Bis zur Unabhängigkeit Turkmenistans 1991 war die Oase Merw erst Teil des zaristischen Generalgouvernements Turkistan, später Teil der Turkmenischen Sozialistischen Sowjetrepublik.

Besichtigung von Merw

Merw liegt heute etwa 40 Autominuten von der modernen Stadt Mary entfernt. Ausgangspunkt für Besichtigungen ist Mary oder die näher an Merw gelegene kleine Stadt Bairam Ali. Da das Gelände sehr groß ist und die einzelnen Monumente zum Teil weit auseinanderliegen, mietet man sich am besten einen Wagen samt Fahrer und Guide einer Reiseagentur, der die lokalen Gegebenheiten kennt. Besucher können aber auch ein Taxi mieten, die Preise sind niedrig und die Hauptwege in Merw gut befahrbar, teilweise sogar asphaltiert. Um möglichst viele der Monumente zu besichtigen, sollte man einen Tag für den Besuch von Merw einplanen. Aber auch Besucher mit wenig Zeit können in einigen Stunden die wichtigsten Baudenkmäler ansehen.

Die beste Zeit für eine Besichtigung, vor allem für Fotografen, sind die **frühen Morgen- und Abendstunden**, wenn das Licht der Sonne etwas weicher ist. Tagsüber, besonders in den Sommermona-

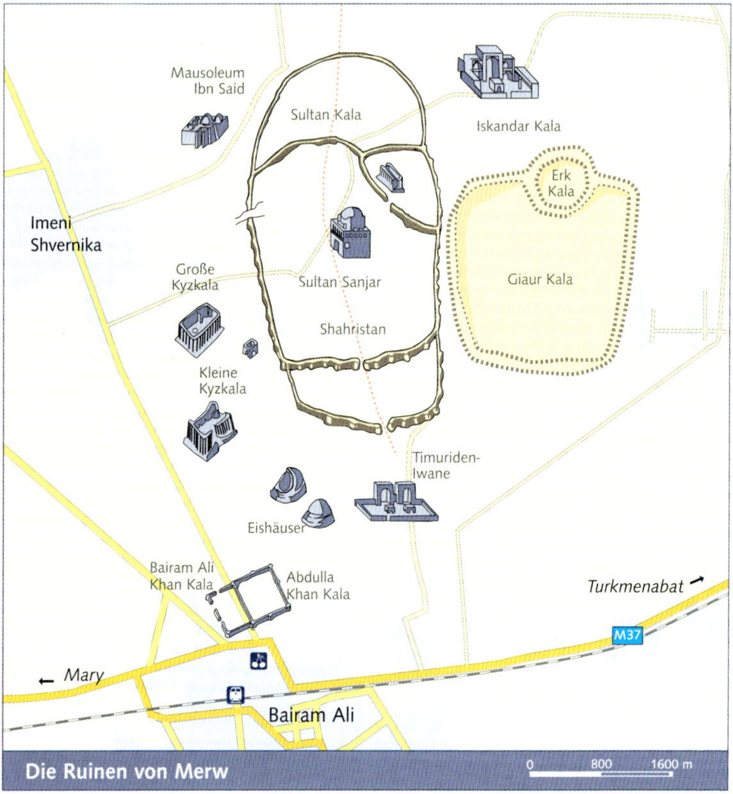

ten, kann es sehr heiß werden, so dass ein ausreichender Sonnenschutz (Creme, Kopfbedeckung, Sonnenbrille) dringend geboten ist. Um die zum Teil steilen Überreste der Lehmmauern zu erklimmen und auf den überwucherten Trampelpfaden zu gehen, muss man unbedingt auf festes Schuhwerk achten. Auf dem gesamten Gelände gibt es keine Restaurants oder Teestuben. Deshalb sollte jeder Besucher ausreichend Wasser und etwas zu essen mitbringen.

Von Mary führt der Weg über Bairam Ali, eine kleine Stadt direkt vor den Mauern Merws. An der zentralen Kreuzung biegt man nach links in nordwestliche Richtung ab und gelangt nach wenigen Kilometern zum **Haupteingang** auf der rechten Seite der Straße. Dort ist das Eintrittsgeld zu entrichten. 2004 wurde direkt am Haupteingang ein **kleines Museum** eröffnet. In der Ausstellung werden Ausgrabungsfunde aus Merw, Gonur und anderen Oasenstädten gezeigt. Am besten beginnt man die Besichtigung bei den Ruinen von Erk Kala, die in östlicher Richtung vom Haupteingang liegen. Da das Gelände relativ flach ist – die einzigen Hindernisse stellen die einstigen Stadtmauern der verschiedenen Städte dar –, ist eine Orientierung relativ einfach. Viele der Monumente sind bereits von weitem sehr gut zu sehen.

Erk Kala und Giaur Kala

Im Flusstal des Murgab entstand im 6. Jahrhundert vor Christus eine Wohnsiedlung – Erk Kala. Im 4. Jahrhundert vor Christus eroberte die Armee Alexander des Großen die Stadt. Wahrscheinlich hat er die Stadt nie betreten, aber seine Truppen errichteten in diesem Gebiet ein Heerlager. Die Wohnsiedlung hatte eine Fläche von 12 Hektar und war mit einer etwa 15 Meter hohen Mauer aus Stampflehmziegeln umgeben.

Um heute ins Innere von **Erk Kala** zu schauen, muss man die **Überreste der Mauer** erklimmen, die noch immer etwa 15 Meter hoch sind. Vom Ende der Asphaltstraße führt ein Trampelpfad entlang eines kleinen Grabens nach oben auf die Mauer, direkt zu den Resten eines ehemaligen Wachturmes, dem höchsten Punkt entlang der Mauer. Im Inneren der Mauern sieht man einen zirka einen Hektar großen Hügel, wahrscheinlich handelt es sich um die **Überreste einer Burg oder Zitadelle**, die Residenz des damaligen Statthalters. Erk Kala hatte keine Eingangstore. Es wird vermutet, dass es einen etwas höher gelegenen Eingang gab, der über eine Zugbrücke, die den Stadtgraben überspannte, zu erreichen war. Wenn genügend Zeit zur Besichtigung vorhanden ist, sollte man unbedingt ins Innere der Stadt hinabsteigen. Der Boden von Erk Kala ist mit unzähligen **Tonscherbenresten** übersät, die man anschauen kann, aber im Interesse der Forschung bitte liegen lassen sollte. An einigen Stellen haben Archäologen ihre Spuren hinterlassen. Im östlichen Teil, dicht an den Mauern, haben die Forscher die Überreste eines herrschaftlichen **Hauses aus der Sassanidenzeit** ausgegraben. Sie entdeckten Figuren, Münzen, Fragmente von Tongefäßen und Ostraka (beschriftete Tonscherben) Samen und Knochen, die Aufschluss über die Landwirtschaft jener Zeit geben. Von der Mauer Erk Kalas kann man das umgebende Gelände sehr gut überblicken. Vor allem die Strukturen Giaur Kalas treten klar hervor.

Die Mauer von Erk-Kala

Giaur Kala

Giaur Kala wurde im 3. Jahrhundert vor Christus vom Seleukiden Antiochus I. gegründet. Die Stadt führte über viele Jahrhunderte den Namen Antiocha Margiana. Giaur Kala war das Merw der Sassanidenzeit und der ersten Jahrhunderte der Herrschaft des Islam. Ausgrabungen von Töpferwerkstätten, Silberschmieden und sogar Hochöfen belegen, dass Giaur Kala ein bedeutendes Handels- und Wirtschaftszentrum gewesen sein muss. Zur Blütezeit der Seidenstraße während der chinesischen Tangdynastie (618–907) trafen sich hier die Hauptrouten der Karawanenwege.

Die Stadt war quadratisch angelegt und hatte in der nordwestlichen Ecke einen Zufluss für einen der lebenswichtigen Wasserkanäle. Die Seitenlänge der aus Stampflehmziegeln gebauten **Stadtmauer mit Wachtürmen** in regelmäßige Abständen beträgt zwei Kilometer. Am Fuß haben die 15 Meter hohen Mauern eine Breite von 20 Metern. Auf jeder Seite befindet sich ein Tor. Zur Verteidigung hatte man ein aus mehreren Ringen bestehendes Verteidungungssystem angelegt.

Da Giaur Kala eine seleukidische Stadt war ist zu vermuten, dass sie nach einem hellenistischen Bebauungsplan angelegt wurde. Ein chinesischer Gefangener berichtete 756 über die geradlinige Ausrichtung der bewohnten Stadtteile.

Zwei Ausgrabungen sollen hier besonders erwähnt werden. Dicht neben der Zufahrtsstraße nach Erk Kala in nordöstlicher Richtung liegen die **Ruinen der Freitagsmoschee** oder Beni-Makhan-Moschee. Ohne fachkundige Erklärung ist es heute schwer, noch etwas aus den Trümmern zu erkennen. Die Moschee wurde kurz nach der Eroberung Merws durch die Araber in der zweiten Hälfte des 7. Jahrhunderts gebaut. Während der seldschukischen Periode im 11. und 12. Jahrhundert wurde sie restauriert und mit den typischen Ausschmückungen, wie geschnitzten Ziegeln und Stuck, versehen. Die Moschee war fast rechteckig angelegt, mit einem Innenhof in der Mitte. Die Ausgrabungen brachten auch die Überreste eines Minaretts sowie einen reich mit Stuck gearbeiteten Mihrab zum Vorschein. Hinter den Überresten der Moschee kann eine noch recht gut erhaltene **Sardoba** (Zisterne) besichtigt werden. Sie hat einen Durchmesser von 6,60 Metern und ist 8 Meter tief. Zwei Treppen führen in die mit gebrannten Ziegeln gemauerte Sardoba hinab. Knapp einen Meter über dem Boden sind die **Zuleitungen** zu sehen, wahrscheinlich wurde das Wasser über diese aus einem der Hauptkanäle in die Stadt geleitet. Früher war die Sardoba mit einer Kuppel zum Schutz des Wassers vor Verdunstung und Schmutz überdacht, von der heute nichts mehr erhalten ist.

▲ Karte S. 156

In der südöstlichen Ecke der Stadt befanden sich einst eine **buddhistische Stupa**, die westlichste Stupa in ganz Mittelasien, und ein **Kloster**. Bei Ausgrabungen fand man hier die berühmte ›Merw-Vase‹, ein Reliquienkästchen, Plaketten mit Inschriften und Abbildungen verschiedener Bodhisattvas und einen Buddhakopf aus Ton, der einst zu einer 3 bis 3,5 Meter hohen Statue gehört haben muss.

Lehmziegelturm in Merw

Eishäuser

Verlässt man das Gelände von Erk Kala und Giaur Kala nach links, so kommt man nach wenigen hundert Metern zu einem Einschnitt in der Stadtmauer, der einen guten Eindruck vom massiven Aufbau der Mauer gibt. Klettert man auf die Mauer, sind in einiger Entfernung in südlicher Richtung Ruinen mehrerer Eishäuser zu sehen. Der Weg dorthin ist nicht einfach zu finden, nur Ortskundige finden schnell den Weg durch die heute landwirtschaftlich genutzten Felder. Die Fahrer der Wagen oder Taxis sind nicht begeistert von einem Abstecher zu den Speichern. Die schlechte Piste ist sehr schmal, und die robuste Wüstenvegetation wächst sehr dicht am Wegrand, so dass die Wagen schon mal einige Kratzer abbekommen können.

Die Eishäuser stammen aus unterschiedlichen Besiedlungsperioden. Das erste entstand während der Seldschuken-, die anderen in der späteren Timuridenzeit. Die Eishäuser sind ähnlich angelegt wie eine Sardoba und dienten der Aufbewahrung von Eis. Das Eis konnte in mehreren Schichten, geschützt durch Stroh und Lehm, über Monate ohne größere Verluste aufbewahrt werden.

Zum Komplex der timuridischen Eishäuser gehörten auch ein Pavillon und ein Torhaus. Heute arbeiten hier französische und turkmenische Archäologen und versuchen, die Gebäude zu rekonstruieren.

Komplex aus der Timuridenzeit

Auf dem Weg von den Eishäusern zurück in Richtung Sultan Kala, befindet sich im südlichen Teil der Stadt inmitten eines ausgedehnten Gräberfeldes ein religiöser Komplex aus der Timuridenzeit. Zwei **Mausoleen** neueren Datums stehen vor zwei **restaurierten Iwanen**. Die Mausoleen beherbergen je einen Kenotaph aus schwarzem Marmor, beide werden den Askhabs (Begleiter des Propheten) al-Hakim ibn Amr al-Ja'fari und Buraida ibn al-Huseib al-Islami zugeschrieben. Nach deren Tod wurden ihre Begräbnisstätten zu lokalen Schreinen. Die Timuriden bauten einen religiösen Komplex rund um die Gräber. Die Kenotaphe sind mit geschnitzten floralen und epigraphischen Mustern geschmückt. Zum Schutz der Grabmäler wurden später Ziegelmauern um sie herum errichtet. Die Iwane sind mit den in der Timuridenzeit üblichen blauen und türkisfarbenen Kacheln dekoriert. In der Rückwand der Iwane steht der Name ›Allah‹ in Kufi geschrieben. Zum Komplex gehören auch eine noch funktionierende **Sardoba** und ein **Gästehaus für Pilger**.

Sultan Kala

Die Besiedlung von Sultan Kala, westlich von Giaur Kala, begann im 8. Jahrhundert unter der Regierung von Abu Muslim. Von Norden nach Süden durchzog der Majan-Kanal das Gelände. Die ersten Gebäude wurden entlang des Kanals errichtet. Während der Herrschaft Abu Muslims, der maßgeblich am Sieg der Abbasiden über die Omaijadendynastie beteiligt war, erlebte die Stadt eine erste Blütezeit. Er ließ eine Moschee, ein Regierungsgebäude und ein Gefängnis rund um den Maidan, den zentralen Platz, errichten.

Ein zeitgenössischer Chronist berichtet, dass die ersten schwarzen Roben der Abbasiden, die später kennzeichnend für die neue Dynastie wurden, hier in Sultan Kala gefärbt wurden.

Unter den Seldschuken erreichte das mittelalterliche Merw, damals bekannt als Marw al Shahijan oder das ›Königliche Merw‹, den Höhepunkt seiner Entwicklung. Der Sultan Malik Schah

(1072–1092) ließ es mit einer gewaltigen Mauer umgeben. Bald jedoch wurde die Stadt, deren Grundfläche etwa 400 Hektar betrug, zu klein, und viele Menschen lebten außerhalb ihrer Mauern. Die so entstandenen Vorstädte ließ Sultan Sanjar (1118–1157) später ebenfalls mit Mauern umgeben. In der nordöstlichen Ecke der alten Stadt wurde auf Geheiß Sanjars der Shariyar Ark oder auch die ›Königliche Zitadelle‹ errichtet. Nachdem die Administration in die neue Zitadelle verlegt worden war, bekam das Zentrum eine neue Funktion. Viele Handwerker verlegten ihre Werkstätten hierher. Moscheen, Medresen und Mausoleen wurden gebaut. Das größte und schönste Mausoleum war das von Sultan Sanjar. Ständig wurden die gewaltigen Stadtmauern mit ihren mehr als 200 Wachtürmen ausgebessert und befestigt. Während des Mongolenangriffs hielten die Mauern den anstürmenden Kriegern sechs Tage lang stand. Nach Verhandlungen, in denen vereinbart worden war, die Bevölkerung zu schonen, wurden die Tore der Stadt geöffnet. Die Mongolen hielten sich jedoch nicht an die Vereinbarungen und ließen nicht viel von der Stadt übrig.

■ Sultan-Sanjar-Mausoleum

Das Mausoleum von Sultan Sanjar war Teil eines religiösen Komplexes, zu dem auch eine Freitagsmoschee und ein Badehaus gehörten. Die Umrisse und Grundmauern sind heute noch auf Luftaufnahmen zu sehen. 1152 wurde das vom Architekten Mukhammed Bini Atsyz As-Sarakhsi geplante Gebäude fertiggestellt. Mit seinen riesigen Ausmaßen gehörte es zu den bedeutendsten Bauwerken der Seldschuken-Zeit. »Das Mausoleum war gekrönt mit einer blauen Kuppel, die bereits einen Tagesmarsch entfernt von Merw aus zu sehen war«, so berichtete Yakut Al-Khamavi im 13. Jahrhundert. Rashid Ad Din (14. Jahrhundert) nennt es das ›größte Gebäude in der Welt‹, und Isphizary (15. Jahrhundert) beschreibt es als »das erhabenste Bauwerk im gesamten Universum, so solide, dass kein Verderben ihm etwas anhaben kann«. Tatsächlich sind die Maße gigantisch. Auf dem würfelförmigen, zweistöckigen Unterbau thronte eine 17 Meter hohe, mit türkisfarbenen Kacheln verzierte äußere Kuppel, die heute leider nicht mehr erhalten ist. Das Mausoleum gilt als klassisches Beispiel des überkuppelten Masars und ist vor allem deshalb bemerkenswert, da hier zum ersten Mal in Mittelasien eine zweischalige Kuppel konstruiert wurde. Die gewaltigen Mauern sind drei Meter dick und ruhen auf einem sechs Meter tiefen, konischen Fundament, welches dazu diente, die gesamte Konstruktion erdbebensicher zu machen.

Das Mausoleum hat einen quadratischen Grundriss, mit einer Seitenlänge von 27 Metern. Es hat zwei Eingänge, der **Haupteingang** zeigt in Richtung Osten und ist der aufgehenden Sonne zugewandt. Die Öffnung im Westen ist durch ein Gitterfenster verschlossen. Über eine weitere Tür im Westen erreicht man eine **Treppe zur Galerie**, die außen um die Kuppel herumführt und einen guten Blick ins Innere des Mausoleums bietet. Die **Kuppel** wird getragen von vier großen Gewölbenischen in den Ecken, die sich mit verdeckten Bögen abwechseln. Der Übergang vom Achteck zur runden Basis des Tambours wird durch acht mit Stalaktiten geschmückte

Fassadendetail am Sultan-Sanjar-Mausoleum

Pendentifs erreicht, von denen strahlenförmig ein Rippenwerk ausgeht, das zum einen der Verstärkung, aber hauptsächlich der Dekoration der Kuppel dient. In der Mitte der Kuppel bilden die Rippen einen achtzackigen Stern, das Symbol der Seldschuken), in dessen Zentrum sich eine Öffnung nach außen befindet. Die ›Legende vom Sultan Sanjar und seiner Frau‹ (→ S. 166) erzählt von ihrer Entstehung.

Im Gegensatz zu den schmucklosen Außenmauern des Kubus sind die **Arkaden** der umlaufenden Galerie mit Ziegelornamenten und geschnitzter Terrakotta geschmückt. Die weiß verputzten Wände im Innern des Mausoleums sind mit roten und blauen floralen Mustern und Inschriften bemalt.

Das **Grab** im Mausoleum soll das von Sultan Sanjar sein. Es wird aber angenommen, dass dessen Grab von den Mongolen zerstört wurde. Das Kenotaph im Zentrum des Mausoleums stammt aus dem 19. Jahrhundert.

Im Jahr 2004 wurde das stark verfallene Mausoleum nach zehnjähriger Rekonstruktion wieder den Besuchern zugänglich gemacht. Die Restaurierung wurde von der Türkei finanziert und von türkischen und turkmenischen Spezialisten ausgeführt.

Shahriyar Ark

Auf dem Gelände des Ark (Zitadelle) befand sich neben Kasernen und Verwaltungsgebäuden auch der Palast, eines der repräsentativsten Bauwerke der Seldschukenzeit. Der Palast war ein zweistöckiges Gebäude (45 mal 39 Meter) mit einem quadratischen Innenhof und vier Iwanen, an jeder Seite einer. Jeder Iwan war geschmückt mit einem Pischtak und Pilastern. Der Hauptiwan lag im Norden und bildete den Eingang in einen großen rechteckigen Raum, der möglicherweise als Thronsaal genutzt wurde. An beiden Seiten befanden sich kleine quadratische Räume.

100 Meter nördlich des Palastes befindet sich ein gut erhaltenes **Köshk** (festungsähnliches Gebäude). Die goffrierten Mauern haben eine Seitenlänge von 21,5 mal 7,65 Metern. Von innen sind in den Mauern mehrere Reihen kleiner Nischen angeordnet. Da keine schriftlichen Quellen über die Nutzung dieses Gebäudes existieren, gibt es verschiedene Hypothesen. Das Köshk könnte als Bibliothek oder Administrationsgebäude gedient haben. Wahrscheinlicher ist die Annahme, dass es sich um einen Taubenschlag gehandelt hat. In jener Zeit waren Brieftauben ein wichtiger Teil des postalischen Systems. Ein Schlag in so großer Nähe zum Palast könnte die Tauben des Sultans beherbergt haben.

Grabmoschee von Jusuf Hamadani

Außerhalb der Mauern von Sultan Kala in nordöstlicher Richtung befindet sich die Grabmoschee von Jusuf Hamadani. Die urspüngliche Moschee aus dem 16. Jahrhundert gehörte zu einer Gruppe von Gebäuden, die rund um das Grab eines Derwischs(Sufi) namens Abu Jaqub Jusuf ibn Ayub (gestorben 1140) aus der westiranischen Stadt Hamadan errichtet worden war. Von der gesamten Anlage ist nichts erhalten geblieben. Im 19. Jahrhundert wurde an derselben Stelle ein neues Mausoleum errichtet. In den 1990er Jahren wurde die Anlage zu einer Pilgerstätte ausgebaut, die für Nicht-Moslems heute nicht mehr zugänglich ist.

Kyz Bibi

Verlässt man Sultan Kala zurück in Richtung Haupteingang, kommt man an einem kleinen, rekonstruierten Mausoleum, genannt ›Kyz Bibi‹, vorbei. Es handelt

▲ Karte S. 156

sich um ein quadratisches, überkuppeltes Gebäude mit einer Öffnung an jeder Seite. Diese Bauweise war typisch für die Tempel der Feueranbeter und wurde später auch als Element in die islamische Architektur übernommen. Der russische Archäologe Zhukowsky vermutet, dass sich hier das Grab von Turkan-Khatun, der Frau von Sultan Sanjar, befindet. Neuere Forschungen haben die Überreste weiterer, zum Komplex gehörender Gebäude zutage gebracht. Man fand eine kleine Moschee mit Mihrab im Westen, einen Eingangsraum in Nordosten und einen gepflasterten Hof. Heute ist das Mausoleum eine Pilgerstätte; an Stöcken und Büschen sind tausende von Wunschbändern angeknüpft.

Große Kyz Kala und Kleine Kyz Kala

Kehrt man in Richtung Haupteingang zurück, kommen links zwei außergewöhnliche Ruinen ins Blickfeld – die große und die kleine Kyz Kala oder ›Jungfrauenschlösser‹. Die beiden **Köshks** (befestigte Gebäude) wurden bereits im frühen Mittelalter, im 6. oder 7. Jahrhundert, errichtet. Man nimmt an, dass es sich um Festungen oder Paläste der hier ansässigen Dekhane, der lokalen Fürsten, handelt. Besonders auffällig sind die sogenannten goffrierten Mauern. Auf einer Erdaufschüttung mit einem Winkel von 75 Grad – so entsteht kein toter Winkel, und alles ist einsehbar – stehen 15 Meter hohe Mauern, errichtet aus aneinandergereihten halbrunden Säulen. Diese Konstruktionsweise hatte verschiedene Vorteile: Durch die halbrunde Säulenkonstruktion wurde bei gleicher Stabilität weniger Material benötigt, und die Mauern waren gleichzeitig weniger anfällig gegen Witterungseinflüsse. Zwischen den Säulen sind in regelmäßigen Abständen schmale Fenster gut versteckt. Sie dürften aufgrund ihrer Größe kaum der Beleuchtung gedient haben; man nimmt an, dass es Schießscharten waren. Die Mauern, von denen leider nur wenig erhalten geblieben ist, wurden einst von Zinnen gekrönt.

Die Mauern der **Großen Kyz Kala** (42 mal 37 Meter) dagegen sind gut erhalten, besonders im Süden und Osten hat die Erosion wenig Schaden angerichtet. Das Gebäude hatte einst zwei Stockwerke, das Erdgeschoss ist verschüttet. Über zwei große Lücken im Norden und Osten der Mauer kann man ins Innere des Obergeschosses gelangen. Zu sehen sind heute noch die

Die Große Kyz Kala

Die Kleine Kyz Kala

Mauerreste kleiner, quadratischer, wahrscheinlich einst überkuppelter Räume, die rund um einen Innenhof angelegt waren, und eine überwölbte Treppe, die ins Erdgeschoss führte.

Die **Kleine Kyz Kala** (22 mal 22 Meter), auch ›Dschigit Kala‹ genannt, ist weniger gut erhalten. Sie ist nach dem gleichen Muster wie die Große Kyz Kala errichtet. Die goffrierten Mauern sind nur im Süden und im Osten erhalten. Im Unterschied zur Großen Kyz Kala gibt es hier zwischen allen Säulen Fenster, die über beide Stockwerke reichen. Im Innern sind die Überreste verschiedener Räume zu sehen.

Muhammad-Ibn-Said-Mausoleum

Kurz bevor man wieder das Haupttor erreicht, führt rechts ein Weg zum Mausoleum von Muhammad Ibn Said, einem berühmten Schia-Lehrer und direkten Nachfahren Mohammeds. Der Legende nach fand er hier seine letzte Ruhestätte. Das Mausoleum ist Teil eines Komplexes, zu welchem neben dem Mausoleum eine gut restaurierte Sardoba, ein zerfallener Küchentrakt, die Wächterbehausung und die Ruinen eines alten Köshks gehören. Die gesamte Anlage ist von einem dichten Saxaulwald umgeben.

Das Mausoleum wurde auf Anweisung von Governeur Sharaf al-Din Abu-Tahir, der in der ersten Hälfte des 12. Jahrhundert über Merw regierte, gebaut. Der Bau ist deutlich in drei Teile gegliedert: in das Mausoleum von Ibn Said, in eine Gebetshalle und einen Vorraum. Das Mausoleum von Ibn Said ist der älteste Teil des Gebäudes. Von außen sind drei Kuppeln zu sehen, zwei kleinere über der Gebetshalle und eine große über dem Mausoleum. 1937 stürzte die große Kuppel ein. Den Wiederaufbau nahm man zum Anlass, auch andere Rekonstruktionsarbeiten vorzunehmen.

Bis auf einige Strebepfeiler sind die Außenmauern des Mausoleums undekoriert, nur die nördliche Mauer mit dem Eingang ist mit angedeuteten Bögen geschmückt. Um die schwachen Grundmauern zu unterstützen, wurden sie nachträglich mit Ziegeln verstärkt.

Der **Zugang zum Mausoleum** befindet sich an der Nordseite. Zuerst betritt man den **Gebetsraum**. An der dem Eingang gegenüberliegenden Wand kann man noch originale zoroastrische Motive aus geschnittener Terrakotta sehen. Durch eine weitere Tür gelangt man in den **Vorraum** des Mausoleums. Rechts befindet sich der Eingang zur **Grabkammer**. In der quadratischen Kammer steht

▲ Karte S. 156

ein Kenotaph aus schwarzem Marmor. Er stammt aus dem 15. Jahrhundert und gehört nicht zu Ibn Said, dem Namensgeber des Mausoleums. Eine Inschrift im floralen Kufi-Stil entlang aller vier Wände besagt aber, dass das Mausoleum 1112 für Muhammad Ibn Said gebaut wurde. In der Mitte der Westmauer befindet sich ein Mihrab in Muschelform. Es sind noch Reste der mehrfarbigen Originalbemalung zu erkennen.

Verlässt man das Mausoleum wieder, stößt man direkt auf eine rekonstruierte **Sardoba**. Dahinter kann man im Boden die **Tonröhren für die Wasserzuleitung** sehen. Rechter Hand steht ein kleines Lehmhaus, in dem der über 80 Jahre alte Wächter der Anlage ein bescheidenes Zuhause hat. Auf Nachfrage ist er gerne bereit, einen Blick ins Innere zu gewähren. In der Mitte des Hofes steht ein uralter Saxaulbaum, der über und über mit Wunschbändern versehen ist. Das Mausoleum von Muhammad Ibn Said ist eine besonders heilige Stätte, die heute von Pilgern aus ganz Turkmenistan und auch aus dem Ausland besucht wird.

Abdullah Khan Kala

Drei Kilometer südwestlich des Zentrums von Sultan Kala entstand zwei Jahrhunderte nach der Zerstörung Merws durch die Mongolen unter dem Timuriden Schahrukh ab 1409 die Abdullah Khan Kala. Wie die anderen Teilstädte Merws entwickelte sich auch diese Siedlung auf bis dahin unbebautem Gelände. Mit nur 44 Hektar ist sie die kleinste Stadt. Die rechteckige Anlage hatte an jeder Ecke große runde Wachtürme, die durch 44 kleinere entlang der Stadtmauern ergänzt wurden. Die Mauern waren von einem Graben umgeben, der 10 bis 30 Meter breit war. Die starken Mauern konnten vielen Angriffen standhalten, aber keiner längeren Belagerung. Merw hatte nämlich immer einen Schwachpunkt – die Wasserversorgung. So gelang es dem Usbeken-Khan Abdullah 1566 sowie dem Perser Nadir Schah 1727, die Bevölkerung durch Kontrolle der Wasserzufuhr zum Aufgeben zu zwingen.

Vier Tore führten in die Stadt, die von Hauptstraßen in Viertel geteilt wurde. Wie alle anderen Städte hatte Abdullah Khan Kala eine Zitadelle, auf deren Gelände sich der Palast, Warenhäuser und eine Karawanserei befanden. Im nördlichen Teil der Stadt stand eine große Moschee mit angeschlossener Medrese. Zusammen mit seiner letzten, westwärtigen Erweiterung – der Bairam Ali Khan Kala – wurde das alte Merw im Jahre 1795 endgültig zerstört. Die Soldaten des Emirs von Buchara vernichteten damals das so lebenswichtige Kanalsystem gründlich und verwandelten die Stadt in ein einziges Trümmerfeld, so dass kein Überleben in der Oase mehr möglich war.

Wächter in Merw

Die Legende vom Sultan Sanjar und seiner Frau

Eines Tages traf Sultan Sanjar ein wunderschönes Mädchen, das er unbedingt zu seiner Frau machen wollte. Das Mädchen stimmte zu, stellte aber drei Bedingungen, die der Sultan einhalten sollte. Erstens durfte er seiner Frau niemals zusehen, während sie sich ihr wunderschönes langes Haar kämmte. Die zweite Bedingung war, dass er ihr beim Laufen niemals auf die Füße schauen durfte, und drittens verbot sie ihm, sie jemals zu umarmen. Sultan Sanjar stimmte zu, und die beiden vermählten sich. Einige Zeit lebten sie glücklich, aber der Sultan ward immer neugieriger. Eines Tages konnte er seine Neugier nicht mehr zähmen. Er schlich sich zu ihren Gemächern und schaute durch das Schlüsselloch. Was er sah, entsetzte ihn. Um ihr Haar zu kämmen, nahm seine Frau ihren Kopf ab, stellte ihn vor sich hin und kämmte das Haar! Der Sultan lief erschrocken davon. In den folgenden Tagen bemerkte seine Frau, dass etwas mit ihm nicht stimmte. Sie fragte ihn, und er gestand ihr, sein Versprechen gebrochen zu haben. Erzürnt drohte sie ihm, ihn auf der Stelle zu verlassen. Der Sultan flehte und bettelte und seine Frau ließ sich erweichen. Sie blieb, und wieder waren sie glücklich miteinander. Bald aber überkam den Sultan abermals die Neugier. In einem unbeobachteten Moment schaute er seiner Frau auf die Füße und musste sehen, dass sie schwebte! Die Entdeckung des Geheimnisses konnte Sanjar nicht lange vor seiner Frau geheimhalten. Abermals drohte sie ihm, ihn zu verlassen, doch es gelang dem Sultan noch einmal, sie umzustimmen. Wieder ging einige Zeit ins Land. Eines Tages wurde das Verlangen nach seiner Frau aber so übermächtig, dass er sie nahm und fest an sich drückte. Was musste er feststellen – seine Frau hatte keine Knochen! Ob seines Verrates nahm sie unter Tränen von ihm Abschied und verschwand für immer. Sultan Sanjar trauerte sehr und wurde krank. Eines Nachts erschien ihm seine Frau im Traum. Um sein Leid etwas zu lindern, sagte sie ihm: »Baue mir ein Schloss mit einem Loch in der Kuppel. Ich werde jeden Freitag dort erscheinen, und du kannst mich sehen.« Sofort ließ der Sultan ein prächtiges Schloss mit einem Loch in der Kuppel errichten. Tatsächlich erschien seine Frau an jedem Freitag, bis Sultan Sanjar starb. Er ließ sich in dem Schloss beerdigen, um seiner Frau auch nach seinem Tode noch nahe zu sein.

Torbögen in den Ruinen von Merw

Die Margiana-Region

Zu Beginn des 20. Jahrhunderts erhielten amerikanische Archäologen des Carnegie-Instituts von der russischen Regierung in St. Petersburg die Erlaubnis, Ausgrabungen in der transkaspischen Region vorzunehmen. Mit schwer beladenen Kamelen zogen die Amerikaner von Bairam Ali aus nordwärts in die Wüste Karakum. Sie gelangten in ein Gebiet, wo der Boden mit uralten Tonscherben bedeckt war. Dies kam einer Sensation gleich, hatte man doch bisher angenommen, dass die Karakum ohne Zivilisation gewesen war. Das Alter der Scherben wurde auf 2500 Jahre geschätzt. Je weiter die Forscher vordrangen, umso ältere Fundstücke förderten sie zutage. Schließlich entdeckten sie eine 3000 Jahre alte Siedlung, heute bekannt als Yaz Depe. Es stellte sich heraus, dass es sich nicht nur um eine einfache Siedlung, sondern um eine größere Stadt mit Zitadelle und Herrscherresidenz handelte. Wegen Proviantmangels mussten die Amerikaner die Grabungen einstellen und kehrten mit der Überzeugung nach Hause zurück, dass sich hinter den Dünen am Horizont noch weitere großartige Entdeckungen verbargen. Nach dem Ende des Zweiten Weltkriegs zogen Expeditionen in die Wüste. Sie fanden tatsächlich weitere Siedlungen, die sich bis in die Bronzezeit zurückdatieren ließen. Keramikfunde ergaben, dass eine sehr große Ähnlichkeit zur Kultur der Siedlungen am Fuße des Kopet-Dag-Gebirges (Altyn Depe, Namazga Depe) bestand. Dies legt nahe, dass die Siedler vom Fuße des Kopet Dag mit denen in den Wüstenstädten identisch waren.

Das einstmals besiedelte Gebiet war so riesig, dass den Forschern sehr bald klar war, dass es sich hier um das antike Land Margiana oder Margush handeln musste, das in der Behistun-Inschrift des Achämeniden-Königs Darius (um 500 vor Christus) Erwähnung findet (→ S. 24).

Der ursprüngliche Name Margush wurde später von den Griechen in Margiana abgewandelt. Der Name kommt vom Fluss Murgab. Einst lag das Mündungsdelta des Flusses dort, wo heute nur noch Wüste anzutreffen ist. Die Bewohner der Bronzezeit errichteten ihre Siedlungen im nördlichen Teil des ehemaligen Deltas. Im Laufe der Jahrhunderte verschob sich der Flusslauf nach und nach 25 bis 30 Kilometer in westliche Richtung, und heute fließt der Murgab durch die moderne Stadt Mary (→ S. 148). Die bronzezeitlichen Siedler betrieben Landwirtschaft und nutzten das Wasser des Murgab zur Bewässerung ihrer Felder. Mit der Veränderung des Flusslaufes waren sie gezwungen, ihre alten Siedlungen zu verlassen und dem Verlauf des Flusses zu folgen. Dies erklärt die Tatsache, dass die ältesten Siedlungen im Norden des ehemaligen Deltas zu finden sind, während sich die Siedlungen jüngeren Datums näher an den modernen Städten Bairam Ali und Mary befinden.

Die Funde in Margiana belegen, dass die Bewohner ausgezeichnete Handwerker und Künstler waren. Töpferwaren aus Margiana wurden in weit entfernten Regionen Mittelasiens in der Steppe Kasachstans gefunden. Schmiede und Juweliere verarbeiteten nicht nur Kupfer, sie beherrschten auch die Kunst der Bronzeherstellung. Das weiche Kupfer wurde zur Herstellung von Schmuck verwendet, während Waffen, Messer, Bohrer, Nadeln, Haken zum Fischfang und ähnliches bereits aus der wesentlich härteren Bronze hergestellt wurden. Juweliere fertigten für die reiche Oberschicht wunderbaren Schmuck aus Gold und Silber. Gegen Ende des zweiten Jahrtausends vor Christus tauchten die ersten Eisenwaren auf. Man stellte fest, dass es sich nicht um aus Meteoritengestein gewonnenes Eisen handelte, sondern dass Verfahren zur Verhüttung bekannt gewesen sein müssen. Die Steinschneider und Schnitzkünstler verarbeiteten Steine wie Karneol, Lapislazuli, Marmor, Alabaster, aber hauptsächlich weichen Speckstein. In Gräbern fand man auch kleine Beigaben aus Elfenbein, das wahrscheinlich aus Indien eingeführt wurde.

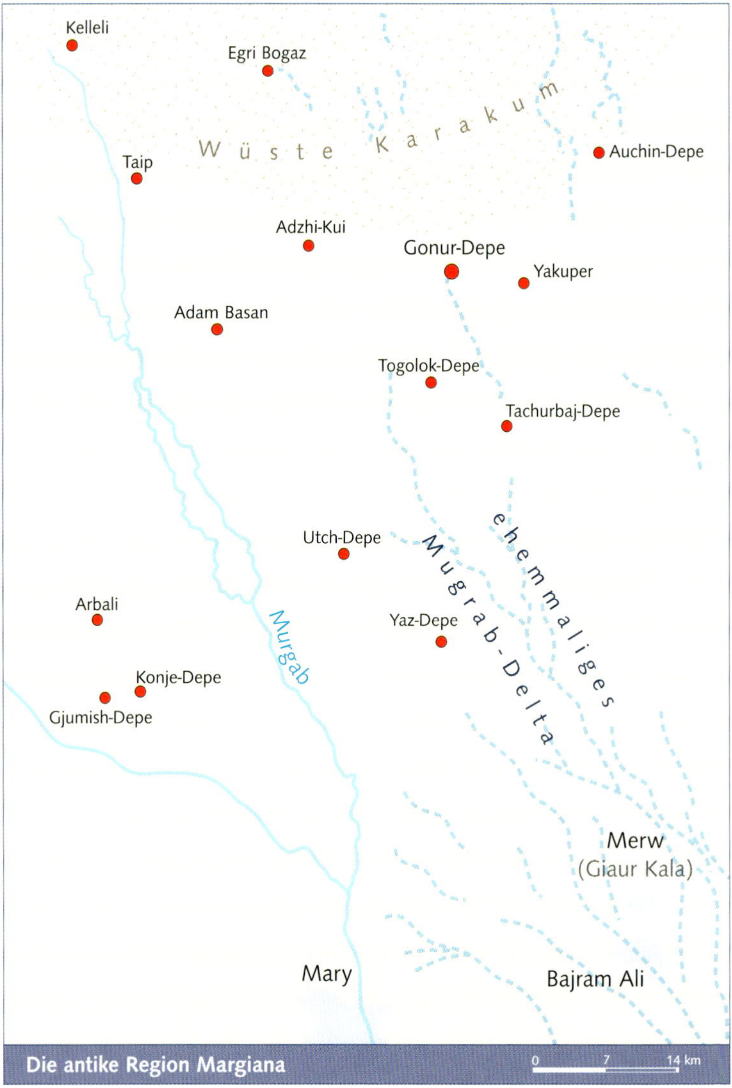

Die antike Region Margiana

Historische Luftaufnahme von Gonur

Die Tatsache, dass handwerkliche Erzeugnisse aus Margiana weit über deren Grenzen bekannt waren und die Handwerker Margianas Materialien benutzten, die in ihrer Heimat nicht vorkamen, belegt einen regen Handelsaustausch mit den benachbarten Ländern. Die Kontakte reichten bis zu Euphrat und Tigris, ins Indus-Tal und bis zum Persischen Golf.

Gonur

Am besten kann man die frühzeitliche Kultur in Gonur, der ehemaligen Hauptstadt Margianas, 60 Kilometer nördlich von Merw, studieren. Seit einigen Jahren wird hier in jährlichen Kampagnen gegraben. Dem berühmten russischen Archäologen Viktor Sarianidi und seinen Kollegen gelangen viele spektakuläre Entdeckungen. Professor Sarianidi vertritt die Theorie, dass hier einst die Geburtsstunde des Zoroastrismus schlug. Bislang wurden mehrere Feuertempel in Gonur ausgegraben. Auch die Bestattungsriten weisen auf diese Verehrung des Feuers hin. Besonders interessant ist die Entdeckung von speziellen Räumlichkeiten, in denen Priester Kultgetränke zubereitet haben. Während geheimnisvoller religiöser Rituale nahmen die Priester ein Getränk namens Haoma zu sich. Haoma wurde hergestellt aus den Pflanzen Ephedra (Ephedrin), Mohn und Hanf. In der Awesta, der heiligen Schrift des Zoroastrismus, wird Haoma als Gottheit präsentiert, die alle Leiden heilen kann.

Gonur war umgeben von einer Mauer. Auf der **Zitadelle** im Zentrum der Stadt befand sich der herrschaftliche Palast, umgeben von Häusern für die Bediensteten. Außerhalb der Zitadelle lagen die Wohnhäuser und die Werkstätten der Handwerker. Noch heute kann man die Überreste von einigen **Töpferwerkstätten** mit großen Brennöfen sehen. Auf dem Gelände der Stadt gab es auch spezielle **Häuser der Toten**, in denen die Verstorbenen für die Beisetzung vorbereitet und gereinigt wurden. Das dabei abfließende Wasser wurde in dafür vorgesehenen Behältern aufgefangen und abgeleitet, damit die als heilig angesehene Erde nicht verunreinigt wurde. Die Gebäude hatten sowohl einen ›norma-

Tonwaren in Gonur

len‹ Eingang als auch einen kleinen Durchbruch von 80 Zentimetern Höhe daneben, durch welchen die Toten in den Raum hinein- und auch wieder herausgebracht wurden.

Der Tradition in Gonur entsprechend, befanden sich Gräber innerhalb der Wohnsiedlungen, aber es wurde auch außerhalb der Stadtmauer eine große Nekropole entdeckt. Die Toten wurden mit angezogenen Beinen und verschränkten Armen bestattet. Im Glauben, dass sich das Leben nach dem Tod wie bisher fortsetzt, wurden ihnen persönliche Gegenstände, aber auch Nahrungsmittel und Wasser mit in das Grab gegeben. Grabräuber haben die wertvollsten Stücke geholt, so dass heute nur noch wenige Dinge davon zu finden sind. Dennoch zeugt das Verbliebene von einer hochentwickelten Kultur. Eine besonders enge Verbindung scheint zur antiken Provinz Baktrien, heute im nördlichen Teil Afghanistans gelegen, bestanden zu haben. Archäologische Forschungen haben in dieser Region ebenso wie in Margiana mehrere Dutzend bronzezeitliche Siedlungen zutage gebracht. Funde, die eine erstaunliche Ähnlichkeit mit denen in Margiana haben, lassen die Vermutung zu, dass Margiana und Baktrien einst ein einziges Land gewesen sein könnten. Zumindest gemeinsame Vorfahren und Herkunft der Bewohner aus einem stark mesopotamisch geprägten Kulturkreis sind wahrscheinlich (siehe ›Altyn Depe‹ → S. 130).

Das südliche Turkmenistan

Tagtabazar und die Höhlenstadt Ekedeshik

225 Kilometer südlich von Bairam Ali befindet sich in der Nähe des kleinen Dorfes Tagtabazar, durch das einst eine Karawanenstraße aus Chorasan Richtung China führte, die einzigartige Höhlenstadt Ekedeshik. Auf dem Weg dorthin kann man die **Talkhatan-Baba-Moschee** aus dem 11, Jahrhundert besichtigen.

Der Name ›**Ekedeshik**‹ bedeutet ›Eine Öffnung‹; Die unterirdische Stadt hatte nur einen einzigen Zugang. Bis heute ist die Entstehungsgeschichte der Höhlenstadt nicht vollständig geklärt und es gibt viele Versionen über ihre Erbauer und deren Gründe, eine unterirdische Stadt anzulegen.

Einige Wissenschaftler vermuten, dass die Höhle von makedonischen Legionen angelegt wurde. Andere gehen davon aus, dass sie von hier ansässigen Christen (Nestorianer) als Zufluchtsstätte gegraben worden ist, um der arabischen Invasion und der damit verbundenen Islamisierung zu entgehen. Am wahrscheinlichsten ist die Annahme, dass die Höhle ein buddhistisches Kloster war. In Mittelasien finden sich neben Ekedeshik noch andere künstlich angelegte Höhlen, von denen man weiß, dass sie als

Blumen am Straßenrand

Karte S. 153

Im März und April blüht die Wüste für kurze Zeit

Klöster, hauptsächlich buddhistische, manchmal auch christliche, fungierten. Mit dem Bau der Stadt begann man im 7. Jahrhundert nach Christus. Der Komplex aus fünf unterirdischen Etagen wurde mit axtähnlichen Werkzeugen in den Sandstein am Ufer des Flusses Murgab gehauen. Die Etagen sind miteinander verbunden, und manche der Gänge sind so breit, dass ein Kamelkarren hindurchpassen würde. Es gibt mehr als 44 Räume. Die Nutzung als Schlafräume, Küche und dergleichen ist heute noch erkennbar. In der untersten Etage wurde Wasser gesammelt. Heute sind nur die beiden oberen Etagen für Besucher zugänglich, die unteren sind wegen Einsturzgefahr gesperrt.

Seraghs

Die Oase Seraghs zwischen Nishapur (Iran) und Merw lag einst an der Seidenstraße. Nach der Eroberung durch die Araber wuchs die Bedeutung der Oase. Zu jener Zeit änderte sich der Verlauf einer der Hauptrouten der Seidenstraße, sie führte jetzt aus den zentralen Regionen des Iran nach Nishapur und von dort weiter über Seraghs und Merw in den Osten. Im 11. und 12. Jahrhundert, unter der Regierung der turkstämmigen Seldschuken, erlebte Seraghs seine Blüte. Die Mongolen zerstörten die Stadt so schwer, dass sich in den darauffolgenden Jahrhunderten nie wieder richtig erholte. Heute ist Seraghs ein größeres Dorf mit etwa 6000 Einwohnern. Das einzige Zeugnis vergangener Größe ist das **Mausoleum von Abul Fazil**, ein bedeutendes Meisterstück der seldschukischen Architektur. Die Seldschuken waren es, die erstmals in der Geschichte der islamischen Architektur zwei- oder mehrschalige Kuppeln konstruierten. Das Mausoleum wurde über dem Grab des Sufilehrers, der 1023 starb, errichtet. Es hat eine Grundfläche von 15 mal 15 Metern und eine doppelte, kegelförmige Kuppel.

Badkhyz-Naturreservat

Im äußersten Südosten Turkmenistans, an der Grenze zum Iran und zu Afghanistan, liegt das Naturreservat Badkhyz. Die hügelige Savannenlandschaft gehört zum nördlichen Ausläufer des Hindukusch. Das Reservat wurde 1935 eingerichtet, es erstreckt sich über 150 Quadratkilometer und beheimatet 40 Säugetierarten, darunter Onager, gestreifte Hyänen, Leoparden, die sehr seltenen Asia-tischen Wildesel (Kulan) sowie 250 Vogelarten, so den Goldadler und den Kurzzehen-Adler, und 34 verschiedene Reptilien. Hier wachsen wilde Pistazienbäume, die von Mai bis Juni reifen. Aufgrund großer unterirdischer Wasservorkommen gleicht die Landschaft in jedem Frühling einem Blumen- und Blütenmeer. Der Name Badkhyz hat eine sehr poetische Bedeutung – der ›Platz, wo der Wind beginnt‹. Es gibt keine größeren Ansiedlungen und keine Straßen im Reservat. Ein Besuch ist nur über spezielle Arrangements möglich, die in Ashgabat von Reiseagenturen organisiert werden können.

Das Welayat Lebap, dessen Hauptstadt Turkmenabat ist, wird meist nur als Durchgangsstation von und nach Usbekistan wahrgenommen. Dabei bietet diese Region neben sehenswerten Bauwerken, die bis ins 10. Jahrhundert zurückgehen, auch mehrere beeindruckende Naturreservate.

Turkmenabat und Umgebung

Turkmenabat

Die Hauptstadt des Welayates Lebap ist Turkmenabat, das frühere Chardjou. Die Stadt, die einst Amul hieß, ist bereits älter als 2000 Jahre und war ein wichtiger Knotenpunkt der Seidenstraße mit Verbindungen in Richtung China, Indien und Choresm. Aber Erdbeben und Invasionen zerstörten den Ort, der malerisch am linken Ufer des Amu Darjas liegt, immer wieder. 1221 wurde Amul von den Mongolen dem Erdboden gleichgemacht, konnte sich aber wieder erholen. Von nun an hieß die Stadt Chardjou (vier Kanäle). Im 18. Jahrhundert kam Chardjou unter Kontrolle des Khanats von Chiwa, im 19. Jahrhundert herrschten die Emire von Buchara über die Stadt.

Mit der Fertigstellung der Eisenbahnbrücke über den Amu Darja im Jahr 1886 gewann Chardjou an Bedeutung, und es entwickelte sich allmählich ein kleines industrielles Zentrum. Nach dem großen Erdbeben von 1948 in Ashgabat plädierten einige Sowjetpolitiker für die Verlegung der Hauptstadt nach Chardjou, die deutlich weniger erdbebengefährdet ist. Diese Pläne wurden aber niemals umgesetzt. 1999 entschied der damalige Präsident Turkmenbaschi, die Stadt in Turkmenabat, die Stadt der Turkmenen, umzubenennen. Für die meisten Turkmenen ist es aber nach wie vor Chardjou.

Heute ist Turkmenabat die zweitgrößte Stadt Turkmenistans mit 160 000 Einwohnern und einer stark expandierenden chemischen Industrie. Für Reisende von und nach Usbekistan ist Turkmenabat eine wichtige Durchgangsstation.

Turkmenabat

Vorwahl: aus dem Ausland 0993/422 + Teilnehmernummer, innerhalb Turkmenistans 800/422 + Teilnehmernummer.

Der Flughafen befindet sich 5 km außerhalb der Stadt und ist am einfachsten mit dem Taxi zu erreichen. Täglich gibt es mehrere Flüge zwischen Ashgabat und Turkmenabat. Das Verkaufsbüro von Turkmenistan Airlines liegt 300 Meter südlich des Nijasow-Platzes, zweite Straße von links.

Der neue Bahnhof befindet sich im Stadtzentrum. Es verkehren täglich Züge nach Turkmenbashi, Ashgabat, Mary und Dashogus. Zwischen Usbekistan und Turkmenistan gibt es keine Zugverbindungen, aber vor dem Bahnhof warten Taxis und Sammelbusse, die zur turkmenisch-usbekischen Grenze fahren.

Die Express-Busse nach Mary und Ashgabat fahren mehrmals täglich vor dem Bahnhof ab.

Hotel Turkmenabat, Magtumguly köçesi, Tel. 38292. Relativ neues Hotel mit komfortablen Zimmern, einem guten Restaurant und einer Bar. Die Zimmer kosten 40–80 US-Dollar.

Hotel Amu Darja, Nijazow köçesi 14, Tel. 22434. Das Hotel wurde im Jahr 2010 renoviert. Die Zimmer wurden zwar neu gestrichen, aber auf Kleinigkeiten sollte man besser nicht schauen. Es liegt direkt zentral gegenüber dem Bahnhof. Die Zimmer kosten zwischen 15 und 60 US-Dollar.

Hotel Jeyhun, Bitarap Turkmenistan şayoli 106, Tel. 21041. Das im Jahr 2009 eröffnete Hotel verfügt über moderne Zimmer mit Aircondition und Satelliten-TV. Es

▸ Karte S. 175

liegt südlich des Stadtzentrums an der Straße nach Mary. Zu den Annehmlichkeiten im Hotel gehören ein Außenpool, ein Innenpool mit Sauna, Restaurant und Bar, ein Friseursalon sowie Internetzugang. Zimmerpreise auf Anfrage bei einer turkmenische Reiseagentur.

Es gibt eine ganze Reihe von Restaurants, kleinen Cafés und Schaschlikbratereien.

Das **Restaurant Lebap** liegt in der Puşkin köçesi, Tel. 63521, und bietet exzellenten Service und hervorragendes Essen. Es ist neu, großzügig gestaltet und sehr geschmackvoll eingerichtet. Im Sommer kann auf der Terrasse gegessen werden.

Restaurant Traktir, Arsarybaba köçesi 14, Tel. 31438. Der Besitzer des Restaurants ist ein lokaler Geschäftsmann, der sein Geld mit riesigen Turkmenbashi-Postern gemacht hat. Das Restaurant verfügt über mehrere Räume, die unterschiedlich dekoriert sind. Die Speisekarte ist eher international.

Die **Zip Bar**, nahe Altyn Asyr köçesi, ist ein beliebter Treffpunkt. Es gibt frisches Bier vom Fass und preiswerte Gerichte. Die originelle Dekoration erinnert ein wenig an eine Höhle.

Die Umgebung von Turkmenabat

Amu-Darja-Naturreservat

Zum Amu-Darja-Naturreservat gehören die Tugai-Wälder im Flusstal des Amu Darja und die angrenzenden Wüstengebiete. Im Schutzgebiet leben 48 Säugetierarten, darunter die Asiatische Gazelle und der Buchara-Hirsch, und mehr als 200 Vogelarten. 1040 Pflanzenarten wachsen hier. Das Schutzgebiet ist ein beliebter Überwinterungsplatz für viele Wandervögel.

Die Tugai-Wälder entlang des Amu Darjas sind nahezu undurchdringlich mit salzresistenten Pflanzen bewachsen. Eine der hier beheimateten Pflanzen ist das Süßholz, besser bekannt als Lakritze. Seit Zarenzeiten werden in Turkmenabat die Wurzeln der Pflanze für den Export vorbereitet.

Lange war die einzigartige Natur vom Fortschreiten der Zivilisation bedroht. Besonders zu Sowjetzeiten wurden große Flächen in Farmland umgewandelt. Der letzte Tiger der Gattung Turan wurde in den 1960er Jahren gesichtet. Als Reaktion auf das Verschwinden dieser Spezies wurde im Jahr 1982 das Naturreservat gegründet. Seither erholt sich die Natur wieder.

Um das Schutzgebiet zu besuchen, benötigt man eine spezielle Erlaubnis des Naturschutzministeriums in Ashgabat (Informationen über die turkmenischen Reiseagenturen). Der am besten zugängige Abschnitt liegt in der Nähe des Dorfes Gabakly, zwischen Seydi und der Karawansarei Daya Khatyn. Die lokalen Reiseleiter und Ranger bringen die Besucher zu einem kleinen Gästehaus, wo einfache Räume für Übernachtungen zur Verfügung stehen.

Dargan und die Karawanserei Daya Khatyn

Im 10. Jahrhundert war Dargan eine bedeutende Stadt an einer der Routen der Seidenstraße. Die Truppen Dschingis Khans zerstörten die Stadt im 13. Jahrhundert, aber noch bis zur Mitte des 14. Jahrhunderts existierte sie weiter. Heute kann man in der Rabat (Vorstadt) noch zahlreiche Ruinen aus Lehmziegeln und die Mauern einer Festung dieser Zeit sehen.

Die Karawanserei Daya Khatyn wurde in der zweiten Hälfte des 10. Jahrhunderts gebaut und gehört zu den bedeutendsten architektonischen Denkmälern

Das Astana-Baba-Mausoleum bei Kerki

▲ Karte S. 177

der nördlichen Schule von Chorasan im sogenannten ›Goldenen Zeitalter‹. Das quadratisch angelegte Gebäude hatte eine Seitenlänge von 53 Metern und stand im Zentrum der Rabat. Die Bögen, Gewölbe und die Kuppeln waren aus gebrannten Ziegeln gebaut. Von besonderem Interesse sind die erhaltengebliebenen Überreste der Gewölbe und die Kragsteine. Auf Relieffragmenten wurden Texte mit den Namen der Kalifen Abu Bekir, Omar und Ali gefunden. Dargan liegt etwa 170 Kilometer nördlich von Turkmenabat an der Straße nach Dashogus.

Kerki

Kerki ist ein administratives Zentrum im Welayat Lebap mit 20 000 Einwohnern. In der Stadt und deren Umgebung befinden sich zahlreiche archäologische Denkmäler. Zwei bedeutende Mausoleen liegen an der Straße von Turkmenabat nach Kerki, etwa 15 Kilometer von Kerki entfernt. Die auf dem Territorium der antiken Stadt Zemm errichteten Mausoleen spielen im wiedererwachten Pilgerwesen Turkmenistans eine große Rolle und gelten als besonders heilig.

Das **Alamberdar-Mausoleum** wurde im 11. Jahrhundert gebaut und ist das

Rund um Turkmenabat (Welayat Lepap)

größte der erhaltengebliebenen Baudenkmäler aus der Zeit der Nördlichen Chorasandynastie (heute Iran). Die Fassade und das Innere des Mausoleums sind mit Dekorationen aus versetzt gemauerten, gebrannten Ziegeln geschmückt. Im einzigen Raum steht ein Kenotaph, der als Grabstein angesehen wurde. Ausgrabungen ergaben aber, dass hier niemand beigesetzt wurde. Der Name Alamberdar bedeutet im Turkmenischen ›Fahnenträger‹. Keine konkrete Person wird mit dem Mausoleum verbunden, aber schriftliche Quellen berichten, dass an dieser Stelle Abu-Ibrahim Ismail Muntazir, der letzte Herrscher der Samanidendynastie, getötet worden sein soll.

Um das Mausoleum ranken sich mehrere lokale Legenden. Eine Legende berichtet, dass sich im Grab ein goldener Ring befinden soll. Sowjetische Forscher versuchten 1948 bei Nacht und Nebel, das Grab zu öffnen, um den Ring zu finden. In diesem Moment geschah in Ashgabat das verheerende Erdbeben.

Nur wenige Kilometer weiter steht das **Astana-Baba-Mausoleum**. Im Verlaufe der Jahrhunderte wurde es mehrmals rekonstruiert, das letzte Mal in den Jahren 1918 bis 1920 unter dem Emir von Buchara. Die vermutlich ältesten Teile, die Moschee und der Eingangspischtak, stammen aus dem 12. Jahrhundert.

Kugitang-Naturreservat

▲ Karte S. 177

Das Naturreservat im Osten Turkmenistans an der Grenze zu Afghanistan und Usbekistan wurde 1986 eingerichtet. Sein Territorium umfasst 27139 Hektar. Ziel ist der Schutz des einzigartigen Ökosystems in den Bergen des Kugitang-Gebirgszuges und einer sehr seltenen Bergziegenart (Capra falconeri).

Der Name Kugitang kommt vom persischen Wort ›kuhi‹ und vom turkischen Wort ›teng‹ und bedeutet soviel wie ›unüberwindbare Berge‹. Zahlreiche Täler und tiefe Schluchten durchziehen das Gelände. Die längste Schlucht, **Hodjachilgazbaba**, ist 28 Kilometer lang. Die steilen Wände der **Daraya-Schlucht** erreichen eine Höhe von 600 Metern. Der **Ayribaba** ist mit 3139 Metern der höchste Berg Turkmenistans. Die tieferen Ausläufer des Kugitang-Gebirges sind dicht bewaldet, es wachsen unter anderem Walnussbäume, Ahorn, Wacholder und wilde Trauben. Sehenswert ist die **Schlucht Um-bar Depe**. Nahezu senkrechte Wände begrenzen sie und ein Wasserfall stürzt 28 Meter in die Tiefe.

Im **Canyon Kyrg Gyz**, der etwa bis zur Hälfte zugänglich ist – der übrige Teil ist nach einem gewaltigen Steinschlag unzugänglich - befindet sich eine interessante **Pilgerstätte**. Von der Decke einer großen Höhlenöffnung hängen tausende bunte Bänder herab. Die Pilger befestigen kleine Lehmkügelchen an einem Endes des Bandes und werfen es an die Decke. Bleibt es kleben, so verheißt dies Glück und bescheinigt dem Werfer eine ›reine Seele‹.

Die Attraktion des Reservates ist ein Plateau, auf dem sich versteinerte **Fußabdrücke von Dinosauriern** befinden. Auf einer Fläche von 500 mal 200 Metern wurden etwa 2500 Spuren gefunden. Die Abdrücke zeigen deutlich drei Zehen und sind 70 bis 80 Zentimeter lang. Die Distanz zwischen den einzelnen Abdrücken beträgt etwa anderthalb Meter. Aus diesen Daten errechneten die Wissenschaftler eine Größe der Echsen von acht bis zwölf Metern und ein Gewicht von fünf bis zehn Tonnen. Neben den großen Abdrücken sind auch kleinere erhalten geblieben, die von Dinosaurierjungen stammen könnten. Heute gehen die Forscher davon aus, dass es sich bei den Spuren um Abdrü-

Im Kugitang-Reservat

cke von Iguanodons handelt, fleischfressenden Jägern, die vor 150 Millionen Jahren lebten. Wahrscheinlich bewegten sich die Echsen in einem flachen Gewässer, das durch die Sonne ausgetrocknet wurde. Die Abdrücke wurden im Schlamm sozusagen ›gebacken‹ und später durch einen Vulkanausbruch mit Lava versiegelt.

Die Spuren wurden bereits vor vielen Jahrhunderten von den Bewohnern der Region entdeckt. Da die Menschen damals nichts von der Existenz von Dinosauriern wussten, nahmen sie an, dass die Abdrücke von den Elefanten der Armee Alexanders des Großen stammten. Erst 1980 wurden die versteinerten Abdrücke von einer wissenschaftlichen Expedition genauer untersucht. Die Erkenntnis der Wissenschaftler, dass es sich um Dinosaurierspuren handelt, war unter Paläontologen eine Sensation. Bis heute wurde weltweit keine vergleichbare Stätte gefunden. In einem kleinen Museum in der Rangerstation wurde die Enstehungsgeschichte der Spuren illustriert, außerdem kann man sich dort über Flora und Fauna und die riesigen Tropfsteinhöhlen informieren.

Die Höhlen im Kugitang-Reservat

Vor etwa 90 Millionen Jahren begann hier die Entstehung eines neuen Gebirge aus Kalkstein - inmitten eines Meeres, welches damals große Teile Asiens bedeckte. Entlang von Klüften und Schichtfugen im Gestein versickerte Wasser und ließ unter der Oberfläche Hohlräume entstehen. Kohlendioxidhaltiges Regenwasser förderte die Lösungsverwitterung, die Hohlräume wurden immer größer und bildeten ganze Höhlensysteme - die sogenannten Karsthöhlen.

In den Höhlen findet man oft Tropfsteine, die entstehen, wenn einsickerndes Wasser Kohlendioxid an die Höhlenluft abgibt und Calcit (das Mineral Kalkspat) ausfällt. Es bilden sich Stalaktiten (hängend), Stalagmiten (stehend), Sinterfahnen und Tropfsteinwasserfälle. Zusammengewachsene Stalaktiten und Stalagmiten nennt man Travertinsäulen.

Im 18. und 19. Jahrhundert wurden die Höhlen in dem unzugänglichen Gelände von Schmugglern genutzt. Es wurden Mumien und Reste von Waren, die geschmuggelt wurden, entdeckt.

Übersicht über die Naturparks in Turkmenistan

1956 entdeckte der Geologe Yalkapov aus Ashgabat zahlreiche Höhlen und fertigte erstmals Karten der Höhlensysteme an.

Mit der industriellen Ausbeutung, man hatte Marmoronyx entdeckt, begann auch das öffentliche Interesse an einem Schutz der Höhlen. Der Geologe Vladimir Maltsev veröffentlichte zahlreiche wissenschaftliche und populärwissenschaftliche Artikel über Forschung und Schutz der Höhlen und eine Liste der hier auftretenden Mineralien.

In den letzten Jahren wurde versucht, die Höhlen einem größeren Publikum zugänglich machen, aber das Kugitang-Reservat ist nur schwer erreichbar, und so blieb der Zustrom der Touristen bisher äußerst gering.

Mit einem Ranger kann man heute die Karlyk-Höhlen besuchen. Beeindruckende Hallen, große und kleine Grotten mit Stalagmiten und Stalagtiten, Säulen in der Form von Kerzen und viele andere wunderbare Schöpfungen der Natur sind in diesen Höhlen zu sehen, die zu den schönsten in der ehemaligen Sowjetunion zählen.

Über Kerki und **Magdanly** gelangt man nach **Balkan Depe**. Hier befindet sich die **Rangerstation** und eine kleine, sehr einfache Unterkunft mit Mehrbettzimmern, Außentoilette und Kochmöglichkeit. Am besten organisiert man eine Reise in das Kugitang-Reservat über eine der Agenturen in Ashgabat. Die Agenturen verfügen über Kontakte zu den Rangern, organisieren die Permits und bieten Privatunterkünfte mit Vollpension an. Die Fahrt mit dem Auto hierher ist sehr beschwerlich, allein von Turkmenabat müssen sechs Stunden eingeplant werden. Im Reservat selbst ist die Fortbewegung nur mit Allradwagen möglich, die Ranger bieten diesen Service gerne an.

Einkaufsmöglichkeiten gibt es im Dorf Bazar Depe. In einem kleinen Laden kann man sich mit dem Nötigsten versorgen. Immer mittwochs findet hier ein Markt statt.

Wüstenreservat Repetek

Das Repetek-Reservat liegt etwa 70 Kilometer südlich von Turkmenabat an der Straße nach Mary und wurde 1927 gegründet. Bereits seit 1912 gibt es hier eine wissenschaftliche Station. Die Aufgaben des Reservates sind der Schutz und das Studium der einzigartigen Flora und Fauna in dem 34600 Hektar großen Gebiet. Seit 1979 hat Repetek den Status eines internationalen Biospärenreservates.

Die Wüste Karakum bedeckt ein Gebiet von 35 Millionen Hektar, das sind mehr als 80 Prozent des gesamten Territoriums von Turkmenistan. Nach den geologischen Konditionen werden drei große Teile unterschieden, ein nördlicher,

▲ Karte S. 177

ein zentraler und ein südöstlicher Teil. Letzterer beherbergt das staatliche Repetek-Reservat. Hier sind 26 Säugetier-, 22 Reptilien, 23 Vogel-, tausende Insekten- und Spinnen- sowie viele hundert Pflanzenarten, davon 42 endemisch, zu Hause.

Die Durchschnittstemperatur beträgt 16 Grad, der heißeste Monat ist der Juli mit Temperaturen zwischen 3 und 50 Grad Celsius. Am Boden kann es bis zu 70 Grad Celsius heiß werden. Es fallen durchschnittlich nur 113 Millimeter Regen pro Jahr. Für eine kurze Zeit, vornehmlich im Frühjahr, ist die Wüste mit einem farbenfrohen Blütenteppich bedeckt. Eine Besonderheit in Repetek sind große, zusammenhängende Saxaulwälder, die hier unter Naturschutz stehen und nicht abgeholzt werden dürfen.

Unter den Tieren, die in Repetek zu finden sind, ist das bis zu 1,80 Meter lange **Wüstenkrokodil**, ein grau gestreifter Waran, das interessanteste. Die Turkmenen nennen es ›Zemzem‹, und in der Nähe ihrer Häuser oder Jurten ist es trotz seiner äußerst scharfen Zähne gern gesehen, da es Jagd auf Schlangen macht. Das Zemzem wird bis zu acht Jahre alt, es ernährt sich hauptsächlich von Nagetieren, Insekten, Fröschen, Schlangen und Skorpionen. Im Winter verkriechen sich die Tiere in ihre Bauten und halten Winterschlaf. Das Zemzem legt bis zu 24 Eier in der Größe von Puteneiern. Zemzems stehen unter strengstem Naturschutz. Traditionell wurden sie von den turkmenischen Nomaden nicht gejagt, denn man sagt ihnen nach, die Pest zu verhindern. Trotzdem sind sie aus einigen Gegenden verschwunden, denn in der Vergangenheit wurde ihre Haut zu Schuhen, Handtaschen und anderen Luxusgütern verarbeitet.

Heute hat man kaum die Gelegenheit, ein Zemzem in freier Wildbahn zu beobachten. Leider werden sie häufig überfahren.

Ein Geschenk des National Museum of Herbarium der USA ist ein großes **Herbarium**, in dem Pflanzenspezies aus Turkmenistan, Usbekistan, Kasachstan und den USA gesammelt und gezeigt werden. Ein kleines **Museum** im Reservat beherbergt eine bescheidene Ausstellung ausgestopfter einheimischer Tiere.

Ein junger Alabai – ein turkmenischer Hirtenhund

Im Nordosten Turkmenistans liegen im Welayat Dashogus die Ruinen von Konya Urgench, die im Jahre 2005 in die Weltkulturerbeliste der UNESCO aufgenommen wurden.

Dashogus und Umgebung

Dashogus

Die Stadt Dashogus, 618 Kilometer nördlich von Ashgabat nahe der Grenze zu Usbekistan, ist das administrative Zentrum des Welayates Dashogus. Hier leben 160 000 Menschen. Früher gehörten die Stadt und ihre Umgebung zum Reich Choresm. Viele historische Monumente im Welayat, besonders in der Stadt Konya Urgench, zeugen von der großen Vergangenheit des Choresm-Reichs.

Einst lag die Stadt an der Seidenstraße. Ein großer, künstlich angelegter Brunnen versorgte sie mit Wasser und machte sie als Rastplatz für Karawanen attraktiv. Der mit Steinen befestigte Brunnen gab der Stadt auch ihren Namen - Dashogus bedeutet in der turkmenischen Sprache Steinquelle.

In den ersten Jahren des 20. Jahrhunderts befand sich hier eine kleine Siedlung mit engen Gassen und einstöckigen Lehmhäusern. Erst in den 1930er Jahren nahm die Stadt ihre heutige, moderne Form an. Viele öffentliche Gebäude und Wohnbezirke wurden damals gebaut.

In den letzten Jahren hat sich das Stadtbild stark verändert: Moderne Verwaltungsgebäude, neue Hotels, Cafés, Restaurants und Springbrunnen entstanden. Das geschäftige **Zentrum** der Stadt befindet sich zwei Kilometer nördlich der eigentlichen Stadt in einem Bezirk nahe dem Basar und dem Bahnhof.

Für Reisende von und nach Usbekistan ist Dashogus eine wichtige Durchgangsstation. Der Grenzübergang befindet sich nahe der Stadt. Viele Transitreisende (Iran–Turkmenistan–Usbekistan) nutzen diesen Übergang, die berühmte Oasenstadt Chiwa in Usbekistan ist die nächstgelegene Touristenattraktion.

Dashogus ist auch die Ausgangsstation für Touristen, die das im Norden des Landes gelegene Konya Urgench besichtigen wollen.

Dashogus

Vorwahl: aus dem Ausland 0993/322 + Teilnehmernummer, innerhalb Turkmenistans 800/322 + Teilnehmernummer.

Der Flughafen liegt etwa 15 Autominuten außerhalb der Stadt. Es gibt nur einen Abfertigungsschalter, das Gedränge ist oft sehr groß. Häufig gibt es Unstimmigkeiten über die Größe des Handgepäcks, daher sollte das Handgepäck möglichst klein gehalten werden. Die sanitären Anlagen lassen zu wünschen übrig. Das Verkaufsbüro von Turkmenistan Airlines befindet sich in einem Anbau des Hotels Dashogus (s.u.).

Der Busbahnhof befindet sich in der Nähe des Bai-Basars im Norden der Stadt. Es fahren regelmäßig Busse nach Konya Urgench (Fahrtdauer ca. 2 Std.), nach Ashgabat (12–18 Std.) und Turkmenabat (10 Std.). Die Ticketpreise liegen zwischen 0,50–5 US-Dollar.

Von Dashogus fahren Züge nach Turkmenabat und über Mary nach Ashgabat. Der Bahnhof liegt in der Woksal köçesi.

Hotel Diyarbekir, Turkmenbashi şayoli, Tel. 59037. Ein modernes Haus unter türkischem Management. Die Räume sind riesig, allerdings etwas abgewohnt. Im Hotelrestaurant wird russische und traditionelle turkmenische Küche serviert. Der Preis für Einzel- und Doppelzimmer liegt bei 30–70 US-Dollar.

▸ Karte S. 185

Hotel Uzboy, Turkmenbashi şayoli 19/1 Tel. 26016. Relativ neues 4-Sterne-Hotel, 40–70 US-Dollar. Alle Zimmer haben Air-condition. Zum Hotel gehören ein Restaurant, eine Bar und ein Friseur.

Hotel Dashogus, Turkmenbashi şayoli 44/1, Tel. 55506. Das alte Intourist-Hotel ist bislang nicht sehr empfehlenswert, bislang gab es keine Renovierung. Für die Zukunft ist dies aber vorgesehen. Das Hotel verfügt über eine Bar und ein kleines Restaurant. Die Zimmer kosten 20–40 US-Dollar.

Die Auswahl an empfehlenswerten Restaurants ist nicht besonders groß. Das beste Restaurant der Stadt ist das **Shatugi**. Al Khorezmi köçesi 6, Tel. 59742. Das Restaurant ist besonders bei Hochzeitsgesellschaften beliebt, daher ist es oft laut. Es werden verschiedene Sorten Kebap, aber auch russische und europäische Gerichte wie Pizza serviert.

Chaichana, Mudsavod Shorva, Irfimenko 13. Einfache turkmenische Teestube, die gute Schaschliks und Suppen serviert. Das Personal ist sehr freundlich. Am besten nimmt man ein Taxi, da die Teestube in einiger Entfernung zu den Hotels gelegen ist.

Cafe Bereket, Atamurad Niyasov köçesi, Tel. 52559. Nahe des Bahnhofs gelegenes Café mit nettem Garten. Traditionelles Essen.

Restaurant Eshret, Sapamurad Turkmenbashi şayoli, Tel. 37805. Das Restaurant befindet sich im Park nahe des Hotels Uzboy, in einem Monument, das einst zu zu Ehren Turkmenbashis errichtet wurde. Im Erdgeschoss des zweistöckigen Lokals isst man an Tischen und Stühlen, im Obergeschoss wird traditionell auf dem Boden, mit Kissen und an niedrigen Tischchen gegessen.

Zum Einkaufen empfiehlt sich der quirlige **Bai-Basar**. Neben Lebensmitteln ist hier nahezu alles erhältlich, entsprechend bunt ist das Treiben..

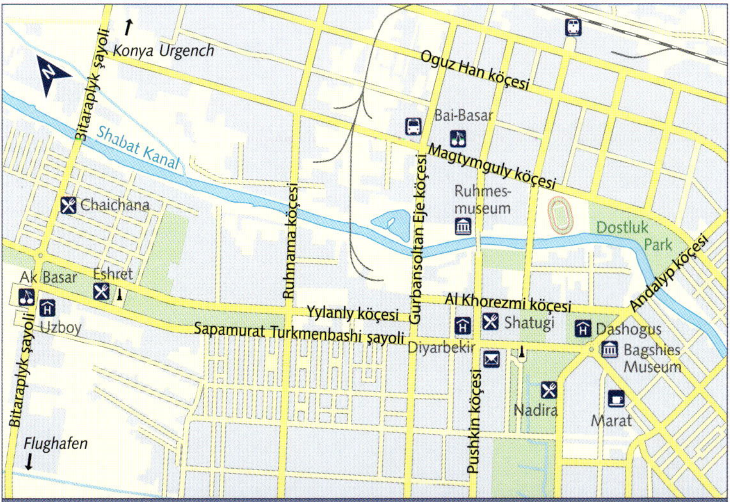

Dashogus, Zentrum

Konya Urgench

Die Stadt, die früher den Namen Gurgandsch trug, war bereits im 1. Jahrhundert nach Christus ein bedeutendes Zentrum an der nördlichen Route der Seidenstraße, die zum Kaspischen Meer und nach Russland führte. Zu Beginn des 8. Jahrhunderts nach Christus wurde die Stadt von den Arabern erobert, die den Islam ins Land brachten. 995 gelang es dem Emir Mahmun, das Land Choresm zu einen. Er machte Gurgandsch zu seiner Hauptstadt. Zahlreiche prächtige Paläste, Moscheen, Mausoleen, Koranschulen und Bibliotheken wurden gebaut und machten Gurgandsch zu einem Zentrum der islamischen Welt. Bedeutende Gelehrte wie Al Biruni und Avicenna lebten und arbeiteten hier.

Mit Beginn der seldschukischen Eroberungen im 11. Jahrhundert geriet die Region unter die Herrschaft der Choresm-Schahs. 1210 eroberte der Choresm-Schah Mohammed II. Samarkand und verlegte seine Hauptstadt dorthin. Er war es auch, der im Jahr 1218 die Karawane vom Hofe Dschingis Khans bei Ortrar plündern, die Händler töten ließ und dadurch einen verheerenden Mongolenangriff heraufbeschwor (siehe ›Die Mongolen‹ → S. 40). Dschingis Khan hatte nach dem Vorfall bei Ortrar

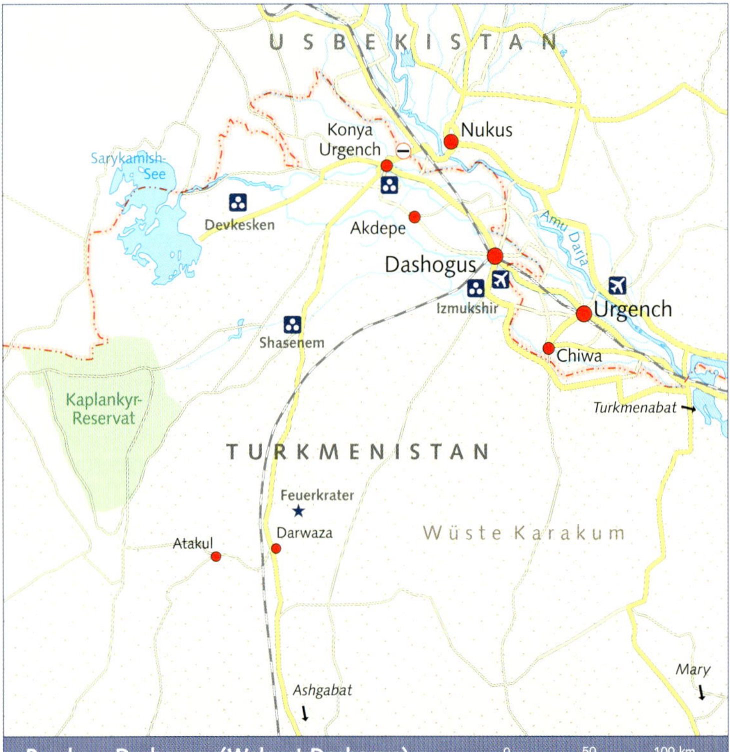

Rund um Dashogus (Welayat Dashogus)

Pilgerinnen befragen Orakelsteine

eine diplomatische Mission den Hof Mohammeds II. entsandt, welche das gleiche Schicksal ereilte. Damit war die mongolische Invasion in Choresm nicht mehr aufzuhalten. Gurgandsch konnte den anstürmenden Mongolen einige Monate widerstehen. Erst nach der Zerstörung eines nahe der Stadt gelegenen Staudammes des Amu Darjas gelang es den Mongolen, das Ende der Stadt herbeizuführen. Gurgandsch wurde überschwemmt und die Überlebenden getötet oder als Sklaven verschleppt. Ab 1221 war es in mongolischer Hand.

In der folgenden Friedensperiode wurde die Stadt, die nun Konya Urgench hieß, wieder besiedelt und aufgebaut. Sie entwickelte sich erneut zu einem Handelszentrum. Unter der Sufidynastie des 14. Jahrhunderts war Konya Urgench wieder Hauptstadt und ein bedeutendes Machtzentrum. Der berühmte arabische Reisende Ibn Battuta besuchte die Stadt in jener Zeit und beschrieb sie als »größte unter den Türkenstädten mit breiten Straßen und prächtigen Basaren«.

Im Jahre 1379 standen neue Eroberer vor den Toren der Stadt: die Heere Timurs. Sie belagerten die Stadt mehrere Male, weil Timur sie als Rivalin seiner Hauptstadt Samarkand ansah. 1388 gelang ihm die Erstürmung und Konya Urgench wurde dem Erdboden gleichgemacht. Timur ordnete an, an dieser Stelle Gerste auszusäen. Im 16. Jahrhundert wurde versucht, die Stadt wieder aufzubauen. Aber als danach der Amu Darja, die Lebensader der Stadt, seinen Verlauf änderte, gab man die Siedlung endgültig auf. Erst mit dem Bau eines Kanals im 19. Jahrhundert wurde die Grundlage für den Aufbau der neuen, modernen Stadt Konya Urgench geschaffen.

Wie durch ein Wunder konnten trotz der schrecklichen Zerstörungen einige der großartigen Bauwerke die Stürme der Geschichte überstehen. Konya Urgench wurde auf der 29. Tagung des Welterbekomitees der UNESCO im Juli 2005 in die Liste des Weltkulturerbes aufgenommen.

Turabeg-Khanum-Mausoleum

Das Mausoleum der Sufidynastie gehört zu den prächtigsten Gebäuden, die in der Zeit nach dem Sturm der Mongolen in Konya Urgench gebaut wurden. Der Emir Kutlug Timur ließ das Mausoleum in der Mitte des 14. Jahrhunderts für seine

Die Kuppel des Turabeg-Khanum-Mausoleums

Lieblingsfrau Turabeg Khanum – eine Tochter von Uzbek Khan – errichten.

Das gewaltige, majolikageschmückte **Portal** ist 21 Meter hoch und 14 Meter breit. Durch einen mit einem Stalaktitengewölbe verzierten **Vorraum** betritt man den sechseckigen **Hauptraum**. Gegenüber dem Eingang befindet sich das **Grab**. 1960 wurde es von einem russischen Archäologen geöffnet, und man fand darin die Gebeine eines männliches Leichnams. Da bislang keine weiblichen Gebeine gefunden werden konnten, diskutieren Wissenschaftler verschiedene Thesen. Unter anderem wird vermutet, dass hier die Herrscher der Sufidynastie begraben sein könnten. Die besonders dekorative Ausschmückung des Innenraumes und einige architektonische Besonderheiten könnten auch darauf hindeuten, dass dieses Bauwerk einst ein Palast gewesen ist.

Die Wände des etwa 100 Quadratmeter großen Raumes sind mit farbigen Fliesen verziert. Die gesamte Architektur des Gebäudes symbolisiert einen gewaltigen Kalender.

Die 20 Meter hohe Kuppel ist mit 365 Sternen, die kunstvoll durch geometrische Muster verbunden sind, verziert. Sie stehen für die Tage des Jahres. Über den Trompen befinden sich 24 Bögen, abwechselnd sind zwölf als Fenster nach außen offen (zwölf Stunden des Tages), die anderen geschlossen (zwölf Stunden der Nacht). Darunter liegen zwölf größere Bögen als Symbol für die Monate des Jahres. Im unteren Teil des Hauptraumes gibt es vier große Fenster. Sie stellen die vier Jahreszeiten und die Wochen eines Monats dar. Die einst steil aufragende, kegelförmige, mit blauen Kacheln verzierte äußere Kuppel ist heute zerstört.

▲ Karte S. 190

Minarett Kutlug Timur

Überquert man die Straße, fällt der Blick sofort auf das Minarett Kutlug Timur. Der Bau des Minaretts begann bereits im 11. Jahrhundert unter dem Choresm-Schah Mamun, wurde aber erst nach einer längeren Bauunterbrechung in den Jahren 1321 bis 1336 unter Kutlug Timur vollendet. Einst gehörte es zur Hauptmoschee von Konya Urgench. Das Minarett ist mit 62 Metern das höchste in Mittelasien. Seine Basis hat einen Durchmesser von 12 Metern. Die Fassade ist mit Mustern aus geschliffenen, versetzt gemauerten Backsteinen geschmückt. In einiger Höhe befinden sich zwei Kufi-Inschriften. Über 143 Stufen gelangte man früher zur Minarettspitze. In der Vergangenheit war die Spitze mit einer hölzernen Laterne gekrönt, die nach Einbruch der Dunkelheit angezündet wurde und den Karawanen schon von weitem den Weg in die Stadt zeigte. Heute ist die Spitze abgebrochen, und das Minarett kann nicht mehr bestiegen werden. Der Eingang zum Minarett befindet sich in mehreren Metern Höhe und war früher über ein angrenzendes Gebäude zugänglich.

Mausoleum des Sultan Tekesch

Nur wenige Meter vom Minarett Kutlug Timur steht das Mausoleum des Sultan Tekesch, auch bekannt unter dem Namen Gökgumbas. Das Gebäude stammt aus vormongolischer Zeit. Tekesch regierte über Choresm im 12. Jahrhundert. Er ließ das Mausoleum schon während seiner Lebzeit für sich errichten. Zur gesamten Anlage gehörten auch eine Medrese und eine Bibliothek, die komplett zerstört wurden. Die kegelförmige Kup-

Inschriften am Minarett Kutlug Timur

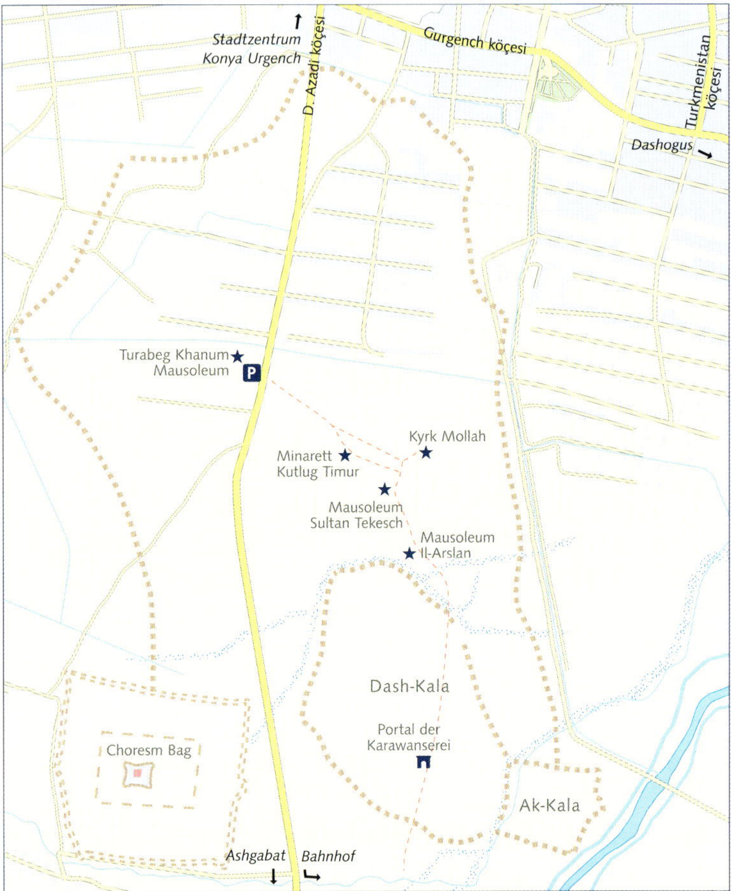

Konya Urgench, Ausgrabung

pel, reich geschmückt mit blauen Kacheln und geometrischen Mustern, ist typisch für Choresm. Die hier angewandte Konstruktion der Doppelschalen-Kuppel wurde später von den timuridischen Baumeistern übernommen.
Der vordem reiche Majolikaschmuck des Mausoleum-Innenraumes wurde in der Sowjetzeit bei einer Renovierung entfernt. Die Kacheln wurden abgeschlagen und der gesamte Raum weiß verputzt. Über den Trompen sind noch die Reste der einst farbig gestalteten Muschelbänder zu sehen. Farbig gestaltet sind auch die Gitter dreier Fensteröffnungen in jeder Wand des Mausoleums.
Rechts und links des Fensters gegenüber dem Haupteingang befinden sich zwei große Nischen. In den letzten Jahren wurden darin bei Ausgrabungen in Tongefäßen versteckte Ledersäcke mit alten Büchern und alten Keramiken gefunden. Die Schriften befinden sich jetzt in Ashgabat und werden zur Zeit wissenschaft-

lich ausgewertet. Heute errichten Pilger in den Nischen kleine Pyramiden aus Steinen; jeder Stein steht für einen Wunsch.

Es gibt aber Zweifel, ob es sich tatsächlich um ein Mausoleum handelt. Bei Ausgrabungen in der nahen Umgebung des Baus fand man Überreste eines Steinaltars aus vorislamischer Zeit. Die Türöffnungen des Gebäudes nach allen vier Seiten waren typisch für die Tempel der Feueranbeter. Einige Wissenschaftler vermuten, dass es sich hier um einen Tempelkomplex handelt, der nichtmoslemischen Gottheiten geweiht war.

Kyrk Molla

Etwas entfernt vom Mausoleum des Sultan Tekesch erhebt sich ein Hügel, der einst die Zitadelle der Stadt war. Bislang haben hier noch keine Ausgrabungen stattgefunden, so dass keine Erkenntnisse verfügbar sind. Es wird aber vermutet, dass sich hier die berühmte Akademie des Mamuns (Akademie Mamun) befunden hat, an der so bekannte Wissenschaftler wie Al Biruni und Avicenna gelehrt haben.

Der Hügel trägt heute den Namen Kyrk Molla - 40 Mullahs - und gehört zu den **bekanntesten Pilgerstätten Turkmenistans**. Über einen Pfad gelangt man auf den Hügel. Hunderte kleiner Pyramiden aus Steinen, ebenso viele Wunschbänder, kleine Wiegen und Babyutensilien sind zu sehen. Für einige Pilger ist der Ort so heilig, dass sie den Boden nicht mit den Füßen berühren, sondern sich robbend und rollend vorwärts bewegen. Von oben hat man einen guten Überblick über das gesamte Ruinenfeld, auf dem heute ein großer Friedhof liegt. Die Gräber liegen über der Erde. Das ist untypisch für Moslems, die normalerweise in ein einfaches Leinentuch gewickelt in der Erde bestattet werden.

Die Leitern an den Gräbern sollen den Seelen den Aufstieg in den Himmel erleichtern

Solche oberirdischen Bestattungsanlagen kann man hauptsächlich in Choresm sehen. Einst war diese Region ein Zentrum der Feueranbeter (→ S. 76). Sie sahen Erde und Wasser als heilige Elemente an, die durch nichts verunreinigt werden durften. Aufgrund dieser alten Tradition und des hohen Wasserspiegels in dieser Gegend werden die Toten über der Erde in Grabkammern aus Ziegeln oder Lehm beerdigt. Die Gräber werden außen weiß gekalkt.

An vielen Gräbern ist eine hölzerne Leiter aufgestellt. Sie dienen als Tragen,

Das Mausoleum des Sultan Tekesch

mit denen die Toten zum Friedhof gebracht werden. Die anschließend senkrecht am Grab aufgerichtete Leiter soll der Seele den Aufstieg in den Himmel erleichtern.

Mausoleum Il-Arslan

Das älteste in Konya Urgench erhaltengebliebene Monument ist das Mausoleum, das ursprünglich als letzte Ruhestätte für Fachreddin Rasi geplant war. Er war für kurze Zeit am Hofe des Sultans als Religionswissenschaftler beschäftigt, ging dann aber nach Herat und verstarb dort. Heute geht man davon aus, dass Il-Arslan (gestorben 1172), der Vater von Sultan Tekesch, hier begraben liegt. Das Mausoleum ist mit einer sieben mal sieben Meter großen Grabkammer verhältnismäßig klein, aber architektonisch sehenswert. Über einer flachen Innenkuppel ragt eine zwölfseitige, spitz zulaufende Kuppel empor. Die Fassade des Mausoleums ist über und über mit geschliffenen und geschnitzten Ziegeln verziert. Über dem Eingangsportal befindet sich eine arabische Inschrift. Die Innenwände sowie der Grabstein wurden, wie das Mausoleum des Sultan Tekesch, zu Sowjetzeiten renoviert und sind heute schlicht weiß.

Minarett von Mamun II.

Folgt man dem Weg weiter, gelangt man zu den Überresten des Minaretts von Mamun II. Das Minarett wurde 1011 gebaut, aber beim Mongolensturm zerstört. Im 14. Jahrhundert wurde es noch einmal wiederaufgebaut und existierte bis 1895, als es endgültig einem Erdbeben zum Opfer fiel. Heute ist nur noch ein Stumpf zu sehen.

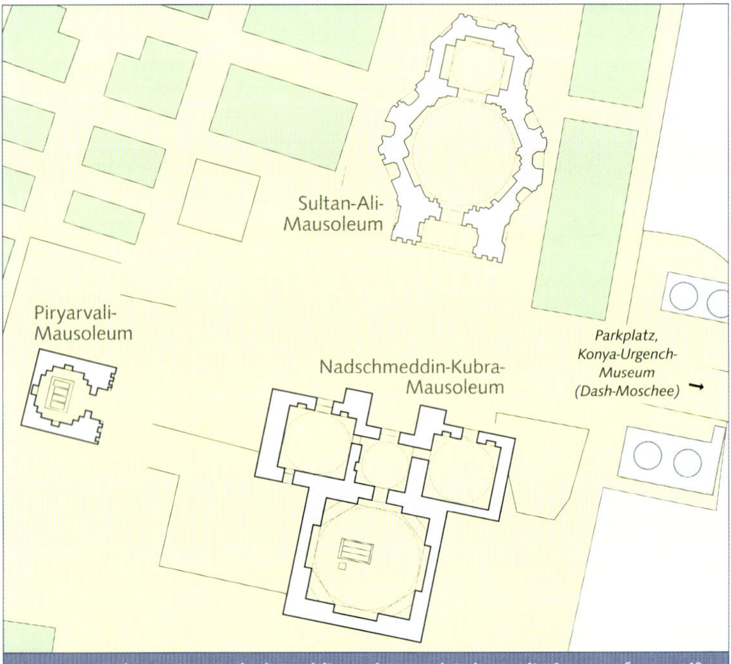

Die Mausoleen von Nadschmeddin Kubra und Sultan Ali

▶ Karte S. 190

Das letzte Monument entlang des Weges ist das Portal des einstigen Haupttores aus dem 14. Jahrhundert, üblicherweise als **Portal der Karawanserei Dash Kala** bezeichnet. Einige Wissenschaftler vermuten, dass es der Eingang einer Medrese oder eines Palastes gewesen sein könnte.

Mausoleum Nadschmeddin Kubra

Eine weiteres Gebäudeensemble befindet sich in der Nähe des modernen Stadtzentrums und ist vom nahegelegen Parkplatz mit wenigen Schritten zu erreichen.

Hier stehen sich zwei Mausoleen mit ihren Hauptfassaden (Kosch-Prinzip) gegenüber, das von Nadschmeddin Kubra (links) und Sultan Ali (rechts).

Das **Mausoleum von Nadschmeddin Kubra** wurde in den Jahren von 1321 bis 1333 unter Kutlug Timur erbaut. Es ist heute die heiligste Stätte in Konya Urgench. Nadschmeddin Kubra lebte vom 12. bis 13. Jahrhundert als Religionslehrer und Poet in Choresm und gründete den bis heute in Turkmenistan und Usbekistan(Karakalpakstan) weitverbreiteten Sufi-Orden der Kubraisten. Das Mausoleum hat vier Kuppeln, und das Portal ist mit blauen, grünen und weißen Fliesen verziert. Im zentralen Raum stehen zwei mit farbigen und floralen Motiven geschmückte Kenotaphe. Nadschmeddin Kubra wurde von den Mongolen getötet und sein Kopf abgeschlagen. Ein Kenotaph befindet sich über seinem Kopf, das andere über seinem Körper. Viele Pilger kommen hierher, um zu beten oder um Gesundheit zu bitten – dem Mausoleum werden heilende Kräfte zugeschrieben. Es wird heute nicht mehr gern gesehen, wenn Touristen das Innere des Mausoleums betreten.

Das gegenüber stehende **Mausoleum von Choresm-Schah Sultan Ali** wurde vermutlich erst im 15. oder 16. Jahrhundert errichtet, aber nicht bis zu Ende gebaut. Es gilt als schlechte Kopie des Mausoleums von Turabeg Khanum. Das schmucklose Gebäude befindet sich aber in einem guten Zustand.

In der nahegelegenen Dash-Moschee ist heute ein kleines **Museum** mit Funden aus Konya Urgench und Erläuterungen zur Geschichte untergebracht.

Konya Urgench

Vorwahl aus dem Ausland 0993/347 + Teilnehmernummer, innerhalb Turkmenistans 800/347 + Teilnehmernummer.

Alle Busse, Minibusse und Taxis fahren vom Busbahnhof gegenüber dem Hotel Urgench am nördlichen Ende der Gurganch şayoli.

Hotel Urgench, Dashogus köçesi, Tel. 22465. Das ehemalige staatliche Hotel liegt gegenüber dem Busbahnhof. Seit es in privater Hand ist, wurden einige Räume renoviert, die anderen sollen bald folgen. Zum Hotel gehört auch eine kleine Teestube, in der das Frühstück serviert wird. Die Zimmer kosten ab 20 US-Dollar.

Restaurant Mekan, VKLSM köçesi, Tel. 22681. Das Restaurant befindet sich in der Nähe zum Basar, etwas lieblos eingerichtet mit Plastikmöbeln.

Café Bedev, Azadi köçesi, Tel. 21044. Zwischen dem Stadtzentrum und den Ruinen von Konya Urgench gelegenes kleines Restaurant. Zu empfehlen sind hier Manty, gedämpfte Teigtaschen, und Samsa, im Lehmofen gebackene Teigtaschen.

Rund um Dashogus und Konya

Devkesken

Die Ruinen der einst großen Stadt Devkesken oder Deu-Kesken Kala liegen 70 Kilometer westlich von Konya Urgench. Schon von weitem sind die Überreste der Stadt, die früher am Amu Darja lag, zu sehen. Gegründet wurde sie im 1. Jahrhundert vor Christus. Im 7. Jahrhundert nach Christus verließen die Einwohner ihre Stadt – bis heute ist nicht klar, warum. Später wurde sie erneut besiedelt, aber unter Dschingis Khan fast gänzlich wieder zerstört. Im 14. Jahrhundert wurde sie unter dem Namen Vazir als Residenz des Choresm-Schahs Sultan Ali wiederaufgebaut. In der Mitte des 16. Jahrhunderts änderte der Amu Darja seinen Verlauf. Er floss nicht mehr ins Kaspische Meer, sondern suchte sich seinen Weg hin zum Aralsee. Der damit verbundene Wassermangel veranlasste die Nachfolger von Sultan Ali, ihre Residenz nach Urgench zu verlegen. Das bedeutete das Ende der Stadt.

Die Ruinen auf einem etwas höher gelegenen Plateau sind umgeben von tiefen Gräben und Wällen. Wie alle arabischen Städte war Devkesken in drei großen Ringen – Zitadelle (Residenz), Shakhristan (Festungsanlage) und Rabat (Vorstadt) – angelegt. Auf dem Plateau befinden sich heute die Überreste der Zitadelle mit der Königsresidenz, deren Fassaden goffriert sind – was typisch für die Architektur des frühen Mittelalters in der vorislamischen Periode ist. Auch Mausoleen und die Überreste einer Moschee aus dem 1. Jahrhundert gehören zu dem Komplex. Eines der Mausoleen wird im Volksglauben als letzte Ruhestätte des zum Tode verurteilten Liebespaares Farhad und Shirin angesehen. Die Legende von Farhad und Shirin geht auf eine Geschichte von Alisher Navoi, dem berühmten Dichter aus dem 15. Jahrhundert, zurück. Zu sehen ist auch ein für Mittelasien typisches Gefängnisloch, worin die Gefangenen mit allerlei Getier und Gewürm hausen mussten. Bei der Besichtigung ist größte Vorsicht geboten, da das Loch völlig ungesichert ist.

Die Stätte ist nur mit dem Geländewagen zu erreichen. Da Devkesken an der usbekischen Grenze liegt, ist der Zugang nicht immer möglich, sondern abhängig von der politischen Situation. Wer es dennoch besuchen möchte, sollte sich bei der Planung und Ausführung auf die Hilfe einer lokalen Reiseagentur stützen.

Izmukshir

Die Ruinen der Stadt Izmukshir oder Zamakshar, benannt nach dem Wissenschaftler und Poeten Umar Az-Zamakshari (1074–1144), liegen etwa 25 Kilometer südwestlich von Dashogus. Heute sind nur noch wenige Überreste der Festungsmauern und Tore aus Lehmziegeln zu sehen. Die noch zu erkennenden Mauern sind gewaltig. Die Länge der Mauer beträgt 1500 Meter. Der auch noch vorhandene Festungsgraben ist zwischen einem und 16 Metern tief und erreicht an manchen Stellen eine Breite von 15 Metern. Eine Festung existierte bereits im 3. Jahrhundert vor Christus. Ihre Blütezeit erreichte die Stadt Izmukshir erst im 9. und 10. Jahrhundert nach Christus unter dem Einfluss verschiedener aufstrebender Turkstaaten, der Karakhaniden, Ghaznawiden und Seldschuken.

Düne in der Wüste Karakum

Turkmenische Jungs

Kaplan-Kyr-Reservat

Das Reservat liegt am südlichen Rande des Ustyurt-Plateaus. Geographisch und botanisch gesehen liegt Kaplan Kyr an der Schnittstelle der nördlichen und südlichen Wüsten. Das Reservat ist Heimat für 26 Säugetier-, 147 Vogel- und etwa 1000 Pflanzenarten. Besonders geschützt werden hier die Asiatische Gazelle, das Ustyurt-Bergschaf und der Honigdachs. Im Winter kommen riesige Herden von Saiga-Antilopen aus Karakalpakstan (Autonome Republik in Usbekistan) hierher. Die besondere Attraktion des Reservates sind die Canyons, die in den Farben weiß, rosa, orange und rot erstrahlen, je nach Tageszeit und Lichtverhältnissen in unterschiedlicher Intensität.

Shasenem

▶ Karte S. 186

Die Stadt liegt etwa 90 Kilometer südwestlich von Dashogus, dicht am antiken Kanal Chermenyab, im letzten Zipfel des im Mittelalter künstlich bewässerten Landstriches. Hier stehen die Ruinen der mittelalterlichen Stadt Suburny, die bereits von dem berühmten Reisenden Yakut vor dem Einfall der Mongolen erwähnt wurde. Wissenschaftliche Untersuchungen haben ergeben, dass die Festung bereits im 4. Jahrhundert vor Christus existierte. Nach der Zerstörung durch die mongolischen Truppen wurde die Stadt zum Teil wieder aufgebaut, aber dann von Timurs Truppen wieder dem Erdboden gleichgemacht.

Die alten Stadtmauern, die heute noch vorhanden sind, erreichen eine Höhe von 15 Metern. Im Nordwesten des Stadtgeländes befand sich eine Parkanlage mit Pavillons und einem zentralen Gebäude aus dem 12. und 13. Jahrhundert. Aus derselben Periode stammen die Überreste zahlreicher Wohnhäuser, eines Bewässerungssystems und eines großen Handwerksbetriebs zur Herstellung von Glas und Glaswaren.

Bei Ausgrabungen kamen die Überreste einer Moschee zutage, welche reich mit geschnittenem Alabaster geschmückt war. Unter den gefundenen Artefakten befand sich auch ein bronzener Topf mit Inschriften und Ornamenten.

Der heutige Name des Ortes geht wahrscheinlich auf eine turkmenische Legende über die unglückliche Liebe zwischen Shasenem und Garip zurück.

Gigantische Wasserbauprojekte

Turkmenistan ist das trockenste Land unter den fünf ehemaligen mittelasiatischen Sowjetrepubliken. Um einer Wasserknappheit vorzubeugen, ist ein gigantisches Projekt bereits im Bau. In der nördlichen Provinz Dashogus wird seit einiger Zeit an einem riesigen künstlichen See, dem ›See der Turkmenen‹, gebaut. Er entsteht mitten in der Wüste Karakum in der Depression Karashor und soll eine Länge von 120, eine Breite von 60 Kilometern haben, 80 Meter tief sein und bei seiner geplanten Fertigstellung im Jahr 2020 eine Wassermenge von 150 Milliarden Kubikmetern Wasser fassen können. Damit wäre dieser See das größte je von Menschenhand geschaffene Gewässer. Um den See zu füllen, soll kein zusätzlicher Tropfen Wasser aus dem Amu Darja entnommen werden. Die Planungen sehen vor, durch ein 720 Kilometer langes Zuleitungssystem aus verschiedenen Regionen unbenötigtes Drainagewasser von landwirtschaftlich genutzten Flächen zu sammeln und in den See zu leiten. Geklärt werden soll das rücklaufende Wasser hauptsächlich auf natürlichem Weg durch Sedimente.

Es wird erwartet, dass durch den Bau des Sees mehrere positive Effekte erzielt werden. Um den See herum und entlang des Kanalsystems sollen grüne Zonen und Oasen entstehen, die landwirtschaftlich nutzbar wären. Das wiederum würde das Klima der Region verbessern, es könnte mehr Regen von Verdunstung aus dem See geben und die Erträge der Landwirtschaft würden steigen. Auf Grünflächen könnte Vieh weiden und im See selbst Fischzucht ertragreich betrieben werden. Die schnelle Ableitung des wegen hoher Verdunstung stark salzhaltigen Wassers von den Feldern in die Zuleitungskanäle soll eine weitere Versalzung der Böden verhindern.

Brunnen in Ashgabat

Dies alles klingt sehr optimistisch, aber die Nachbarstaaten schauen mit kritischen Augen auf das Projekt. Man befürchtet auch, dass mehr als die Hälfte des Wassers in den Zuleitungskanälen versickert. Die Baukosten von geplanten sechs Milliarden Dollar sollten besser für die Optimierung und Ausbesserung des Karakumkanals verwendet werden, so die Kritiker.

Zum 66. Geburtstag des damaligen Präsident Saparmurad Nijasow im Februar 2006 wurde ein weiteres Wasserprojekt vollendet. Ein 12 Kilometer langer, 15 Meter breiter und 3,5 Meter tiefer künstlicher Fluss fließt seitdem durch Ashgabat. Das Wasser kommt aus dem Karakumkanal. Flankiert von Fontänen und kleinen Wasserfällen und überspannt von Brücken und Stegen fließt er durch ein metertiefes Bett aus Granit, ein ›lebendiges‹ 63 Millionen Dollar teures Denkmal des ›Goldenen Zeitalters‹, das der Präsident für sein Land ausgerufen hatte.

Sprachführer

Turkmenische Laute im Deutschen:	
ä	kurzes ä (Äpfel)
ü	kurzes ü (üppig)
ö	kurzes ö (öffentlich)
y	kurzes i (innen)
ý	j
ç	tsch
ň	nj
ş	sch
j	dsch
z	stimmhaftes s

deutsch	turkmenisch
Begrüßung/Allgemeines	
Guten Morgen!	Ertiriň(iz) haýyr!
Guten Tag!	Salam (aleýkum)!
Guten Abend!	Agşamyň(yz) haýyr! (/Giç yagşy!)
Gute Nacht!	Gijäň(iz) rahat bolsun!
Hallo!	Salam!
Auf Wiedersehen!	Sag bol(uň)! /Hoş gal(yň)!
Mann	adam, (erkek)
Frau	aýal, (zenan)
Danke.	Sag bol(uň).
Bitte.	Baş üstüne.
ja	hawa
nein	ýok
gut	ýagsy, gowy, oňat
schlecht	erbet, ýaman
Wie heißen Sie?	Adyňyz näme?
Ich heiße ...	Meň (/Meniň) adym...

deutsch	turkmenisch
Ich verstehe nicht.	Men düşünmeýärin. (Kurzform: Men düşenemok.)
Sprechen Sie deutsch/englisch?	Siz nemesçe/iňlisçe gepleýärsiňizmi?
Sprechen Sie bitte langsam.	Haýalrak gürläýiň.
Ich weiß nicht.	Men bilmeýärin (Kurzform Men bilemok).
Schreiben Sie es bitte auf.	Ýazyp beräýiň.
Darf ich?	Bolýýarmy, (/mümkinmi)?
Darf ich fotografieren?	Surat almak bolýarmy (/mümkinmi)?
Ich möchte...	Men ... isleýärin/Men ... Verb + (-ym) gelýär.
Ich möchte Geschenke kaufen.	Men sowgat satyn almak isleýärin/ Men sowgat alasym gelýär.
Hilfe!	Kämek ediň!
Entschuldigung!	Bagyşla(ň)!
Eingang	girelge
Ausgang	çykalga
geöffnet	açyk
geschlossen	ýapyk
groß	uly
klein	kiçi
schön	owadan
Kasse	kassa
Zeitangaben	
Wie spät ist es?	Sagat näce?
heute	şü gün
morgen	ertir
übermorgen	bir gün
Stunde	sagat
am Morgen	irden
am Abend	agşam
nachts	gije

deutsch	turkmenisch
Woche	hepde
Montag	baş gün (birinji gün)
Dienstag	ýaş gün (ikinji gün)
Mittwoch	hoş gün (üçünji gün)
Donnerstag	sogap gün (därdünji gün)
Freitag	anna (bäşinji gün)
Samstag	ruh gün (altynjy gün)
Sonntag	dynç gün
Monat	aý
Januar	ýanwar
Februar	fewral
März	mart
April	aprel
Mai	maý
Juni	iýun
Juli	iýul
August	awgust
September	sentýabr
Oktober	oktýabr
November	noýabr
Dezember	dekabr
Jahr	ýyl
Ortsangaben	
Wo?	Nirede?
Sagen Sie bitte, wo ist ...?	Aýtsaňyzlaň, ... nirede?
Entschuldigen Sie, wie komme ich zu ...?	Bagyşlaň, men nädip ... bararyn?
rechts, nach rechts	sag, saga
links, nach links	çep, çepe
geradeaus	göni
hier	şu erde (bu erde, Kurzform bärde)

deutsch	turkmenisch
dort	ol erde
nah	golaý
weit	daş
Norden, Süden, Osten, Westen	demirgazyk (gaýra), ileri, gündogar, günbatar
Altstadt	köne şäher
Bank	bank
Brücke	köpri
Eingang	girelge
Ausgang	çykalga
Geschäft	dukan
Postamt	poçta
Platz	ýer
Straße	köçe
Theater	teatr
Museum	muzeý
Toilette	hajathana
Konsulat	konsullyk
Transport	
unterwegs	ýolda
Reise	syýahat
Bahnhof	wokzal
Bahnsteig	ýol
Zug	poezd
Fahrkarte	bilet
Fährt dieser Bus/Zug nach...?	Şu awtobus/poezd ... gidyärmi?
Wann fährt der Bus/Zug nach ...?	Awtobus/poezd haçan ... gidýär?
Wieviel kostet ...?	... (bahasy) näçe?
Eine Fahrkarte nach ... bitte!	... bir bilet berýäiň!
Geld	pul
Haltestelle	duralga

deutsch	turkmenisch
Abfahrt	gidýän wagty
Ankunft	gelýän wagty
Bus	awtobus
Sammeltaxi	taxi (goşulyp gidilýän)
Flugplatz	aeroport
Im Restaurant	
Restaurant	restoran
Ich habe Hunger!	Men ajygýaryn!
Frühstück	ertirlik (nahar)
Mittagessen	öýlänlik (nahar)
Abendessen	agşamlyk (nahar)
Speisekarte	menü
Die Speisekarte bitte!	Menü beräýiň!
Haben Sie ...?	Sizde ... barmy?
Was kostet das?	Onuň bahasy näçe?
Geben Sie mir bitte ...!	Maňa ... beräýiň!
Ich möchte zahlen.	Men tölejek (dim).
Bringen Sie bitte ...	Maňa ... getiräýiň!
Teller/Tasse	(bir) tabak/çorba
Glas	stakan
Messer	pyçak
Gabel	wilka (çarşak)
Löffel	çemçe
Vorspeisen	nahardan öň iýmit
Erster Gang	birinji nahar
Zweiter Gang	ikinji nahar
Nachspeise	nahardan soň iymit
Frühstück	ertirlik (nahar)
Salz	duz
Zucker	gant
Brot	çörek

deutsch	turkmenisch
Butter	mesge
Marmelade	marmelad
Honig	ary baly
Eier	ýumurtga
Milch	süýt
Wurst	kolbasa
Käse	peýnir (syr)
Gemüsesalat	gök-önüm salat
Gurkensalat	hyýar salat
Kartoffelsalat	kartoşka salat
Tomatensalat	pomidor salat
Pilze	kömelek salat
Suppen	çorba
Bortscht	borş
Soljanka	solyanka
Nudelsuppe	aşly çorba
Fischsuppe	balyk çorba
Bouillon	bulýon (çorba suwy)
Kartoffel	kartoşka
Reis	palaw (tüwi)
Fisch	balyk
Fleisch	et
Geflügel	guş (towuk) eti
Rindfleisch	sygyr eti
Hammel	goýun eti
Würstchen	sosiska
Maultaschen	börek
Desserts	desert
Eiscreme	doňdurma
Kuchen	köke, tort
Torte	tort

deutsch	turkmenisch
Obst	miwe
Aprikose	erik
Honigmelone	gawun
Wassermelone	garpyz
Kirsche	ülje
Apfel	alma
Pfirsich	şetdaly
Gemüse	gök önümleri
Tomate	pomidor
Gurke	hyýar
Kohl	kelem
Möhre	käşir
Zwiebel	sogan
Knoblauch	sarymsak
Saft	miwe suwy (/sok)
Mineralwasser	mineral suwy
schwarzer/grüner Tee	gara/gäk çaý
Kaffee	kofe
Wein	çakyr (/wino)
Bier	piwe
Im Hotel	
Hotelzimmer	myhmanhana otagy
für eine Nacht	bir gijelik
Preis	baha
heißes Wasser	gyzgyn suw
Dusche	duş
Heizung	ýylydyş
funktioniert nicht	işlemeýär (Kurzform işlänok)
Licht	çyra, (ýagtylyk)
Bettwäsche	ýorgan-düşek
Handtücher	polotense

deutsch	turkmenisch
Gesundheit	
Arzt	lykman
Krankenhaus	keselhana
Apotheke	dermanhana
Medikamente	derman (serişdeleri)
Ich habe Durchfall.	Meň (Meniň) içim geçýär.
Ich muss mich übergeben.	Meň gusasym gelýär.
Ich habe Fieber.	Meň gyzgynym bar.
Ich habe Schmerzen.	Meň agyrym bar (agyrýar).
Ich habe Bauchschmerzen.	Meň (Meniň) içim agyrýar.
Zahlen	
eins	bir
zwei	iki
drei	üç
vier	därt
fünf	bäş
sechs	alty
sieben	edi
acht	sekiz
neun	dokuz
zehn	on
zwanzig	ýigrimi
dreißig	otuz
vierzig	kyrk
fünfzig	elli
sechzig	altmyş
siebzig	ýetmiş
achtzig	segsen
neunzig	togsan
hundert	ýüz
tausend	müň

Reisetipps von A bis Z

Anreise und Ausreise

Für die Einreise benötigen deutsche, österreichische und Schweizer Staatsbürger einen noch mindestens sechs Monate über das Reisedatum hinaus gültigen Reisepass und ein **Visum**. Das Visum wird nur gegen Vorlage einer Einladung einer staatlich registrierten Reiseagentur oder einer vom staatlichen Migrationsdienst autorisierten privaten oder geschäftlichen Einladung erteilt. Für die Beantragung des Visums muss ein Passbild sowie ein ausgefüllter Visumantrag eingereicht werden.

Deutsche Staatsbürger erhalten ihre Visa in Berlin, Schweizer und Österreicher müssen ihre Visa bei der turkmenischen Botschaft in Wien beantragen.

Die normale **Bearbeitungszeit** beträgt zehn Tage plus Postweg. Expressvisa können gegen Aufpreis ausgestellt werden, die Bearbeitung ist innerhalb von drei Werktagen möglich. Insgesamt sollten etwa vier Wochen für die Ausstellung eines Visums eingeplant werden, denn auch die Beschaffung einer Einladung kostet Zeit.

Auf keinen Fall sollte eine Einreise ohne gültiges Visum versucht werden. Es wurde von Fällen berichtet, bei denen Ausländer mehrere Tage im Transitbereich des Flughafens in Ashgabat festgehalten worden sind. Auf jeden Fall ist mit größeren Schwierigkeiten zu rechnen.

Die **Kosten** für das Visum werden nach der gewünschten Dauer des Aufenthaltes berechnet. Die Preise betrugen 2011 für Einfachvisum/Expressvisum
für 10 Tage 35/ 55 Euro
für 20 Tage 45/ 75 Euro
für 1 Monat 55/ 95 Euro

Ein **Transitvisum** kostet 55 Euro, allerdings werden im Moment keine Transitvisa ausgestellt.

Es gibt in Deutschland mehrere Reisebüros, die die erforderlichen Einladungen organisieren und auch die Beschaffung des Visums übernehmen (siehe unter ›Reiseveranstalter‹ →S. 216).

Die **Reiseroute** muss vor Beginn der Reise sorgfältig geplant werden. Zwar sieht das turkmenische Recht seit 2000 die Ausstellung von Visa mit Geltungsbereich für ganz Turkmenistan vor, aber für einige Regionen des Landes werden besondere Genehmigungen benötigt. Zu diesen Gebieten gehören im Moment Atamurad, Cheleken, Koytendag, Konya Urgench, Farap, Magtumguly, Etrek, Dashogus, Serahgs und Serhatabat. Um Schwierigkeiten zu vermeiden, sollte man sich vor Reiseantritt noch einmal bei der Turkmenischen Botschaft über aktuelle Regelungen informieren.

Innerhalb von drei Tagen ist jeder Tourist verpflichtet, sich beim Staatlichen **Tourismusministerium anzumelden**. Dies gilt auch bei einem Aufenthalt im Hotel. Die Registrierung wird mit einem Stempel im Pass bestätigt, der bei der Ausreise streng kontrolliert wird. Für die Registrierung werden zwei Passbilder benötigt. Staatlicher Migrationsdienst Ashgabat: Azadi köçesi 57, Tel. 391337, 9–12, 14–17 Uhr.

Bei organisierten Reisen wird die Anmeldung von der betreuenden Agentur übernommen. Sollte dies nicht der Fall sein, muss sich der Reisende innerhalb der oben genannten Frist mit den Quittungen über den bezahlten Hotelaufenthalt und die Einreisegebühr im Büro des Migrationsdienstes melden.

Die **Einreiseprozedur** ist bürokratisch, es kann mitunter zu längeren Wartezeiten kommen. Derzeit sind pro Person 12 Dollar **Einreisegebühr** zu bezahlen, und es wird **eine Kopie des Einladungs-**

schreibens verlangt. Bei längeren Wartezeiten ist Ungeduld ein schlechter Ratgeber. Die Grenzbeamten sind sehr freundlich und neugierig, besonders in Dashogus an der Grenze zu Usbekistan, wo nicht jeden Tag Ausländer zu begrüßen sind. Mit ein paar netten Gesten oder Worten ist schnell ein freundliches Klima hergestellt.

Bei der Einreise erhält man verschiedene **Dokumente, die unbedingt bis zur Ausreise aufzubewahren** sind. Besonders wichtig ist die **Quittung über die bezahlte Einreisegebühr**. **Zollformulare** sind von jedem Reisenden in zweifacher Ausfertigung auszufüllen. Ein Exemplar behält der Zoll, das andere ist bis zur Ausreise aufzuheben und muss dann wieder vorgelegt werden. Einzutragen sind die mitgeführten Devisen. Es empfiehlt sich, auch besonders wertvolle Kameras und Fotoapparate anzugeben.

Aus Usbekistan einreisende Touristen, die als Souvenir die landestypischen, handgeschmiedeten Messer (in Buchara) gekauft haben, sollten beachten, dass dies bei der Ausreise aus Turkmenistan zu Schwierigkeiten führen kann. Will man nicht auf die Messer verzichten, sollte man bei der Einreise nach Turkmenistan die Messer auf dem Zollformular vermerken und das Formular unbedingt abstempeln lassen (dies gilt nicht für Schweizer Messer und ähnliches). Ebenso sollte mit Teppichen, Schmuck, Bildern und alten Büchern verfahren werden.

Baumwollpflanzen bei Mary

Die **Ausreise** am Flughafen in Ashgabat kann sich etwas langwierig gestalten. Samt Gepäck sind mehrere Durchleuchtungsstationen zu durchlaufen, bevor man zum Check in gelangt. Das Gepäck wird gründlich untersucht. Vor allem wird nach alten Teppichen oder Teppichprodukten (siehe Kapitel ›Teppiche‹), altem Silberschmuck und Kaviar gefahndet. Wird man mit nicht genehmigten Waren bei der Kontrolle erwischt, ist mit Schwierigkeiten und Geldstrafen zu rechnen. Abgeraten wird auch von der Mitnahme von Souvenirmessern, Dolchen und dergleichen. Es wird kein Unterschied zwischen Handgepäck und aufgegebenem Gepäck gemacht, und größere **Messer werden konfisziert**.

Anreise mit dem Flugzeug

Der internationale Flughafen Turkmenbashi in Ashgabat wird mehrmals wöchentlich von verschiedenen Airlines angeflogen. Von Deutschland kann man dreimal wöchentlich von Frankfurt über Baku mit der Lufthansa nach Ashgabat fliegen, außerdem fliegen die Turkish Airlines über Istanbul, die russische Airline S7 über Moskau und die Turkmenistan Airlines von London nach Ashgabat. Die Flugzeit von Frankfurt mit Zwischenlandung in Baku beträgt etwa sechs Stunden.

Anreise mit der Eisenbahn

Eine Anreise mit der Eisenbahn nach Turkmenistan ist sehr beschwerlich und zeitaufwendig. Es gibt keine direkten Verbindungen von Europa dorthin. Eine

Möglichkeit besteht in der Anreise über Usbekistan. Mit dem Zug geht es zunächst von Moskau nach Buchara, eine Fahrt von etwa drei Tagen, je nach Zugkategorie. In Buchara verlässt man den Zug, zu Fuß geht es über die Grenze bei Turkmenabat, dem ehemaligen Chardjou, und dann weiter mit dem turkmenischen Zug über Mary nach Ashgabat. Ebenso ist es möglich, von Moskau nach Baku zu fahren und von dort mit der Fähre über das Kaspische Meer nach Turkmenbashi überzusetzen. Von Turkmenbashi geht es mit dem Zug weiter nach Ashgabat.

Bei der Planung einer Anreise mit dem Zug wird dringend geraten, sich bereits in Deutschland an einen mit der Region vertrauten Reiseveranstalter zu wenden (→ S. 216).

Anreise mit dem Auto

Die Einreise nach Turkmenistan kann über den Iran oder Usbekistan erfolgen. Es ist unbedingt darauf zu achten, dass alle erforderlichen Papiere vorgelegt werden können und die Einreise mit PKW im Visum vermerkt ist. Bei der Einreise ist eine turkmenische Haftpflichtversicherung abzuschließen, die grüne internationale Versicherungskarte wird nicht anerkannt.

In Turkmenistan sind die Preise für Benzin und Diesel stark subventioniert. Daher müssen ausländische Reisende eine Zusatzsteuer entrichten, deren Höhe sich nach der geplanten Strecke richtet. Alle Versicherungen sind in Dollar zu entrichten. Mit langen Wartezeiten und schwierigen Kontrollprozeduren an den Grenzen muss gerechnet werden. Im Laufe der letzten Jahre haben sich die Bestimmungen einige Male geändert. Daher sollte im Vorfeld der Reise auf jeden Fall die Turkmenische Botschaft oder ein spezialisierter Reiseveranstalter kontaktiert werden, um die Möglichkeiten einer Einreise mit dem eigenen Auto genau zu prüfen.

Apotheken

In allen größeren Orten ist eine Versorgung mit den gängigen Medikamenten gewährleistet. Fast an jeder Ecke befindet sich eine Apotheke. Westliche Medikamente wie zum Beispiel Aspirin sind problemlos erhältlich. In abgelegenen Orten in den Bergen oder der Wüste ist allerdings keine medizinische Versorgung vorhanden. Reisende, die ständig Medikamente einnehmen müssen, sollten die benötigten Medikamente in ausreichender Menge mit sich führen. Für alle Reisenden wird die Mitnahme einer gut ausgestatteten Reiseapotheke empfohlen (→ S. 216).

Ärztliche Versorgung

Nachdem der neue Präsident die unter Turkmenbashi angeordnete Zentralisierung der ärztlichen Versorgung in Ashgabat nach seinem Amtsantritt wieder aufgehoben hat, gibt es wieder medizinische Zentren im ganzen Land. Allerdings entspricht der Standard nicht unbedingt unseren Vorstellungen. Schwere

Frauen mit einem traditionellen Lehmofen zum Brotbacken

Unterwegs bei Jangy Kala

Erkrankungen oder Verletzungen sollte man nach Möglichkeit im Heimatland behandel lassen.
Muss dennoch ein Arzt aufgesucht werden, sind die Kosten für die Behandlung bar zu bezahlen. Daher empfiehlt sich vor Reiseantritt der Abschluss einer Auslandskrankenversicherung mit Notfallrückführung. Für die Rückerstattung der Kosten muss eine Quittung über die Höhe der Behandlungskosten vorgelegt werden.
Ein auch von der Lufthansa für ihre Crews empfohlener Arzt ist Dr. Arslan K. Nepesow in Ashgabat. Seine Praxis liegt in der Turkmenbashi köçesi 124, Tel. 012/471904 oder Handy 993/65853382.
Das Zentralkrankenhaus von Ashgabat ist gut ausgestattet und verfügt über alle relevanten Abteilungen. Das Krankenhaus befindet sich in der Yunus Emre köçesi, Tel. 450303 oder 450331.

Autofahren

Die Straßen in und um Ashgabat sind zum großen Teil sehr gut ausgebaut. Außerhalb der Hauptstadt ist der Straßenzustand oft schlecht. Im Moment wird die Straße von Ashgabat nach Turkmenbashi ausgebaut. Der Verkehr auf den Überlandstraßen ist nicht sehr dicht, aber schlecht gewartete Autos und LKW und das unberechenbare Verhalten vieler Verkehrsteilnehmer stellen ein nicht zu unterschätzendes Risiko dar. Auf nächtliche Überlandfahrten sollte daher verzichtet werden.
An den Grenzen zwischen den Welayaten gibt es Checkpoints. Es ist möglich, dass die Pässe und die Fahrzeugpapiere vorgezeigt werden müssen. Die Checkpoints sind langsam anzufahren und die Zeichen der Polizisten zu beachten. Alkohol am Steuer ist verboten.

Bahn

Die Transkaspische Eisenbahn fährt von Turkmenbashi über Ashgabat und Mary nach Chardjou (heute Turkmenabat) an der turkmenisch-usbekischen Grenze und von dort (umsteigen und zu Fuß über die Grenze!) weiter nach Buchara in Usbekistan.
In den letzten Jahren ist das Streckennetz ausgebaut worden. Von Ashgabat kann man theoretisch auch nach Mashad und Bandar Shahi im Iran oder auch nach Buchara, Chiwa oder Samarkand in Usbekistan fahren. Derzeit gibt es aber keine Direktverbindungen von Turkmenistan in die Nachbarländer Iran und Usbekistan. Am besten erkundigt man sich vor Antritt der Reise noch einmal über den aktuellen Stand.
Von Ashgabat aus sind Turkmenbashi, Turkmenabat und Balkanabat mit dem Zug zu erreichen. Vor einigen Jahren ist die Strecke von Ashgabat nach Dashogus durch die Wüste Karakum fertiggestellt worden. Für die etwa 500 Kilometer lange Strecke benötigt der Zug circa 20 Stunden, da die Strecke immer wieder vom Wüstensand zugeweht wird und von mitfahrenden Soldaten freigeschaufelt werden muss. Die turkmeni-

Wasser wird in eine Wüstensiedlung transportiert

sche Regierung unternimmt momentan große Anstrengungen, den Standard des Eisenbahnsystems zu verbessern. In China wurden eine Reihe neuer, komfortabler Züge gekauft, sodass heutzutage das Reisen mit der Bahn eine gute Alternative zum Fahren auf schlecht ausgebauten Straßen darstellt.

Bus und Sammeltaxis (Marschrutkys)

Von Ashgabat existieren Busverbindungen in alle Landesteile. Auch die einzelnen Provinzen verfügen über ein relativ dichtes Busnetz. Der Standard der Busse ist recht unterschiedlich. Die besten Busse bietet die staatliche Firma ›Turkmen Express‹, die auf Langstrecken hauptsächlich moderne Reisebusse zum Einsatz bringt. Busverbindungen in die Nachbarländer existieren zur Zeit nicht. Eine weitere Transportmöglichkeit im gesamten Land sind die sogenannten Marschrutkys, Minibusse, die regelmäßig auf denselben Linien verkehren. Die Preise sind günstig, allerdings sind sie oft überfüllt und manchmal hat es den Anschein, als würden die Fahrer für eine Rennlizenz trainieren.

Camping

Da außerhalb der Städte und größeren Ortschaften keine Übernachtungsmöglichkeiten angeboten werden, ist Camping oft die einzige Möglichkeit. Allerdings gibt es keine Zeltplätze, man schläft in der freien Natur. Es empfiehlt sich, die Ausrüstung für solche Touren von zu Hause mitzubringen, da moderne Zelte oder Schlafsäcke in Turkmenistan kaum zu bekommen sind und die Ausstattung der Agenturen nicht immer westlichen Standards entspricht. Vor allem beim Zelten in der Wüste sind einige Vorsichtsmaßnahmen zu beachten. Das Zelt ist nach dem Betreten oder Hinausgehen sofort wieder zu verschließen, damit keine Tiere, besonders Spinnen, Skorpione oder Schlangen in das Zelt gelangen können. Schuhe sollten nachts immer mit ins Zelt genommen werden oder zumindest am Morgen gründlich ausgeschüttelt werden, um Bisse oder Stiche ungebetener Übernachtungsgäste zu vermeiden.

Diplomatische Vertretungen

▸ **In Deutschland:**
Botschaft der Republik Turkmenistan
Langobardenallee 14, 14052 Berlin
Tel. 030/30102452, Fax -53
http://botschaft-turkmenistan.de
info@botschaft-turkmenistan.de
Mo–Fr 9–13 und 14–18 Uhr.

▸ **In Östererich**
Botschaft der Republik Turkmenistan

Argentinierstraße 22/2/EG
A-1040 Wien, IV. Bezirk
Tel. 0043/01/5036470, Fax -73
www.botschaft-turkmenistan.at
info@botschaft-turkmenistan.at.
Für die **Schweiz** ist die Turkmenische Botschaft in Wien zuständig.

▸ **In Turkmenistan:**
Botschaft der Bundesrepublik Deutschland
Ak Altin Plaza, Office Building, 1.Stock
Magtumguli Avenue, Pobedy-Park
Hydyr-Derjajew-Straße
744000 Ashgabat
Tel. 00993/12/363515, 17-21
Fax 00993/12/363522
info@aschgabat.diplo.de

Für die Schweiz und Österreich sind die jeweiligen diplomatischen Vertretungen in **Moskau** zuständig:
Österreichische Botschaft
Starokonjusennyj per. 1, 119034 Moskau
Tel. 007/495/7806066
Fax 007/495/9374269.
Schweizer Botschaft
Ogorodnaya Sloboda per.2/5, 101000 Moskau
Tel. 007/495/2583830
Fax 007/495/6212183.

Drogen

Turkmenistan ist ein Drogendurchgangsland. In Afghanistan angebaute Drogen werden durch die unwirtlichen und dünn besiedelten Grenzregionen in Richtung Westen geschmuggelt. Die turkmenische Regierung hat dem Drogenhandel und -konsum mit harten Gesetzen und schweren Strafen den Kampf angesagt. Besitz und Konsum schon geringer Mengen jeglicher Art von Drogen werden mit langjährigen Gefängnisstrafen von bis zu 20 Jahren geahndet.

Einkaufen

In jeder Stadt und in jedem Dorf gibt es Märkte und Geschäfte, die die Grundversorgung der Bevölkerung mit allem Notwendigen sichern. Besonders gut schmeckt das im Lehmofen (Tandyr) gebackene Fladenbrot. Obst und Gemüse sind je nach Jahreszeit reichlich im Angebot. Vor allem im Sommer gleichen die Märkte einem Schlaraffenland. Melonenberge, Kirschen, Erdbeeren, Aprikosen und Trauben locken die Käufer. In Ashgabat sorgen die vielen Märkte und das große Kaufhaus ›Yimpas‹ für ein Angebot westlichen Standards (siehe Kapitel ›Ashgabat‹, → S. 102).

Auf dem Russischen Basar in Ashgabat

Beliebte **Souvenirs** sind Teppiche (siehe Kapitel ›Teppiche‹), Filzteppiche und andere Produkte aus Filz, Seidenprodukte, Amulette aus Kamelhaar und die traditionellen Pelzmützen (Telpek) der turkmenischen Männer. Wie überall auf der Welt sind auch in Turkmenistan die Märkte ein Tummelplatz für Taschendiebe. Daher sollte beim Besuch auf alle Wertsachen ganz besonders geachtet werden.

Wunschbänder an einer Pilgerstätte

Elektrizität

220 Volt, 50 Hertz. Die Steckdosen entsprechen meistens nicht unserem System, daher gehört ein Weltstecker mit ins Gepäck.

Feiertage

Die Mehrheit der Bevölkerung bekennt sich zum Islam. Daher existieren neben den staatlichen Feiertagen eine Reihe islamischer Feiertage. Letztere werden nach dem Mondkalender berechnet und verschieben sich von Jahr zu Jahr. Der **wöchentliche Ruhetag** ist der Sonntag.

▸ **Islamische Feiertage**

Islamisches Opferfest Kurban Bayram, anlässlich der Generalversammlung der Mekkapilger auf dem Berg Arafat – Höhepunkt der Pilgerfahrt.

Ramadan islamischer Fastenmonat. Während des Ramadan wird erst nach Sonnenuntergang gegessen und getrunken. Die meisten Restaurants haben aber trotzdem geöffnet und bieten Speisen und Getränke an. Seit 2010 sind die Nachtclubs in Ashgabat während des Ramadans geschlossen.

▸ **Gesetzliche Feiertage**

1. Januar Neujahrstag

12. Januar Tag des Gedenkens

19. Februar Tag der Nationalflagge

8. März Internationaler Frauentag

21.–22. März Nowruz-Bayram, Frühlingsfest

9. Mai Tag des Sieges im 2. Weltkrieg

18. Mai Tag der Wiedergeburt und der Einheit

6. Oktober Gedenktag an das Erdbeben von 1948, Tag der Trauer

27.–28. Oktober Unabhängigkeitstage

12. Dezember Tag der Turkmenischen Neutralität

▸ **Gedenktage, an denen nicht arbeitsfrei ist**

Erster Sonntag im April Tag des Wassers

Letzter Sonntag im April Tag des Turkmenischen Pferdes

19. Mai Tag des Poeten Magtymguly

Letzter Sonntag im Mai Tag des Turkmenischen Teppichs

Dritter Sonntag im Juli Tag des Getreides

Zweiter Sonntag im August Tag der Turkmenischen Melone

Zweiter Sonntag im September Tag der Turkmenischen Volksliedsänger

17. November Tag der Studenten

Letzter Sonntag im November Tag der Ernte

Erster Sonntag im Dezember Tag des Nachbarn

Flüge

Turkmenistan Airlines fliegt mehrmals täglich von Ashgabat nach Dashogus, Mary, Turkmenabat und Turkmenbashi. Einmal täglich werden Kerki und Balkanabat angeflogen. Auch alle größeren Städte sind durch regelmäßige Flüge miteinander verbunden. Am einfachsten ist die Buchung von Flugtickets über lokale Reisebüros. Die Preise für Flugtickets sind sehr stark subventioniert und daher extrem günstig, Ausländer müssen allerdings einen etwas höheren Preis in Dollar bezahlen. Wegen der günstigen Preise sind die Flüge meistens sehr gut ausgelastet, daher empfiehlt sich eine Buchung so früh wie möglich. Werden die Tickets direkt bei Turkmenistan Airlines gebucht, muss der Flugpreis gegen Vorlage einer Buchungsbestätigung bei der Vnezhekonombank eingezahlt werden. Erst nach Vorlage der Quittung werden die Tickets von Turkmenistan Airlines ausgehändigt.
Turkmenistan Airlines fliegt mehr und mehr mit modernen Boeings, die auch in Turkmenistan von Boeing selbst gewartet werden. Natürlich kommen auch noch alte Maschinen, z. B. Antonovs, zum Einsatz. Dennoch ist die Flugsicherheit recht gut, seit der Unabhängigkeit sind keine ernsteren Zwischenfälle bekannt.

Turkmenistan Airlines
Ashgabat, Magtumguly sayoli 82
Tel. 393900
www.turkmenistanairlines.com

Fotografieren

Auch hier gelten die allgemein üblichen Verhaltensregeln. Militärische Objekte, Grenzanlagen und Flughäfen dürfen grundsätzlich nicht fotografiert werden. Möchte man Personen ablichten, so ist es ein Gebot der Höflichkeit, vorher um Erlaubnis zu fragen. Besonders ältere Menschen und Frauen geben oft deutlich zu verstehen, dass sie nicht fotografiert werden möchten. Kinder sind meistens begeisterte Fotomodelle. Verfügt man über eine Digitalkamera, ist deren Freude groß, wenn sie sich nach dem ›Fototermin‹ noch einmal selbst im Display sehen können.
Film- und Fotomaterial sowie Batterien sollten nach Möglichkeit aus Europa mitgebracht werden. Es gibt zwar Filme der gängigen Marken zu kaufen, aber oft ist das Haltbarkeitsdatum überschritten oder es mangelt an der optimalen Lagerung des Materials. Außerdem sind die Preise höher als in Europa. Diafilme sind nicht zu bekommen. Sind Wüstentouren geplant, ist ein guter Staubschutz für die Kamera ratsam.

Geld

Die Währung in Turkmenistan ist der Manat. 1 Manat entspricht 100 Tenge. Seit dem 1. Januar 2009 gibt es neue Banknoten und Münzen. Die alten Scheine wurden noch bis 2010 von turkmenischen Banken umgetauscht und sind jetzt ungültig.
Auf allen alten Banknoten war ausschließlich das Porträt des verstorbenen Präsidenten Turkmenbashi abgedruckt. Im Gegensatz dazu sind auf den neuen Noten Persönlichkeiten der turkmenischen Geschichte zu sehen. Der 500-Manat-Schein zeigt nach wie vor das Abbild des verstorbenen Turkmenbashi, auf dem100-Manat-Schein ist der legendäre Gründungsvater der turkmenischen Nation Oghuz Khan dargestellt und auf der 10-Manat-Note prangt das Porträt des großen Volksdichters Magtumguly.
Seit im Jahr 2009 ein modifizierter Manat eingeführt wurde, gibt es einen festen Wechselkurs. Für 1 Euro erhält man etwa 4 turkmenische Manat, für einen Dollar etwa 2,84 Manat. Ein Schwarzmarktkurs existiert nicht mehr.

Alle Rechnungen für lokale Reiseagenturen müssen in Devisen, d.h. in Dollar bezahlt werden, bei Pauschalreisen erfolgt die Bezahlung im voraus.
Kreditkarten werden nur in einigen der neueren Hotels akzeptiert und Reiseschecks nur von Banken, die ein Abkommen mit der Turkmenischen Nationalbank haben, angenommen.
Der US-Dollar ist die inoffizielle Zweitwährung, obwohl er nur an einigen autorisierten Stellen wie internationalen Hotels und am Flughafen angenommen werden darf. Am besten ist es, genügend Dollar in unterschiedlichen Stückelungen bar mitzunehmen. Das Ausgabedatum darf 1998 nicht unterschreiten, sonst kann es passieren, dass das Geld nicht akzeptiert wird. Außerdem sollten die Scheine möglichst neu und auf keinen Fall beschrieben sein. Euro werden ebenfalls akzeptiert.
Am einfachsten ist der **Geldumtausch** in Ashgabat. Große internationale Hotels wie das Grand Turkmen haben eine offizielle Wechselstube. Sind längere Reisen über Land geplant, ist es sinnvoll, sich schon in Ashgabat mit einer ausreichenden Menge an Manat einzudecken, da es unterwegs schwierig werden kann, Umtauschmöglichkeiten zu finden und besonders in abgelegenen Regionen die Menschen wenig mit Dollar oder Euro anfangen können.

Hygiene

In den modernen Hotels der Hauptstadt und der größeren Städte entsprechen die hygienischen Standards weitestgehend den unseren. Auch in den zahlreichen neuen Restaurants und Cafés der Hauptstadt sind die sanitären Anlagen sauber. Auf dem Land und in kleineren Orten wird es schwieriger. Die Toiletten sind äußerst einfach, meistens handelt es sich um Toiletten ohne Spülungen (Plumpsklos), und nicht immer gibt es Wasser. Oft sind die Toiletten in einem solch grauenvollen Zustand, dass es angeraten ist, sich nach Möglichkeit ein Plätzchen im Freien zu suchen. Feuchte Tücher und Toilettenpapier gehören als Grundausstattung ins Reisegepäck.

Junge mit selbstgebautem Spielzeug

Impfungen

Impfungen sind bei Einreise aus Europa nicht vorgeschrieben. Mit einer Ausnahme: Für Reisende, die sich sechs Tage vor Einreise nach Turkmenistan in einem Land mit Gelbfieber-Infektionsgefahr aufgehalten haben, ist eine Gelbfieberimpfung gesetzlich vorgeschrieben.
Empfohlen werden Impfungen gegen Hepatitis A und B sowie Typhus, der sich seit dem Zusammenbruch des sowjetischen Gesundheitssystems in allen ehemaligen Sowjetrepubliken wieder ausbreitet. Außerdem sollte der Impfschutz gegen Tetanus, Polio und Diphtherie überprüft und gegebenenfalls aufgefrischt werden.

Internet

Turkmenistan verfügt nur über einen Internetprovider: www.online.tm. Boten früher nur die großen Hotels in Ashgabat Internetzugang, verfügen jetzt alle großen Städte des Landes über Internetcafés. Diese werden staatlich betrieben und überwacht. Viele Seiten, hauptsächlich politische, sind daher gesperrt. Die Preise sind einheitlich, eine Stunde surfen kostet ca. 6 Manat. Der Administrator registriert die Nutzer, und Ausländer müssen ihren Pass hinterlegen

Kleidung

Für die Sommermonate ist leichte, atmungsaktive Kleidung aus Baumwolle oder Funktionsgeweben (in Trekkingläden erhältlich) zu empfehlen. Für Sommerabende sollten eine leichte Jacke oder ein Pulli nicht im Gepäck fehlen. In Berg- und Wüstengebieten braucht man nach Sonnenuntergang auch wärmere Kleidung, da die Temperaturen nachts stark fallen.

Auch zum Schutz vor Schlangen ist festes Schuhwerk wichtig

In den Wintermonaten muss warme Winterkleidung getragen werden.
Für Besichtigungen und Trekkingtouren ist **festes Schuhwerk** unbedingt notwendig. Sollten Trekkingtouren in die Berge oder die Wüste geplant sein, sind lange Hosen geboten, um kleine Verletzungen, Kratzer oder auch Insektenstiche und Schlangenbisse zu vermeiden.
Da die Bevölkerung Turkmenistans überwiegend muslimisch ist, sollte man sich stets **dezent und nicht zu freizügig** kleiden. Miniröcke, Hotpants, tiefe Dekolletés und Spaghettiträgertops sollten deshalb (zumindest außerhalb Ashgabats) vermieden werden.
Aufgrund der starken Sonneneinstrahlung gehören ein **Sonnenschutz** mit hohem Lichtschutzfaktor, eine gute Sonnenbrille und eine Kopfbedeckung unbedingt ins Gepäck.
Außerhalb der Sommermonate darf auch ein Regenschutz nicht fehlen.

Klima und Reisezeit

In Turkmenistan herrscht Kontinentalklima mit sehr heißen Sommern und recht kalten Wintern. Die besten Reisemonate sind im Frühjahr der April und Mai, im Herbst der September und Oktober mit Temperaturen am Tage zwischen 25 bis 30 und nachts 15 bis 20 Grad Celsius. Tagsüber, vor allem bei Ausflügen in die Wüste wie zum Beispiel nach Merw, kann es auch zur besten Reisezeit recht heiß werden. Mit Temperaturen bis zu 40 Grad muss dann gerechnet werden.

Kriminalität

Dank hoher Polizeipräsenz ist die Kriminalitätsrate gering. Dennoch sollten die gewohnten üblichen Vorsichtsmaßnahmen eingehalten und Geld und andere Wertgegenstände nicht offen am Körper getragen werden. Besondere Vorsicht ist auf Märkten und Basaren angezeigt, wo das Gedränge dicht und die Ortskenntnisse der Taschendiebe meist besser als die der Touristen sind. Ansonsten ist Turkmenistan ein sicheres Reiseland, von Überfällen auf Touristen ist bisher nichts berichtet worden.

Mietwagen

In einigen größeren Hotels können Wagen mit Chauffeur gemietet werden. Auch alle Reiseagenturen vermitteln Wagen mit Fahrer, die oft auch noch ein wenig Englisch sprechen. Die großen internationalen Mietwagenfirmen sind in Turkmenistan nicht ansässig.

Post

Die Hauptpost in Ashgabat befindet sich in der Mopra köçesi 16 und ist Montag bis Freitag von 8–17 Uhr und Samstag und Sonntag von 8–13 Uhr geöffnet. Die großen Hotels nehmen die Post ihrer Gäste gern in Empfang und leiten sie zuverlässig weiter. Der Postweg nach Europa kann allerdings einige Wochen in Anspruch nehmen. Briefmarken bekommt man in den Postämtern oder in den besseren Hotels.

Reiseapotheke

Generell empfiehlt sich die Mitnahme einer gut ausgestatteten Reiseapotheke. Das turkmenische Essen ist für Westeuropäer ungewohnt, und auch die hygienischen Verhältnisse sind nicht mit unseren zu vergleichen. Magen- und Darmerkrankungen sind deshalb keine Seltenheit. Folgende Checkliste soll bei der Zusammenstellung der Reiseapotheke behilflich sein:

- Aspirin oder Paracetamol gegen Schmerzen und Fieber
- Breitbandantibiotikum (unbedingt vom Hausarzt beraten lassen)
- Antihistamine gegen Allergien und juckende Insektenstiche
- Erkältungsmedikament, Nasentropfen und Halstabletten, Augentropfen vor allem bei Ausflügen in die Wüste
- Magen- und Darmmedikamente, z.B. Tannacomp und Immodium
- Elektrolyt-Glucose-Mischung, z.B. OralPädon, zum Ausgleich von Salz- und Wasserverlusten bei Durchfallerkrankungen
- Insektenschutz, Sonnenschutz, Wund- und Brandsalbe, Mittel zum Desinfizieren von kleineren Wunden
- Pflaster und Verbandsmaterial, Gelpflaster bei Blasen an den Füßen
- Wasserdesinfektionstabletten, z.B. Micropur (nur bei Individualreisen in sehr entlegene Gebiete)
- Fieberthermometer, Einwegspritzen und Nadeln

Reiseveranstalter

Dies ist eine Auswahl von deutschen und Schweizer Reiseveranstaltern, die Reisen nach Turkmenistan anbieten. Eine Auswahl an turkmenischen Veranstaltern, an die man sich als Individualtourist wenden kann, befindet sich im Ashgabat-Kapitel auf → S. 114.

Chili Reisen
Huenenburg 5
29303 Bergen
Tel. 05051/7564
www.chili-reisen.de

DERTOUR GmbH & Co. KG
Emil-von-Behring-Straße 6
60424 Frankfurt/M.
Tel. 069/9588-00
www.dertour.de

Dimsum Reisen
Groendahlscher Weg 87
46446 Emmerich am Rhein
Tel. 02822/600521
www.dimsumreisen.de

Gebeco Gmbh & Co KG
Holzkoppelweg 19
24118 Kiel

Gefärbte Wolle in Bakharly

Tel. 0431/5446-0
www.gebeco.de
German Travel Network
Rothenburgerstr. 5
90443 Nürnberg
Tel. 0911/92899185
www.g-t-n.de
GO EAST Reisen GmbH
Bahrenfelder Chaussee 53
22761 Hamburg
Tel. 040/8969090
www.go-east.de
Haase Touristik
Dickhardtstr. 56
12159 Berlin
Tel. 030/84183226
www.haase-touristik.de
IKARUS TOURS GmbH
Am Kaltenborn 49–51
61462 Königstein/Ts.
Tel. 06174/2902-0
www.ikarus.com
Kira Reisen
Badstrasse 31
CH–5400 Baden
Tel. 056/2001900
www.kirareisen.ch
Lernidee Reisen
Eisenacher Str. 11
10777 Berlin
Tel. 030/7860000
www.lernidee.de
Meier's Weltreisen
Emil-von-Behring-Straße 6
60439 Frankfurt
Tel. 069/95883778
www.meiers-weltreisen.de
TSA Travel Service Asia
Nelkenweg 5
91093 Hessdorf-Niederlindach
Tel. 09135/736078-0
www.tsa-reisen.de
Ventro Travel and Service GmbH (Visabeschaffung)
Krefelder Straße 8
10555 Berlin
Tel. 030/39100332
www.ventro.info
Ventus Reisen GmbH
Krefelder Straße 8
10555 Berlin
Tel. 030/39100332
www.ventus.com
Windrose Reisen
Fasanenstraße 33
10719 Berlin, Tel. 030/201721-0
www.windrose.de

Taxi

Im allgemeinen nimmt jeder Autofahrer auch die Funktion als Taxifahrer wahr. Viele Autofahrer nehmen Gäste auf, um sich einige Manats hinzuzuverdienen. Man stellt sich an die Straße und winkt, bis ein Wagen anhält.
Die Preise sollten vorher verhandelt werden, damit man am Ziel keine böse Überraschung erlebt. Es gibt auch offizielle Taxis, wie überall am Schild auf dem Dach zu erkennen.
Generell gilt die Regel, sich einen Wagen niemals mit Fremden zu teilen, besonders in der Dunkelheit.

Telefonieren

Die großen Hotels in Ashgabat verfügen alle über IDD-Telefonanlagen, von denen man direkt durchwählen kann. Telefonate nach Europa sind allerdings sehr teuer (ca. 10 Dollar pro Minute). Am günstigsten telefoniert man von den Postämtern. Allerdings ist die Prozedur sehr zeitraubend. Meistens steht bereits eine lange Schlange an dem Schalter, an dem man das Gespräch anmelden muss. Man schreibt die gewünschte Nummer auf einen Zettel und gibt ihn ab. Dann ist Warten angesagt. Ist man mit seinem Gespräch an der Reihe, wird man aufgerufen und in die entsprechende Kabine geschickt. Anschließend wird das Gespräch am Schalter bezahlt. Telefonate innerhalb der Städte sind grundsätzlich kostenlos. Der turkmenische Mobilfunkanbieter Altyn Asyr hat keine Roaming-Verträge mit anderen Ländern. Ausländische Handys funktionieren nicht. Gegen Vorlage des Reisepasses kann man einen Vertrag abschließen und bekommt dafür eine SIM-Karte. Die Mindestgebühr beträgt 50 Dollar. Die Karten sind zum Beispiel im Kaufhaus Yimpas erhältlich. In entlegenen Landesteilen, in der Wüste Karakum und in den Bergen ist Handyempfang oft nicht möglich.

Landesvorwahlen

Landesvorwahl 00993
Vorwahl von Turkmenistan nach:
Deutschland 8/1049
Österreich 8/1043
Schweiz 8/1041

Vorwahlen turkmenischer Städte

Ashgabat 12
Balkanabat 222
Turkmenbashi 243
Mary 522
Turkmenabat 422
Dashogus 322
Seraghs 134

Schiffslinien

Von Turkmenbashi gibt es mehrere Fährverbindungen nach Baku in Aserbaidschan. Die Überfahrt dauert ca. 12 bis 14 Stunden. Ein regelmäßiger Fahrplan existiert nicht. Die Schiffe fahren, sobald sie voll beladen sind und das Wetter eine Überquerung des Kaspischen Meeres erlaubt. Informationen über den Fährverkehr erhält man nur direkt im Hafen von Turkmenbashi. Interessenten können sich auf eine Warteliste setzen lassen, danach heißt es Geduld haben. Die Wartezeit kann bis zu zwei Tagen dauern. Mit den Fähren werden auch Öl und Gas transportiert, das hat absolute Priorität, und in diesem Fall dürfen aus Sicherheitsgründen keine Passagiere an Bord sein. Alle Fähren fahren unter aserbaidschanischer Flagge. Manchmal hilft ein kleines ›Trinkgeld‹, um den Vorgang zu beschleunigen. Sitzplätze gibt es keine, nur Kabinen, die im Schnitt 100 US-Dollar kosten. Es wird kein Service geboten, daher sollten ausreichend Verpflegung und Getränke mitgenommen werden. Das gleiche Verfahren gilt für Autotransporte. Der Preis ist abhängig von der Größe des Autos.

Außerdem besteht eine gelegentliche Verbindung nach Astrachan in Russland. Obwohl das Kaspische Meer ein Binnenmeer ist, ist es für seine plötzlichen und schweren Stürme bekannt, auch entsprechen die Sicherheitsbestimmungen bezüglich der Fähren keineswegs den europäischen Standards.

Trinkgelder

Noch ist es nicht überall üblich, Trinkgelder zu geben. In Hotels oder besseren Restaurants Ashgabats und der größeren Städte wird aber mittlerweile eine kleine Aufmerksamkeit erwartet. Allerdings sollten die Summen immer angemessen sein und sich am lokalen Standard orientieren. Mehr als umgerechnet 50 Cent für einen Kellner in einer Teestube oder Schaschlikbude sind keinesfalls angebracht. Vor allem in ländlichen Gegenden kann es vorkommen, dass selbst kleinste Summen, die ein Gast als Trinkgeld liegen lässt, hinterhergetragen werden.

Übernachtung

In Ashgabat ist das Angebot an Übernachtungsmöglichkeiten groß, und es bietet für jeden Geldbeutel etwas. In den Provinzhauptstädten gibt es Hotels, die allerdings nicht immer westlichem Standard entsprechen. Je weiter man sich von den städtischen Zentren entfernt, umso schwieriger wird es, eine dem westlichen Standard adäquate Übernachtungsmöglichkeit zu finden. Die lokalen Reiseagenturen bieten Privatunterkünfte an, die in der Regel sehr gut ausgesucht sind. Außerdem stellt diese Form der Übernachtung die beste Möglichkeit dar, das Alltagsleben der Turkmenen und deren Gastfreundlichkeit kennenzulernen. In Wüstendörfern gibt es mitunter die Chance, in einer Jurte zu übernachten. Diese Gelegenheit sollte man sich nicht entgehen lassen, kann man doch so einen kleinen Einblick in nomadische Traditionen erhalten. In abgelegenen Gegenden ist Camping oftmals die einzig verbleibende Möglichkeit zu übernachten und sollte allerdings nur dann gewählt werden, wenn die entsprechende Ausrüstung zur Verfügung steht. Selbst im Sommer fallen die Temperaturen in der Wüste rasch, und es kann schnell unangenehm kühl werden.

Wasser

Das Leitungswasser ist nicht trinkbar. Um sicher zu gehen, sollten auch die Zähne mit gekauftem Wasser geputzt werden. Mineralwasser mit und ohne Kohlensäure ist in allen Orten preiswert erhältlich. Bei längeren Reisen über Land oder durch die Wüste gehört ein ausreichender Vorrat zum Gepäck.

Sollte kein Mineralwasser zur Verfügung stehen, muss das Wasser mit Entkeimungsmitteln wie zum Beispiel Micropur behandelt werden. Beim Kauf von Mineralwasser auf der Straße oder Märkten ist unbedingt auf einen intakten Verschluss zu achten.

Zeitzonen

Da es in Turkmenistan keine Sommerzeit gibt, beträgt der Zeitunterschied im Sommer MEZ plus 3, im Winter MEZ plus 4 Stunden.

Kinder in Mary

Tourenvorschläge

■ UNESCO-Weltkulturerbe-Tour, mindestens 6 Tage

Ashgabat (S. 102) → Nisa (S. 119) → Bokurdok (S. 125) → Erbent (S. 125) → Darwaza Brennender Krater (S. 126) (Übernachtung im Zelt) → Konya Urgench (S. 186) → Dashogus (S. 184) → Mary (S. 148; Flug) → Merw (S. 151) → Gonur (S. 169) → Ashgabat (S. 102; Flug)

■ Rundfahrt mit Mietwagen und Fahrer, mindestens 9 Tage

Ashgabat (S. 102) → Nisa (S. 119) → Kiptschak (S. 118) → Anau (S. 127) → Kahka (S. 129) → Mary (S. 148) → Merw (S. 151) → Gonur (S. 169) → Turkmenabat (S. 174) → Izmukshir (S. 195) → Dashogus (S. 184) → Konya Urgench (S. 186) → Shasenem (S. 196) → Darwaza (S. 126) → Erbent (S. 125) → Bokurdok (S. 125) → Tolkuchka (S. 113) → Ashgabat (S. 102)

■ Kopet Dag und Karakum, Off-Road-Tour, mindestens 9 Tage

Ashgabat (S. 102) → Nisa (S. 119) → Bakharly (S. 123) → Nokhur (S. 124) → Paraw Bibi (S. 139) → Balkanabat (S. 134) → Gözli Ata (S. 135) → Jangy Kala (S. 136) → Wüste Karakum (S. 18) → Darwaza (S. 126) → Erbent (S. 125) → Bokurdok (S. 125) → Tolkuchka (S. 113) → Kiptschak (S. 118) → Ashgabat (S. 103)

Glossar

Abbasiden Herrschergeschlecht, das seine Abstammung auf Abbas, einen Onkel Mohammeds zurückführt(Bagdad 750–1258).

Adobeziegel luftgetrocknete Lehmziegel

Apsis halbrunde, auch vieleckige Altarnische als Abschluss eines Kirchenraumes

Ark Festung, Zitadelle, Herrschersitz

Aul Dorf

Awesta heilige Schrift der Zoroastrier (Feueranbeter)

Behistun-Inschrift dreisprachige Felsinschrift 30 Kilometer östlich von Kermanshah. Achämenidenkönig Darius I. ließ einen Text über seinen Aufstieg zum Großkönig in Altpersisch, Neubabylonisch und Elamisch hoch in ein Felsmassiv meißeln. Der britische Konsul von

Die Mausoleen von Nadschmeddin Kubra und Sultan Ali in Konya Urgench

Bagdad Sir Henry Rawlinson kopierte 1835 diese Inschriften. Zusammen mit den Arbeiten Georg Friedrich Grotefends aus Persepolis waren die Kopien Grundlage der Entzifferung der persischen Keilschrif durch Rawlinson.

Bodhisattva im Buddhismus ein Wesen, welches bereits die Erleuchtung erlangt und ins Nirwana eingehen könnte, aber auf Erden verweilt, um auch anderen Menschen auf deren Weg zur Erleuchtung zu helfen.

Chanaka Pilgerherberge

Chum große Tonkrüge

Depe (Tepe) Hügel

Ghaznawiden türkischstämmig, muslimische Dynastie, benannt nach der Stadt Ghazna, heute Iran. Sie beherrschten im 11. und 12. Jahrhundert Teile des heutigen Ostiran.

goffrierte Fassade Außenfassade mit halbrunden Säulen

Gur-chane Grabraum im Mausoleum

Gurdä traditioneller Frauenmantel

Hadith arabisch: Rede oder Bericht, Überlieferung angeblicher Aussprüche Mohammeds, Hauptquelle der islamischen Religion neben dem Koran

Hadsch Pilgerfahrt/Wallfahrt nach Mekka (eine der fünf Säulen des Islam und Pflicht aller Muslime)

Iwan/Liwan überwölbte Halle, die zum Hof hin geöffnet ist, Portal mit einem großen, reichgeschmückten Bogeneingang

Juma Haupt- oder Freitagsmoschee

Kalif arab. ›Nachfolger‹, seit 632 offizieller Titel von Mohammeds Nachfolgern in der Herrschaft über die muslimische Gemeinde (Kalifat). Nach dem Zerfall des Osmanischen Reiches wurde das Kalifat durch die Türkische Republik abgeschafft.

Kataphraktoi schwere Panzerung des Reiters

Kala/Kale Festung

Karakhaniden die ›Schwarzen Herrscher‹, türkische Dynastie, die im 11. und 12. Jahrhundert in Teilen Mittelasiens herrschte.

Kenotaph ein Erinnerungsgrabmal für einen Toten, der an einer anderen Stelle begraben ist

Kerys unterirdisches Wasserleitsystem, nur in Persien und Turkmenistan bekannt

Kibla Gebetsrichtung

Kosch-Prinzip zwei Medresen oder Moscheen, deren Prunkfassaden sich auf derselben Achse gegenüberstehen

Köshk/Keshk festungsähnliches Gebäude, Schloss

Kufi arabische, stark geometrisierte Steilschrift

Leiturgie Verschleppung von Arbeitern, Handwerkern und Künstlern aus eroberten Gebieten

Madustan parthisch für Weinkeller

Manichäismus Religion der Antike, die nach ihrem Gründer, dem Perser Manes, benannt wurde und Elemente des Zoroastrismus und des Christentums vereinigte.

Masar Grab, Friedhof, Mausoleum, Wallfahrtsort

Masdschid Moschee

Medrese theologische Hochschule, in der nicht nur der Islam, sondern auch weltliche Fächer wie Mathematik, Astronomie, Sprachen u.a. gelehrt werden

Mihrab Gebetsnische in Moscheen, die in Richtung Mekka weist

Minbar Kanzel des Imam in der Moschee

Monotheismus Anerkennung und Verehrung eines einzigen Gottes. Reinen Monotheismus vertreten das Judentum, das Christentum und der Islam.

Namazga Vorstadtmoschee

Nekropole Totenstadt, Begräbnisplatz

Omayaden erste Kalifendynastie in Damaskus (661–750)

Ostraka antike beschriftete Tonscherben

Ossuarium Knochenbehälter, Gebeinurne in der Antike

Pax Mongolica der ›Mongolische Frieden‹. Während der Herrschaft Dschingis Khans und seiner Erben garantierten gut organisierte Verwaltungsstrukturen eine relative Sicherheit und Stabilität in dem Riesenreich. Kaufleute und andere Reisende konnten sich weitestgehend unbehelligt im Herrschaftsgebiet der Mongolen bewegen.

Pendentif dreieckige Konstruktion, die den Übergang von einem mehreckigen Grundriss in eine Kuppel ermöglicht.

Pilaster Wandpfeiler

Pischtak Portalbau

Polytheismus Anerkennung und Verehrung mehrerer Götter. Der Polytheismus ist besonders ausgeprägt in antiken Religionen, wie zum Beispiel in der griechischen Religion.

Pylon großes Eingangstor, von zwei wuchtigen Ecktürmen flankiert

Rabat Vorstadt

Rechtsschulen Im sunnitischen Islam gibt es vier große Rechtsschulen, die von bedeutenden Rechtsgelehrten zwischen 767 und 855 gegründet wurden. Das sind die Schule der Hanafiten, der Malikiten, der Schafiiten und der Hanbaliten. Die Auslegungen des islamischen Rechts reichen von liberal bis streng orthodox → S. 37.

Rhyton Ritual-Trinkhorn aus Elfenbein

Sardoba gemauerter, überkuppelter Wasserspeicher

Satrapie persischer Verwaltungsbezirk

Shakhristan Festungsanlage, ummauerter Stadtkern

Sufi mystischer islamischer Asket

Takyr Lehmsenke in der Wüste

Tambour zylinderförmiger Kuppel-Unterbau

Tandyr Lehmbackofen

Trompe Bogen mit nischenartiger Wölbung zwischen zwei rechtwinklig aneinanderstoßenden Mauern

Tympanon Giebelfeld über dem Türsturz

Zikkurat Stufenturm in babylonischen Tempelanlagen

Zoroastrismus altiranische Religion, benannt nach ihrem Gründer Zoroaster (Zarathustra) → S. 76

Kartoffelverkauf auf dem Tolkuchka-Basar in Ashgabat

Turkmenistan im Internet

Die Ausbeute zum Thema Turkmenistan ist denkbar gering. Unabhängige Seiten aus Turkmenistan gibt es, abgesehen von Basisinformationen für Touristen, nicht. Im Folgenden dennoch eine kleine Liste mit Adressen, die nützlich sein könnten:

www.chaihana.com
Seite von ehemaligen Freiwilligen, die im Rahmen des United States Peace Corps Entwicklungshilfe in Turkmenistan geleistet haben und hier ihre persönlichen Erfahrungen, aber auch Fakten über das Land publizieren, sehr empfehlenswert (Englisch).

www.turkmens.com
Ausführliche Informationen über Geschichte und Kultur des Landes (Englisch).

www.eurasianet.org
Ausführliche Länderinformationen auch über aktuelle wirtschaftliche und politische Entwicklungen zu den Ländern Mittelasiens und des Kaukasus (Englisch).

www.auswaertiges-amt.de
Knappe Informationen über das Land und die bilateralen Beziehungen, aktuelle Sicherheits- und Reisehinweise, aktuelle Einreisebestimmungen.

www.cia.gov
Der amerikanische Geheimdienst CIA präsentiert Turkmenistan in seinem World Factbook hauptsächlich in Zahlen (Englisch).

www.turkmenistaninfo.ru
Russische Internetzeitung mit zahlreichen aktuellen Artikeln staatstragender Art zu Turkmenistan (Russisch/Englisch).

www.muz-online.de
Menschen unserer Zeit, ein Verein für Völkerverständigung und Toleranz, bietet knappe Informationen sowie eine Linksammlung.

www.politicalresources.net
Weltweite Links zu Seiten, die politische Informationen bieten. Die Linkliste zu Turkmenistan ist allerdings eher mager (Englisch).

www.turkmenistan.gov.tm
Offizielle Seite der turkmenischen Regierung mit aktuellen Informationen über Wirtschaft, Kultur, Wissenschaft, Bildung, Sport und Tourismus (Russisch und Englisch).

Literatur

Albaum/Brentjes, Wächter des Goldes. Zur Geschichte und Kultur mittelasiatscher Völker vor dem Islam, VEB Deutscher Verlag der Wissenschaften, Berlin 1972

Brandenburg/Brüsehoff, Die Seldschuken. Baukunst des Islam in Persien und Turkmenien, Akademische Druck- und Verlagsanstalt, Graz/Austria 1980

Beckwith, Christopher I., Empires of the Silk Road, A History of Central Asia from Bronze Age to the Present, Princeton University Press, Princeton 2009

Binder, Franz, Mittelasien. Tor zwischen zwei Welten, Hirmer Verlag GmbH, München, 2004.

Brentjes, Burchard, Mittelasien. Eine Kulturgeschichte der Völker zwischen Kaspischen Meer und Tien-Schan, Edition Tusch, Wien 1977

Brentjes, Burchard, Die orientalische Welt, VEB Deutscher Verlag der Wissenschaften, Berlin 1972

Brentjes, Burchard, Zentralasien, Nagel Verlag, Genf 1968

Brummel, Paul, Turkmenistan, The Bradt Travel Guide, Chalfont St.Peter 2005

G/Geschichte Religion Nr.1, Brennpunkt Islam, Sailer Verlag Nürnberg

Hambly, Gavin, Zentralasien, Fischer Bücherei KG, Frankfurt am Main 1966

Herrmann/Petersen, The Ancient Cities of Merw, University College London 1997

Haarmann, Maria, Der Islam. Ein Lesebuch, Verlag C.H. Beck, München 1992

Kalter, Johannes, Aus Steppe und Oase. Bilder turkestanischer Kulturen, edition hansjörg mayer, Stuttgart 1983

Kausch, Anke, Die Seidenstraße, DuMont Buchverlag 2008

Knobloch, Edgar, Turkestan, Prestel Verlag 1999

Mamedov/Muradov, The Architecture of Turkmenistan, Moskau 1998

Masson, Vadim M., Das Land der Tausend Städte, Udo Pfriemer Buchverlag, Berlin 1987

Masson, Vadim M., Altyn-Depe. Die Stadt des heiligen Stiers, aus: Das Altertum, Band 24, Berlin, 1978

Mayhew/Clammer/Kohn, Central Asia, Lonely Planet 2010

Pander, Klaus, Zentralasien, DuMont Buchverlag, 2009

Peltz, Judith, Usbekistan entdecken, Trescher Verlag, Berlin 2012

Prokot, I. u. J., Schmuck aus Zentralasien, Köln 1980

Renz, Alfred, Geschichte und Stätten des Islam von Spanien bis Indien, Prestel Verlag 2001

Richter/Baumann/Liebner, Die Seidenstraße, Hoffmann und Campe Verlag, Hamburg 1999

Sarianidi, Viktor, Marguş, Ashgabat

Uhlig, Helmut, Die Seidenstraße. Antike Weltkultur zwischen China und Rom, Gustav Lübbe Verlag, Bergisch Gladbach 1986

Welt und Umwelt der Bibel, Der Koran und die Bibel, Heft 15, Katholisches Bibelwerk e.V. Stuttgart 2000

Whittell, Giles, Central Asia, Cadogan Books plc 1993

Über die Autorin

Beate Luckow, Jahrgang 1964, studierte Sinologie an der FU Berlin. Ab 1996 arbeitete sie bei einem Berliner Spezialveranstalter für Osteuropa und Asien als Produktmanager. Bereits während dieser Tätigkeit unternahm sie mehrere Reisen in die verschiedenen Länder Mittelasiens. Seit 2001 ist sie als Studienreiseleiterin mehrmals im Jahr in Mittelasien unterwegs.

Danksagung

Mein besonderer Dank gilt Alfred Luckow, Wolfram Söhnel, David Berghof, Anna Maksimowa, Elena Trofimowa, Oleg und Tonya Manakow, Mehkri Amanowa und Robert Baag, ohne deren Hilfe ich dieses Projekt möglicherweise niemals zu Ende gebracht hätte.

In einem weitgehend abgeschottetem Land wie Turkmenistan ist ein solches Projekt ohne die Hilfe und Unterstützung von Freunden und Bekannten kaum realisierbar.

Register

Bildnachweis

Konstantin Abert: 16u., 17, 46, 54, 62, 64, 65, 103, 107, 109, 110, 123, 141, 182/183
Joachim Bohndorf: 4o., 57
Johann Maria Just: 43
Rudi Kleinhenz: 49, 56, 58, 158, 166, 217
Gerhard Korn: 4m., 5m., 6o., 7o., 28, 34, 47, 83, 97, 99, 106, 108, 121u., 122, 127o., 128o., 146/147, 152, 154u., 157o., 161, 187o., 187u., 189, 191u., 197, 220
Beate Luckow: 5o., 6m., 18, 19, 20, 21, 22, 39, 48, 50, 55, 61, 77, 82, 88, 89, 94, 105, 111, 113, 121o., 124, 127u., 128u., 129,132, 133, 136, 138, 154o., 157u., 163, 165, 165, 169, 171o., 172, 176, 177, 180, 191o., 196, 208, 209, 210, 212
Tilmann Schimmel: Titel, 7u., 8, 10, 23, 25, 27, 51, 73, 90, 96, 118, 170, 211, 214, 215, 222
Edda Schlager: 7m., 59, 85, 125, 131, 194, 207, 219
Wolfram Söhnel: Umschlagklappen, 5u., 14/15, 30, 67, 68, 70, 71, 72, 74, 75, 78, 79, 84, 86, 93, 95, 112, 126, 181
Velirina/Fotolia.com: 100, 102
Titel: Das Il-Arslan-Mausoleum in Konya Urgench
vordere Umschlagklappe: Kamelreiter
hintere Umschlagklappe: Moschee in Kiptschak
S. 14/15: Volksfest in Erbent
S. 100/101: Blick über Ashgabat
S. 132/133: Die Felsen von Jagny Kala
S. 146/147: Mauern der Großen Kyz Kala in Merw
S. 172/173: Das Turabeg-Khanum-Mausoleum in Konya Urgench

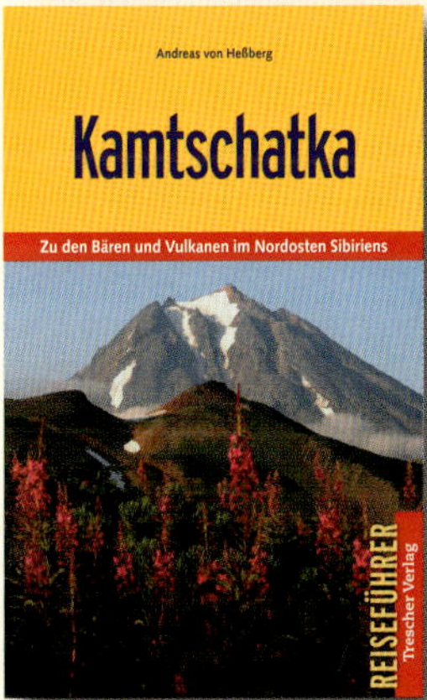

Auswahl Reiseführer

Albanien
Auf den Spuren Skanderbegs
17.95 Euro

Algerien
Kultur und Natur zwischen Mittelmeer und Sahara
19.95 Euro

Bosnien und Herzegowina
Zwischen Save und Adria
18.95 Euro

Dalmatien
Unterwegs zwischen Zadar und Dubrovnik
13.95 Euro

Japan
Unterwegs in einem Land zwischen Tradition und Innovation
19.95 Euro

Kamtschatka
Zu den Bären und Vulkanen im Nordosten Sibiriens
18.95 Euro

Kosovo
Unterwegs im Herzen des Balkans
13.95 Euro

Mazedonien
Unterwegs auf dem südlichen Balkan
16.95 Euro

Montenegro
Zwischen Adria und Schwarzen Bergen
14.95 Euro

Niederösterreich
Mit Wachau, Waldviertel, Weinviertel und Mostviertel
14.95 Euro

Polnische Ostseeküste
Unterwegs zwischen Oder und Frischem Haff
13.95 Euro

Trescher Verlag
Der Spezialist für den Osten

Trescher Verlag
Der Spezialist für den Osten

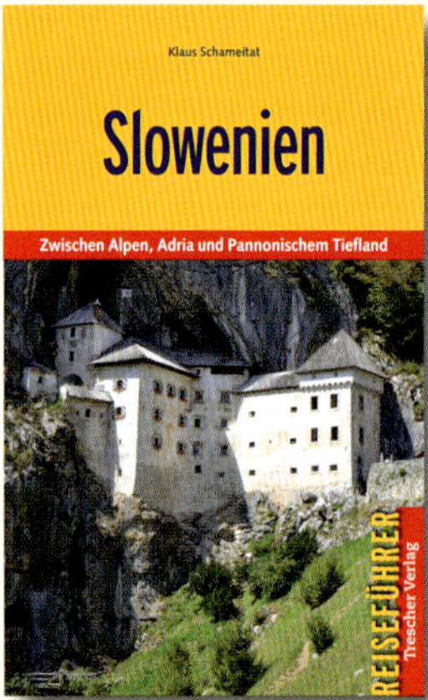

Riesengebirge
Mit Isergebirge, Jelenia Góra, Hostinné, Jablonec und Trutnov
13.95 Euro

Rumänien
Banat, Siebenbürgen, Moldau, Bukarest und Donaudelta
19.95 Euro

Serbien
Unterwegs zu verborgenen Klöstern und Kunstschätzen
19.95 Euro

Sibirien
Städte und Landschaften zwischen Ural und Pazifik
21.95 Euro

Siebenbürgen
Rund um Kronstadt, Schäßburg und Hermannstadt
18.95 Euro

Slowakei
Unterwegs zwischen Donau, Tatra und Beskiden
16.95 Euro

Slowenien
Zwischen Alpen, Adria und Pannonischem Tiefland
16.95 Euro

Steiermark
Das grüne Herz Österreichs
14.95 Euro

Tibet
Mit Lhasa, Mount Everest, Kailash und Osttibet
19.95 Euro

Transsib-Handbuch
Unterwegs mit der Transsibirischen Eisenbahn
21.95 Euro

Tschechien
Unterwegs in Böhmen und Mähren
16.95 Euro

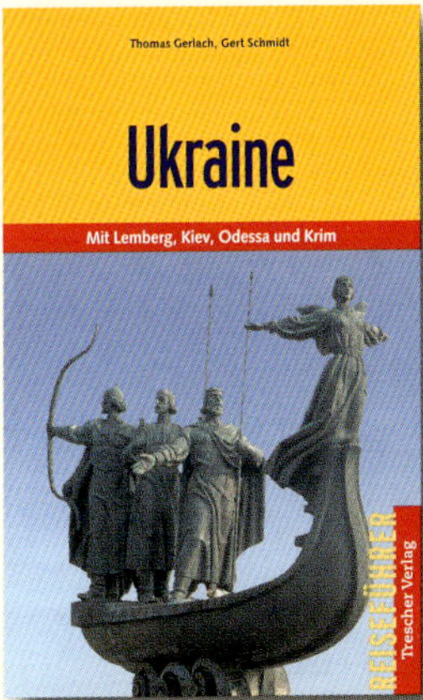

Ukraine
Zwischen den Karpaten und dem Schwarzen Meer
19.95 Euro

Vietnam
Mit Hanoi, Hue und Saigon
19.95 Euro

Vorarlberg
Mit Bregenzer Wald, Großem Walsertal, Arlberg und Montafon
12.95 Euro

Auswahl Städteführer

Berlin
Sehenswürdigkeiten, Kultur, Szene, Ausflüge, Tipps
16.95 Euro

Bratislava
Mit Donautiefland, Kleinen Karpaten und Záhorie
14.95 Euro

Breslau
Niederschlesien und seine tausendjährige Hauptstadt
14.95 Euro

Bukarest
Mit Brașov, Sibiu und Prahovatal
14.95 Euro

Kiev
Rundgänge durch die Metropole am Dnepr
16.95 Euro

Königsberg/Kaliningrader Gebiet
Mit Bernsteinküste, kurischer Nehrung, Samland und Memelland
18.95 Euro

Lemberg
Das kulturelle Zentrum der Westukraine
16.95 Euro

Ostseestädte
14 Städte zwischen Kiel, St. Petersburg und Kopenhagen
16.95 Euro

Trescher Verlag
Der Spezialist für den Osten

Posen, Thorn, Bromberg
Mit Großpolen, Kujawien und Südostpommern
16,95

Prag
Mit Melnik, Karlstein und Böhmischem Bäderdreieck
12.95 Euro

Riga, Tallinn, Vilnius
Rundgänge durch die Metropolen des Baltikums
17.95 Euro

Zagreb
Die kroatische Hauptstadt und ihre Umgebung
15.95 Euro

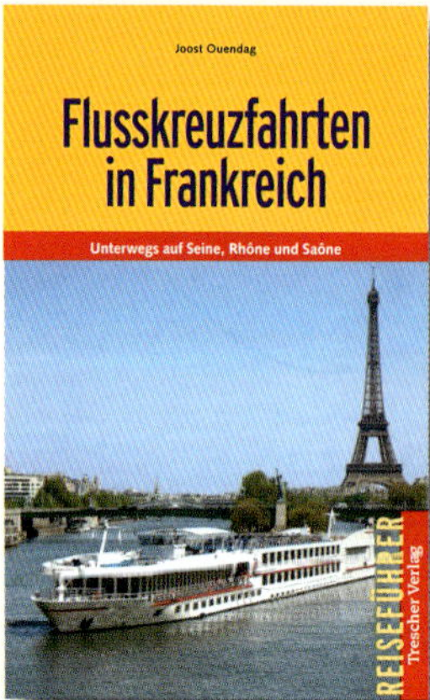

Auswahl Flusskreuzfahrten

Donaukreuzfahrt
Von Passau bis zum Schwarzen Meer
16.95 Euro

Flusskreuzfahrten in Frankreich
Unterwegs auf Seine, Rhône und Saône
16.95 Euro

Flusskreuzfahrten Dnepr
Unterwegs zwischen Kiev und der Krim
14.95 Euro

Flußkreuzfahrten Nil
Unterwegs zwischen Kairo und Abu Simbel
15.95 Euro

Flusskreuzfahrten Russland
Unterwegs auf Wolga, Don, Enisej, Lena und Amur
16.95 Euro

Nordmeerkreuzfahrten und Hurtigruten
Norwegen, Spitzbergen, Grönland, Kanada, Alaska, russische Arktis
18,95 Euro

Rhein-Main-Mosel Kreuzfahrten
Zwischen Basel und Amsterdam, Trier und Frankfurt
14.95 Euro

Auswahl Deutschland

Baden in und um Berlin
Die schönsten Badestellen
12.95 Euro

Brandenburg
Natur und Kultur zwischen Oder und Elbe
14.95 Euro

Dresden
Mit Meißen, Radebeul und Sächsischer Schweiz
12.95 Euro

Lausitz
Unterwegs zwischen Spreewald und Zittauer Gebirge
16.95 Euro

Mecklenburg-Vorpommern
Mit Rügen, Usedom, Rostock und Stralsund
14.95 Euro

Oderbruch
Natur und Kultur im östlichen Brandenburg
9.95 Euro

Sachsen
Mit Dresden, Leipzig, Erzgebirge und Sächsischer Schweiz
14.95 Euro

Wanderungen durch Brandenburg
50 Touren durch das ganze Land
13.95 Euro

66-Seen-Wanderung
Zu den Naturschönheiten rund um Berlin
13.95 Euro

DIE SEIDENSTRASSE

REISEFÜHRER AUS DEM TRESCHER VERLAG

Georgien
352 Seiten
18.95 Euro

Aserbaidschan
336 Seiten
18.95 Euro

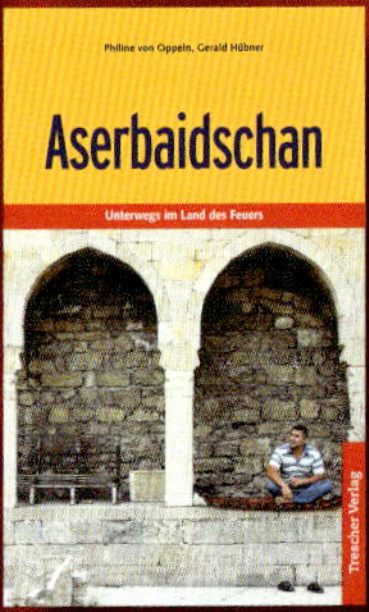

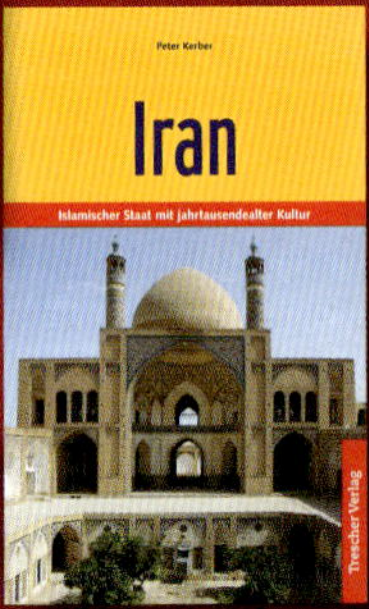

Turkmenistan
248 Seiten
16.95 Euro

Syrien
360 Seiten
19.95 Euro

Armenien
432 Seiten
21.95 Euro

Iran
552 Seiten
18.95 Euro